U0530037

绿原译文集

第六卷

VI

剧海悲喜

〔德〕海涅 等／著　绿原／译

LÜ YUAN
SAMMLUNG VON
ÜBERSETZUNGEN

人民文学出版社

目　次

莎士比亚笔下的少女和妇人

引言 ………………………………………………… 3
悲剧(之一)
　　克瑞西达 …………………………………… 21
　　卡珊德拉 …………………………………… 24
　　海伦 ………………………………………… 25
　　维吉利娅 …………………………………… 27
　　鲍西娅 ……………………………………… 30
　　克莉奥佩特拉 ……………………………… 34
　　拉维妮娅 …………………………………… 40
悲剧(之二)
　　康斯丹丝 …………………………………… 47
　　潘西夫人 …………………………………… 51
　　凯瑟琳公主 ………………………………… 53
　　贞德 ………………………………………… 55
　　玛格莱特 …………………………………… 56
　　玛格莱特王后 ……………………………… 58
悲剧(之三)
　　葛雷夫人 …………………………………… 65

1

安夫人 ·· 68
凯瑟琳王后 ·· 69
安·波琳 ·· 71
麦克白夫人 ·· 73
奥菲利娅 ·· 75
考狄利娅 ·· 78
朱丽叶 ·· 81
苔丝德梦娜 ·· 84
杰西卡 ·· 87
鲍西娅 ·· 96

喜剧(之一)

米兰达 ·· 103
提泰妮娅 ·· 104
潘狄塔 ·· 105
伊莫琴 ·· 106
朱利娅 ·· 107
西尔维娅 ·· 108
希罗 ·· 109
贝特丽丝 ·· 110
海丽娜 ·· 111
西莉娅 ·· 112
罗瑟琳 ·· 113
奥丽维娅 ·· 114
薇奥拉 ·· 115
玛利娅 ·· 116
依莎贝拉 ·· 117
法国公主 ·· 118
住持尼 ·· 119

培琪大娘	120
福德大娘	121
安·培琪	122
凯瑟丽娜	123

喜剧(之二)

| 第一部分注释 | 137 |

假不假？假而不假(代序) 146

爱德华三世

剧中人物	155
第一幕	157
第二幕	166
第三幕	182
第四幕	198
第五幕	215

| 第二部分注释 | 221 |

两位贵亲戚

剧中人物	231
开场白	233
第一幕	235
第二幕	250
第三幕	268
第四幕	291

第五幕 ……………………………………………… 304
收场白 ……………………………………………… 322

第三部分注释 ………………………………………… 324

黎　明

爱弥儿·维尔哈伦和《黎明》 ……………………… 331

人物表 ……………………………………………… 334
第一幕 ……………………………………………… 335
第二幕 ……………………………………………… 354
第三幕 ……………………………………………… 370
第四幕 ……………………………………………… 387

第四部分注释 ………………………………………… 403

莎士比亚笔下的少女和妇人

海 涅

引　言[1]

我认识汉堡一位善良的基督徒,他怎么也不能容忍这件事:我们的天父和救世主竟是犹太人出身。一想象到,那个值得无限崇敬的人,完美无缺的典范,反倒属于那些从来不擤的长鼻子一族,他便不禁义愤填膺了;那些在街头叫卖谎货的长鼻子们,他压根儿就瞧不上眼,尤其叫他恶心的是,他们居然跟他本人一样,搞起香料和颜料的大宗买卖来,损害到他私有的利益。

威廉·莎士比亚之于我,恰如耶稣基督之于汉蒙尼亚[2]的那位优秀的儿子。一想到他毕竟是个英国人,属于那个由上帝一怒之下创造出来的最别扭的民族,我也是满肚子不痛快。多别扭的一个民族,多败兴的一个国家呀!多古板、多乏味、多利己、多狭隘、多英国气呀!这样一个国家,要不是海洋害怕翻胃的话,老早就把它一口吞没了……这样一个民族,一个灰溜溜的、打呵欠的怪物,它的呼吸充满了闷人的浊气和要命的厌倦,它大概终归会把自己吊死在一根粗大的船缆上……

就是在这样一个国家,在这样一个民族中间,威廉·莎士比亚于一五六四年四月出世了。

但是,那时的英格兰——感谢他赐予我们人间福音[3](世人这样称呼莎士比亚的戏剧)的那个人,便诞生在那里的名叫 Stratford upon Avon[4]的北方伯利恒[5]——那时的英格兰当然同今日的英格兰大不一样;人们还称它 merry England[6],它正繁荣在五光十色中、假面舞的欢乐中、深谋远虑的癫狂行为中、意气风发的事业心中、洋溢的激情中……那里的生活还是一场斑斓的竞技,虽然华胄的骑士们亦庄亦谐地扮演主角,但嘹亮的号角却也激动了平民的心……人们不喝浓烈的麦酒,而喝轻松的葡萄酒,这种民主的饮料灌得那些人醺醺然忘其所以,平起平坐,而方才在清醒的现实舞台上,他们还在按照品级和出身区分着彼此……

从此以后,这种丰富多彩的兴致褪色了,快乐的喇叭声沉寂了,美妙的醉意消失了……而世称《威廉·莎士比亚戏剧集》的这部书,却被留存在人民手中,作为艰难时代的慰藉,作为那个 merry England 真正存在过的证据。

这是一种幸运,莎士比亚正赶上了时代,他是伊丽莎白和雅各布[7]的同代人,那时新教虽然已经表现在无拘无束的思想自由中,但一点也没有影响到生活和天性,而王权则为没落的骑士制度的余晖照耀着,还在全部诗意的荣华中闪闪发光。是的,中世纪的国教,天主教,已经在理论上被摧毁了;但它仍然带着完整的魅力生活在人们的感情中,仍然保存在他们的风俗、习惯和见解中。直到后来,清教徒们才得以把旧日的宗教一朵一朵地根除掉,并把那种寂寞的忧郁像一层灰暗的雾罩似的铺张到了全国,那种忧郁此后便日见没精打采,精疲力竭,以致退化成为一种温吞吞、哭兮兮、昏昏欲睡的虔敬主义。像宗教一样,英国的主权在莎士比亚时代,也还没有经受那些微弱的变革,那些变革今天在那里以立宪政体的名义被贯彻着,即便对于欧洲的自由不无裨益,但无论如何并没有为艺术造福。同那个伟大的、真正的、最后的国王查理一世的血一起,所有的诗意都从英格兰的脉管中流出去了[8];诗人或许在精神上预感到这件可悲的事变,但却没有作为同代人经历到它,他真算是三生有幸。莎士比亚在我们今天经常被称为贵族。我决不想来反驳这个指控,反之宁愿为他的政治倾向辩护,当我想到,诗人的有先见之明的慧眼已经从大量朕兆中,预知出那个制造清一色的清教徒时代,那个时代把一切生活乐趣、一切诗意和一切明亮的艺术连同王权一起给消灭了。

真的,在清教徒统治时期,艺术在英国是失宠的;福音派的狂热特别对戏剧文学逞凶,连莎士比亚的名字多年来也在人民的记忆中泯灭了。今天从当时的一些小册子,例如从大名鼎鼎的普利因[9]的 Histrio-Mastix 中读到,可怜的表演艺术曾经被怎样毒辣地咒逐,实在使人不胜惊讶。我们有必要过分认真地为这类狂热愤恨清教徒吗?的确不必;在历史上,每个忠实于自己内在原则的人都是正确的,这些阴沉而执拗的头脑只服从那个敌视艺术的精神的一贯性,那种精神在教会成立头一世纪中就已显示出来,直到今天还或多或少地在偶像破坏方面施展威风。这种古老的、不可调和的对于戏剧的反感,无非是在两个截然相异的世界观之间[10]统治了一千八百年的那种宿仇的一个方面,一种世界观生发在犹太的贫瘠的土壤上,另一种则生发在繁荣的希腊。的确,耶路撒冷和雅典之间、圣徒陵墓和艺术摇篮之间、精神的生活和生活的精神之间的仇怨已经持续一千八百年之久,由此而引起的相互摩擦,明争暗斗,被公开在通晓内情的读者面前。我们从今天的报纸上读到,巴黎的大主教拒绝为一个可怜故世的演员举行通常的葬礼,须知这种行为决不是出于教士的刚愎自用,只有浅见之徒才在这里看到褊狭的恶意。这里起支配作用的,毋宁是一种古老的、反艺术的决死战斗的激情,而艺术则历来被希腊精神当作讲坛,以鼓吹生活,反对禁欲的犹太主义;教会把演员当作希腊主义的工具加以迫害,这种迫害也不放过诗人,因为他们只从阿波罗[11]汲取灵感,并为被放逐的异教神在诗的国土中保证了一席容身之地。或许这里也是某种仇怨在作祟吧?在最初两世纪中,演员乃是苦恼的教会的死敌,Acta Sanctorum[12]便经常提到,这些渎神的优伶们在罗马的舞台上,为了取悦异教贱民,怎样致力于丑化拿撒勒人[13]的生活方式和宗教秘规。或许就是这种相互猜忌,在教会语言和尘世语言的仆人之间,造成了不共戴天的决裂吧?

除了苦行的宗教热忱外,还有共和主义的政治狂热,鼓舞着清教徒仇恨古代英国的舞台，因为在那里不仅颂扬过异教和异教观点，而且还颂扬过保皇主义和贵族世系。我在另一个地方[14]指出过，那时的清教徒和今日的共和主义者，在这方面真是相似之极。但愿阿波罗和不朽的缪斯保护我们免于后者的统治吧！

在上述宗教和政治动荡的旋涡中，莎士比亚的名字长时期内消失了，几乎过了一整个世纪，它才恢复自己的声誉和光荣。但是，从此以后，他的威望便与日俱增，他仿佛成了那个几乎一年十二个月都见不到真太阳的国土、那个万劫不复的岛屿、那个单欠南方气候的 Botany-bay[15]、那个煤气蒸腾、机声聒噪、教味十足、酩酊大醉的英格兰的一个精神上的太阳！仁慈的造化决不会完全剥夺她的众生的继承权，她拒绝了英国人一切美妙事物，既不赋予他们歌喉，也不赋予他们享乐能力，或许仅只授赠他们啤酒皮囊以代替人的灵魂，于是为了补偿这一切，她便赐与他们一大块资产阶级自由、经营安乐窝的本领和威廉·莎士比亚。

是的，他是精神上的太阳，这个太阳以最美丽的光彩、以大慈大悲的光辉普照着那片国土。那里的一切都使我们记起莎士比亚，最平凡的事物在我们看来，也因此显得容光焕发。他的天才的羽翼在那里处处围着我们簌簌作响，他的明澈的目光从每一件重要现象上向我们祝好，而发生伟大事件的时候，我们相信往往会看见他频频点头，轻轻地点头，轻轻地，微笑地。

在我逗留伦敦期间，当我这个好奇的旅客从早到晚寻访所谓名胜的时候，这种关于莎士比亚的直接或间接的绵绵不尽的追怀，我是非常清楚的。每个 lion[16]使人想起更雄伟的 lion，莎士比亚。我所访问过的那些地方，都在他的历史剧中永垂不朽，正因如此，我从少年时代便熟识了它们。在那个国家里，不但饱学之士，甚至每个国民都熟悉这些戏剧，连 beefeater[17]也不例外。他一身朱服，满面红光，在 Tower[18]上充当向导，把中门后面的地窖指给你瞧，理查就在那里授命杀害了自己的侄儿，那个年轻的王子，接着他又劝你去请教莎士比亚，诗人把这段骇人听闻的历史细致入微地写出来了[19]。威斯敏大寺院[20]里给你导游的堂守,也会不断地谈起莎士比亚,那些故王和故后在这里被雕成石像,舒展地躺在他们的石棺上面,人们花一先令六便士就可瞻仰一番,而在莎士比亚的悲剧中,他们却扮演着一个如此暴烈或凄惨的角色。他自己,伟大诗人的雕像,如原身一般站在那里,身材巍峨,蹙额沉思,手里握着一卷羊皮纸卷册……那里面或许写着什么咒文吧,当他半夜三更喃喃动起白色嘴唇,召唤棺中长眠的死者,那些白玫瑰和红玫瑰的骑士们[21],便会披着生锈的铠甲,带着过时的宫廷服饰,蓦地站立起来,贵妇们也会喟叹着,从她们的墓穴中悠然起立,接着便爆发了一阵剑击声、狂笑声和咒骂声……恍如在朱瑞巷[22]一样;我经常在那个剧院里欣赏莎士比亚的历史悲剧的演出,济恒[23]在那里如此强烈地震撼过我的灵魂,当他在舞台上绝望地四下奔窜的时候:

A horse, a horse, my kingdom for a horse![24]

假如我想列举使我追忆起莎士比亚的地点,我不得不抄录整本 *Guide of London*[25] 了。这个情况意味深长地发生在议会里,与其说因为它的所在就是莎士比亚戏剧中经常提到的那个威斯敏大厅[26],不如说因为在我所列席过的辩论中,不止一次地有人谈到莎士比亚,而且还引证了他的诗,当然不是为了它的诗意,而是为了它的历史意义。我讶然发现,莎士比亚在英国不仅是作为诗人享受尊荣,而且还被议会——国家最高权力机关作为历史家所称许。

由此引起了我的一点议论:假如向莎士比亚的历史剧提出这样一些要求,这些要求只有一个仅以诗意及其艺术表现为最高目的的戏剧家才能满足,那未免有失公道。莎士比亚的任务不仅是诗,还是历史;他不能任意改裁既成的材料,他不能兴之所至地构成事件和人物,正如不能遵守时间和地点的统一一样,他也不能遵守关于个别人或个别事实的情节的统一。然而,在这些历史剧中,比起在那些诗人的悲剧中,诗意却涌流得更充裕、更有力、更甜蜜,尽管他们虚构或者随心所欲地改编题材,在形式上达到了严谨的匀称,在这门艺术本身,特别是在 enchaîne-ment des scènes[27]方面,超过了可怜的莎士比亚。

　　是的,正是这样,这位伟大的不列颠人不仅是诗人,还是历史家;他不仅掌握了美尔波美尼[28]的匕首,还掌握了克里奥[29]的更其锐利的刻刀。在这方面,他可以同远古的历史家们相提并论,后者同样地不把诗和历史划分开来,他们不仅提供了一本大事汇编,一本灰尘仆仆的史实标本,而且通过歌曲使真理大发光芒,在歌曲中只让真理扬声高唱。当今为人乐道的所谓客观性,无非是一个乏味的谎言;描写过去,而不添加我们自己感觉的色彩,那是办不到的。是的,因为所谓客观的历史家到底是在向现代发言,所以他便无意间会用自己时代的精神写作,这种时代精神在他的文章中是如此明显,就像在书信中不仅表露出写信人的性格,还会表露出收信人的性格一样。那种笼罩在事实的刑场[30]之上、以其死气沉沉而自夸的所谓客观性,其所以被斥为谎言,乃是因为对于历史的真实性,不仅需要详细地陈述事实,而且还需要在一定程度上传达出那个事实对于同代人所引起的印象。但是,这种传达却是极其艰难的任务,因为这不仅需要关于文件的普通学识,而且还需要这样一种诗人的直观能力,他能了解莎士比亚所说的"过去时代的真髓和血肉"[31]。而且,他不仅能了解他本国的历史现象,还能了解古代年鉴所告诉我们的一切,我们在他的戏剧中便惊讶地注意到这一点,他在戏剧中以最逼真的色彩描写了没落的罗马风尚。正如看透了中世纪的骑士形象一样,他还看透了古代世界的英雄,并且命令他们披露自己的肝胆。而且,他永远善于把真理提高成为诗,连不通人情的罗马人,严酷、冷静的散文民族,这个具有粗暴的掠夺欲和精明的律师才能的混血种,他也能够诗意地加以改观。

　　但是,关于他的罗马剧,莎士比亚也不得不一再听到形式混乱的责难,连才具过人的作家蒂特里希·格拉贝[32]也把这些剧本称之为"打扮成诗的史记",什么这里缺乏中心,这里分不清谁是主角,谁是配角,这里如果说废除了地点和时间的统一,那么情节的统一就更其勿论了。最明达的批评家也有荒诞的谬见啊!我们伟大的诗人不但不缺乏后面一种统一,而且也不会没有地点和时间的统一。只是他的这些概念比起我们的来,多少要宽广一些:他的戏剧的舞台是这个地球,这便是他的地点的统一;他的剧本演出的时期是永久,这便是他的时间的统一;他的戏剧的英雄符合这两点,他便是剧中有声有色的中心,并且表现了情节的统一……这个英雄便是人类,他不断地死去,又不断地复生——不断地爱,又不断地恨,但爱得比恨得更多一些——今天像一条蛆虫畏缩一团,明天便像一只雄鹰飞向太阳——今天承受一顶鸡冠帽,明天便荣获一顶月桂冠,更常见的是,两顶同时一齐戴在头上——这伟大的侏儒,渺小的巨人,按照顺势疗法[33]制造出来的神,神性的他身上尽管稀薄之至,但毕竟不是一点没有——咳!出于谦逊和羞愧,咱们还是少谈这位英雄的英雄气概吧!

莎士比亚对于历史所显示的忠实和真实,我们发现他对于自然也同样具备着。人们惯说,他给自然照镜子[34]。这种说法是难以苟同的,因为它使人误解诗人对于自然的关系。反映在诗人心灵中的,并不是自然,而是自然的形象,这种形象恰似最忠实的镜像,乃是诗人的心灵生来就有的;他仿佛给世界带来他自己的世界[35],当他从梦幻的童年醒来,达到自我意识的时候,他便立刻从其整体关系中,了悟到外在现象世界的每一部分;因为他的心灵中带有一幅整体的类像,他才了解一切现象的基本原因,而这些现象对于平庸的心灵却显得扑朔迷离,按照一般方法加以探讨,只有不胜其烦,甚至全然莫名其妙。……正如数学家单凭一个圆的最小断片,便能立刻确定这个圆和它的圆心一样,诗人只要从外界看到现象世界的最小断片,他便立刻理会到这个断片的整个普遍关系;他仿佛把握住一切事物的轨迹和中枢;他是按照最广泛的范围和最深刻的集中点来理解事物的。

但是,在诗人身上发生那种恢复世界完整性的奇妙过程之前,永远必须给他提供现象世界的一个断片;对于现象世界断片的这种觉察，乃是通过感官实现的，它仿佛就是制约着内部显示的外部事件，而诗人的作品正有赖于这种内部显示。艺术作品愈是伟大，我们便愈是汲汲于认识给这部作品提供最初动机的外部事件。我们乐意查究关于诗人真实的生活关系的资料。这种好奇心尤其愚蠢，因为由上述可知，外部事件的重大性和它所产生的创作的重大性是毫不相干的。那些事件可能非常渺小而平淡，而且通常也正如诗人的外部生活非常渺小而平淡一样。我是说平淡而渺小，因为我不愿采用更为丧气的字眼。诗人们是在他们作品的光辉中向世界现身露面，特别是从远处观望他们的时候，人们会给炫得眼花缭乱。啊，别让咱们凑近观察他们的举止吧！他们恰似夏夜间从草丛叶簇闪烁出现的奇妙的光点，闪烁得如此灿烂，竟致使人相信，它们就是大地上的星辰，……使人相信，它们就是游园的王子王孙们挂在丛林间并给遗忘在那里的钻石、碧玉，那些贵重的珍宝，……使人相信，它们就是太阳溅射出的焰末，原来消失在盛草中间，到了凉爽的夜晚，便精神抖擞，兴冲冲地闪烁起来，直至早晨来临，赤红的焰球重又把它们吸入自身……唉唉，可别在白天去寻找那些星辰、宝石和焰末吧！你找不到它们的，你只会看见一条可怜的苍白的小蛆虫，惨兮兮地在地上蜿蜒爬行，那样子实在叫你恶心，只是出于奇怪的怜悯，你才不忍一脚把它踩死！

　　莎士比亚的私人生活怎么样呢？尽管从各方面考察，仍然几乎一无所获，这倒是一点福分。只是关于诗人的少年和生平，流传过种种无稽的愚蠢的传说。据说，他曾经跟他父亲一起宰过牛，他的父亲是屠户……说不定这些牛就是那些英国评论家们的祖宗吧，他们想必由于宿仇，才到处指点他的不学无术和艺术缺陷。又据说，他曾经做过羊皮生意，结果财运欠亨……蹩脚的骗子啊！他认为，他要是做起羊毛生意来，一定会坐在羊毛里面过日子。这些轶闻，我一点也不肯相信；真所谓"叫喊多而羊毛少"[36]。我倒宁愿相信，我们的诗人果真是一个窃猎者，为了一头小鹿犊而几陷法网；但是，我毫不因此对他有所谴责。德国俗话说得好，"正人君子也难免顺手牵羊。"接着，他大概逃到了伦敦,在那里为几文酒钱,在戏院门口给大人先生们看马……长舌妇们在文学史中喊喊喳喳的谣言,无非就是这些吧。

关于莎士比亚的生活状况,真凭实据乃是他的十四行。可是,我不想谈到他的十四行,只因那里面表现了人的深重苦难,它们才引发我对于诗人的私人生活做出如上的观察。如果想象一下,在莎士比亚死后爆发的政治上和宗教上的风暴,促使清教徒全面地统治了一个时期,后来继续产生了一些不愉快的影响,不仅毁灭了英国文学黄金般的伊丽莎白时代,而且还使它湮没无闻,那么,有关莎士比亚生平的较确切的资料之所以缺乏,这便不难解释了。到上世纪初叶,莎士比亚的作品重见天日的时候,有助于注释作品本文的那些传统业已荡然无存,评论家们只好向这样的批评求救了,那便是在浅薄的经验主义和尤其可怜的唯物主义中探本求源的批评。仅仅威廉·黑兹利特[37]例外,英国就没有造就出一两个出色的莎士比亚评论家;到处都是些小家子气,斤斤计较,沾沾自喜,妄自尊大,自吹自擂,要是能够给可怜的诗人指出任何一点古董方面、地理方面或年代方面的错讹,并且能够怜悯一下——可惜他不曾从真本原著中研究过古人,而且学校知识也未免掌握得太少——那么,他们便狂喜到有爆炸的危险。他竟然让罗马人戴起帽子来,让船只在波希米亚靠岸,并且在特洛伊时期引证过亚里士多德![38]这是一个在牛津大学荣获 magister artium 学位[39]的英国学者所不能忍受的!我称之为例外的并且在各方面都称得上出类拔萃的唯一的莎士比亚评论家,便是故世的黑兹利特,一个灿烂而又深沉的心灵,狄德罗和伯尔内[40]的合身,他不但有热烈的艺术热情,还有炽热的革命热忱,永远喷涌着活力和才智。

德国人要比英国人更善于领悟莎士比亚。这里必须首先重提那个亲爱的名字,在需要我们伟大的首倡精神的地方,我们处处会遇到这个名字。哥特荷尔德·艾弗拉伊姆·莱辛是第一个在德国高声拥护莎士比亚的人[41]。他为给这位最伟大的诗人建筑一所神殿,搬来了最沉重的砖石,而尤堪称颂的是,他不辞劳苦,给这块建筑神殿的基地,清除了积年的垃圾。他带着蓬勃的建设热情,无情地摧毁了铺开在那块基地上的轻松的法国戏摊。哥特舍德如此绝望地抖动着他的假发,连整个莱比锡都为之哆嗦不已,他的夫人的玉面由于恐惧或许也由于扑粉而发白[42]。可以肯定,莱辛的剧论完全是为莎士比亚而写的吧。

莱辛之后,应当提到维兰德[43]。他翻译了这个伟大诗人的作品,从而更有效地促成他在德国的身价。大可玩味的是,《阿迦通》和《穆札利翁》的作者,美神的轻浮的 eavaliere servente[44],法国人的追随者和仿效者:正是他,一下子便把不列颠的严肃紧紧抓住了,竟致把那个势必排除他本人的权威的英雄,高抬到盾牌上面去了。

在德国高扬起来拥护莎士比亚的第三个伟大的声音,属于我们心爱的、亲爱的赫尔德,他以无限的热情宣布拥护莎士比亚[45]。歌德也以响亮的号角向他表示敬意[46];简而言之,一系列华贵的王侯,一个接一个地,投票尊推莎士比亚为文学史上的皇帝。

当骑士奥古斯特·威廉·封·施莱格尔和他的盾卒、枢密顾问官路德维希·蒂克[47]荣邀吻手之宠,并向世人保证,伟大威廉的千秋江山迄今方得永固的时候,那位文学上的皇帝已经稳登他的宝座了。

如果我否认奥·威·施莱格尔先生在翻译莎士比亚戏剧及有关后者的讲演方面的劳绩,那是不公道的。但是,坦白地说,他的讲演太缺乏哲学基础了;他到处卖弄那点不老实的半瓶醋,未免太浅薄了;那些讨厌的皮里阳秋,也流露得太赤裸了——我实在不敢无条件地恭维这一切。奥·威·施莱格尔先生的热情向来是一场装扮出来、蓄意骗人的把戏,真可谓醉翁之意不在酒,他和其他的浪漫派一样,神化莎士比亚,意在间接地贬低席勒。施莱格尔的翻译无疑至今仍是最成功的,符合于对一部韵体译品所能提出的要求。他的才能的女性特征在这里对于翻译者恰到好处,他能够凭着他那水性杨花的艺术技巧,钟情而信实地偎依着异国的精神。

但是,必须承认,尽管有这些美德,我却不爱施莱格尔的译本,而

有时宁取艾馨布尔格[48]完全用散文翻的旧译本,理由如次:

莎士比亚的语言并非他本人所特有的,而是他的前辈和同代人传授给他的;这就是传统的舞台语言,剧作家当时都必须采用它,无论他是否认为它适合他的才能。只须浏览一下多茨雷的 Collection of old plays[49],就可注意到,在当时所有的悲剧和喜剧中,正盛行着这样一种文体,这种浮华词藻,这种夸饰的风雅,造作的用字,这种concetti[50],这种机智和绮丽;我们在莎士比亚的作品中同样会遇到一些,它们为少见世面的头脑盲目地激赏,而明达的读者对于它们,即使不加以酷评的话,必定仅作为一种外观,一种不得不尔的时代限制而加以谅解。只有当诗人抛掉那种传统的舞台语言,呈现出一种崇高而优美的袒赤状态,一种纯朴状态(这种状态同他毫无虚饰的天性比美,并使我们充满最甜蜜的颤栗)——只有在这些章节中,莎士比亚的天才才能露出它的真面目,他的最高度的启示才能充分为人所知。是的,就是在这些章节中,莎士比亚也在语言上表现出一定的特色,可是这种特色,以韵脚跟随思想的韵体译者永远也不能忠实反映出来。韵体译者在舞台语言的平凡辙道上,丢失了这些非凡的章节,连施莱格尔先生也摆不脱这个命运。如果诗人的精华因之丧失,仅有糟粕得以保存,韵体译者又何苦乃尔呢?而散文翻译比较容易复现某些章节的质朴、率真、近似自然的纯洁性,因此无怪比韵体翻译更为人所取了。

紧随施莱格尔之后,路·蒂克先生作为莎士比亚解说者也有过若干劳绩,尤其因为十四年以前,他在《晚报》上发表了《剧评专页》[51],并在戏剧爱好者和演员中间引起极大轰动。可惜那些篇页中贯串着一种冷漠的、枯燥的教训口吻,这个"可爱的二流子"(古茨诃[52]这样称呼他)曾经在这方面鬼鬼祟祟地潜心研习过。他在古典语言甚或哲学方面所缺乏的一切,他都通过庄重和古板加以弥补,人们于是仿佛看见,Sir John[53]坐在安乐椅上,对着王公们发表墓前演说了。但是,尽管渺小的路德维希架子十足,道貌岸然,借以掩饰他在语言学和哲学方面的不学无术,他的 ignorantia[54],在这些提到的篇页中仍可发现关于莎士比亚人物性格的俏皮的评述，我们甚至随处遇到蒂克先生的旧作中永远使人惊叹并乐于承认的那种诗的构思能力。

唉，唉，这个蒂克，也一度是一位诗人，纵然算不上第一流，至少也算得上力争第一流的诗人，殊不知从此一落千丈了！同他的缪斯早年（那月光照耀的童话世界的时期）奔放不羁的作品相比，他现在每年给我们匆匆赶出来的课业，该是何等卑不足道啊！过去我们觉得他可爱，而今我们觉得他可厌，这个软弱的妒嫉者，竟在他的诽谤小说中诋毁起德国青年的热烈的苦痛[55]，莎士比亚的话真说中了他："没有什么比变味的甜食更使人恶心；没有什么比腐烂的百合花更其臭不可闻！"[56]在伟大诗人的德国评论家中，不能不提到已故的弗朗茨·霍尔恩[57]。他的莎士比亚注疏在任何情况下都是最圆满的，共计五卷之多。这里面不乏智慧，但却是那样模糊、那样稀薄的一种智慧，甚至比最没有智慧的愚钝还要使人不舒服。妙在这个人，出于热爱，毕生研究莎士比亚，成为他最热诚的崇拜者，他竟然是一个血枯气弱的虔敬派教徒。但也许正因感到自己灵魂的枯弱，他才对于莎士比亚的力量产生了一种永远的倾慕；有时这个不列颠的泰坦人在他的热情迸发的舞台上，攀上窝萨山，再搭上倍利翁山，一气攻下了天堂的堡垒[58]，这时不幸的解说者便会由于惊愕，放下笔来，喟然长叹，悄然啜泣了。作为虔敬派教徒，根据他的伪善本质，他本来不得不憎恶那个诗人，因为诗人的精神整个地浸润着神性的喜悦，每句话都呼吸着最快乐的异教信念；他不得不憎恶他，那个生活的赞美者，他私自摒弃了死亡的宗教，沉醉在对于古代英雄力量的最甜蜜的战栗中，根本不知谦逊、忍从、消沉之类的凄惨的天福为何物！然而，他爱他，凭着他的不倦的爱，他后来竟想把莎士比亚转向到真正的教堂；他在评论中给他添进了一些基督教式的思想，不知这是善意的欺骗还是自欺，他在莎士比亚戏剧中到处发现基督教式的思想，他的五卷本的解说就仿佛是一个洗礼盘，他把这里面的圣水倾倒在这个伟大的异教徒的头上。

但是，我重复一遍，这些解说并非完全没有智慧。有时，弗朗茨·

霍尔恩也给世界带来一点奇妙的念头;这时,他便扮起各种令人生厌的、又酸又甜的怪相,在思想的产床上呻吟着,辗转着,蠕动着,当他终于分娩出这个奇妙的念头时,他于是大为感动地看了看脐带,像产妇一样疲惫不堪地笑了。正是我们虚弱的虔敬派的弗朗茨评论了莎士比亚;这实在是一个可气而又可笑的现象。最有趣的是,在格拉贝的喜剧[60]中,事情恰好颠倒过来:莎士比亚死后来到地狱,不得不在那里为弗朗茨·霍尔恩的作品写解说了。

有才能的演员怀着热爱表演莎士比亚的戏剧,并把它们交给全体观众去评断,他们的这种热爱对于莎士比亚的普及化要比评论家们的注释、解说和辛勤的颂扬有效得多。李希登伯格[61]在他的《英国来信》中,给我们作了一些意味深长的报道,谈到上世纪中叶,伦敦的舞台上曾经怎样出色地扮演过莎士比亚的人物。我是说人物,不是说他的整个作品。因为直到此刻,不列颠的演员们在莎士比亚作品中仍然只领悟到特色,并没有领悟到诗,更没有领悟到艺术。可是,这种理解上的片面性,无论如何是在更愚昧的程度上,发生在评论家身上,他们永远不能透过灰尘蒙蔽的学术眼镜,在莎士比亚戏剧中看到最简单、最邻近的东西——自然。加里克[62]比约翰逊博士[63],这个学术上的约翰牛[64],更清晰地看到了莎士比亚的思想;后者在评论《仲夏夜之梦》的时候,仙后麦普[65]一定在他的鼻梁上最滑稽地跳跃过,他一定不知道为什么在莎士比亚身上,比在他所批评的其他诗人身上,他竟有了更多鼻痒和打喷嚏的感觉。

当约翰逊博士把莎士比亚的人物当作尸体解剖,并以西塞罗式的英文炫耀他的臃肿的蠢笨,带着粗俗的自得神情在他的拉丁文对仗句上摇来晃去的时候,加里克却站在舞台上,震撼了英国的全体人民,他念起可怖的咒文,把那些死者唤醒过来,使他们在众目睽睽之下完成他们卑鄙龌龊的、鲜血淋淋的或者滑稽可笑的勾当。可是,这个加里克热爱伟大的诗人,为了报偿这种热爱,他被埋葬在威斯敏寺院的莎士比亚雕像的柱脚旁边,像一条忠实的狗躺在主人脚下一样。

加里克的表演方法被移植到德国来,我们应当感谢著名的施罗德[66],他也是第一个为德国舞台改编了莎士比亚的几个最优秀的戏剧。像加里克一样,施罗德也是既不懂那些戏剧里面的诗,也不懂那里面的艺术,他仅仅对里面首先显露的自然作了明智的一瞥;他并不企图复现某个剧本的迷人的和谐和内在的完美,而宁愿以最片面的对自然的忠实去复现剧本里面的个别人物。授权给我做出这个评断的,不仅是他的表演的传统(这个传统今天仍在汉堡盛行不衰),而且还是他对莎士比亚剧本的改编本身,这些改编抹煞掉一切诗和艺术,仅仅通过综合最鲜明的特征,达到对主角的精确的刻画,达到某种人人可解的自然性。

伟大的德弗瑞安特[67]的表演也是根据这个自然性体系发展起来的,我在柏林有一次见到他和伟大的沃尔夫[68]同时演出,后者相反在他的表演中却倾向于艺术的体系。尽管他们是从截然不同的方向出发,一个以自然为最高目的,一个以艺术为最高目的,两人却依然在诗的领域中会合了,并用完全对立的方法震撼了和迷醉了观众的心。

音乐和绘画的缪斯们为莎士比亚的荣誉效劳,则是不孚众望的。她们的姊妹美尔波美尼和塔丽雅[69]借助伟大的不列颠人,赢得了不朽的花冠,这难道引起她们的妒嫉吗?除《罗密欧与朱丽叶》和《奥赛罗》之外,再没有一部莎士比亚的剧本鼓舞过任何著名作曲家从事伟大的创作。我不必赞美岑伽列里[70]的欢跃的夜莺心中那些琤琤作声的花朵的绝妙,我也不必赞美裴萨罗的天鹅[71]用以歌唱苔丝德梦娜流血的柔情和她爱人的黑色烈焰的那些最甜蜜的曲调!绘画同一般(黑白)图形艺术一样,提高我们诗人的声望便尤其微薄了。蓓尔美尔街上的所谓莎士比亚画廊[72]的确证实了不列颠画家们良好的意愿,但同时也证实了他们冷淡的软弱。这都是些充满古法国人精神的枯燥的形象,但却缺乏法国人从未见绌的风趣。有一件东西,英国人对于它,像对音乐一样,是同等可笑的半瓶醋,那就是绘画。只有在肖像画方面,他们达到过卓越的成就,特别当他们不用色彩而用刻刀画像的时候，他们超过了欧洲其他的艺术家。英国人那样可怜地缺少色彩感，然而却是优秀的版画家，能够创作出铜雕和钢雕的杰作，这个事实的原因何在呢？他们给莎士比亚剧中的妇人和少女所画的肖像，证明了情况正是如此。我在这里把这些画像报道一下，它们的精美程度是自不待言的了。这里一般谈不上什么评论。上面的篇页不过作为这本可爱作品的一个走马看花的导论，一番向有的客套话。我是一个为你们给这个画廊开锁的看门人，你们目前为止所听到的还不过是钥匙的叮当。在给你们导游的同时，我将不时在你们的观赏中饶舌几句；我将不时摹仿那些古迹向导员，他们从不让人过分耽溺于观赏任何一幅画；他们善于讲一两句陈词滥调，及时把你们从心荡神移的境界唤醒过来。

  无论如何，我希望这本书会送给我故国的友人们一点愉快。愿你们看看这些优美女性的容貌，能够从额头驱走你们目前不为无因的忧伤。唉唉，我怎么不能给你们贡献比这些美的幻影更为真实的东西呢？我怎么不能给你们打开通往幸福现实的大门呢？我唯愿有朝一日把挡住我们跨进赏心之园的长戟折断……但是，手是软弱的，而卫兵们笑了，用他们的戟柄敲击着我的胸膛；宽宏的心即使无所畏惧，却也羞愧得说不出话来。你们感慨系之吧？

悲　剧(之一)

克瑞西达

(《特洛伊罗斯与克瑞西达》)

  我首先在这里向可敬的观众们介绍的,是祭司卡尔卡斯极其尊贵的女儿。潘达洛斯是她的舅父:一个出色的媒人;但是,他的带马拉纤简直是多余的。特洛伊罗斯,多子多孙的普里阿摩斯的儿子,是她的第一个情人;她履行了种种仪式,对他发誓要永远忠实于他,接着以相应的端庄破坏了誓约,并就女性心灵的脆弱倾吐出一阵慨叹式的独白,然后才倒到狄俄墨得斯怀里来。欢喜偷听隐私的忒耳西忒斯惯于直话直说,便把她称作婊子。但他有时也不得不积点口德;因为这个美人儿从一个英雄怀里转到另一个怀里,常常是一个比一个更渺小,最后会有一天成为他的心上人也说不定。

  我将克瑞西达的画像放在这座画廊的入口处,不是没有若干理由的。的确,我让她身列莎士比亚的那许多光彩夺目的完美形象最前面,并非由于她的德行,也不是因为她是一个普通女性的典型;不是的,我所以从这个性格暧昧的女人开始,乃是因为,我如果要为我们的诗人出版全集的话,同样会把那出题名《特洛伊罗斯与克瑞西达》的戏放在最前面。斯蒂芬斯出版莎士比亚全集豪华版,就是这样做的;不过,我怀疑,我现在所要说明的这些理由,是不是也触动过那位英国出版家。

  《特洛伊罗斯与克瑞西达》是莎士比亚唯一一部让希腊诗人描写过的人物在他自己的悲剧中扮演主角的作品,我们比较一下古代诗人

21

们处理同一素材的方式方法，便可一目了然地认识莎士比亚的方法。希腊的古典诗人努力使现实达到最崇高的升华，不断向理想境界飞腾，而我们这位现代悲剧家则更加深入到事物的底蕴；他以锋利的精神之铲挖掘现象的平静表面，将它们深埋的根须暴露在我们眼前。古代悲剧家同古代雕刻家一样，一味追求美和高贵，牺牲内容去讲究形式，莎士比亚则相反，他的着眼点首先放在真实和内容上；因此，他的性格描绘卓越非凡，他常常利用这种描绘手段，迹近谑画似的剥下主人公身上金光闪闪的盔甲，让他们穿着滑稽的睡衣出场。评论家们如果根据亚里士多德从优秀的希腊戏剧中归纳出的原则来评论《特洛伊罗斯与克瑞西达》，那么，他们即使不致犯最可笑的错误，也定会陷入狼狈的境地。他们会认为，这出戏作为悲剧，不够庄严与悲怆；因为其中一切展开得那样自然，几乎就像在我们身边一样；主人公是那样愚蠢（即使还不算下贱），也就像在我们身边一样；男主角是个懦夫，女主角是个普通的裙钗，就像我们在最亲近的熟人中间所见到的一样……连最响当当的同名者，古代的英雄，例如伟大的阿喀琉斯，海神忒提斯的勇敢的儿子，他们在这里也显得多么寒伧啊！另一方面，这出戏又不能说是喜剧；因为这里滚滚流着鲜血，这里响彻了长篇大套的至理名言，例如俄底修斯思考权威之必要的那段戏，至今还值得人们反复回味。

不，一出穿插着这样一些对白的戏不可能是喜剧，评论家们这样说，而且他们更不会这样认为，一个像体育教师马斯曼[73]那样只懂得一点点拉丁文，对希腊文则一窍不通的可怜虫，居然敢将著名的古代英雄写进喜剧里去！不，《特洛伊罗斯与克瑞西达》既不是一般意义上的悲剧，也不是一般意义上的喜剧；这出戏并不属于某一种确定的文学类型，更不能拿现有的尺度去衡量它——它是莎士比亚的最独特的创作。我们只能笼统地承认它的卓越的成就；要对它进行具体的评判，还有赖于那种尚未问世的新美学。

如果我现在将这出戏列入悲剧类，我想首先借此指明，我是多么严格地采用这个名词的。我在杜塞尔多夫中学的一位诗学老师非常深刻地说过:"凡缺乏塔丽雅的欢畅精神,而散发美尔波美尼的悲戚气息的戏文,统统属于悲剧。"我想着要将《特洛伊罗斯与克瑞西达》列入悲剧的时候,可能正是记起了那个广泛的定义。而事实上,这出戏里正充满了一种强颜为欢的痛苦,一种对世界的嘲弄,这是我们在喜剧女神的作品中从未遇见过的。倒不如说,在这出戏里处处看得见悲剧女神,只不过她这时兴致勃发,想取乐一番而已……而且,我们仿佛看见美尔波美尼在低级舞会上跳着康康舞,苍白的嘴唇发出阵阵的浪笑,心中则是死亡。

卡珊德拉

（《特洛伊罗斯与克瑞西达》）

我们在这儿展出的是普里阿摩斯的未卜先知的女儿。她心中怀着对未来的可怕的预知，预言伊里阿姆的衰落；而现在，当赫克托武装起来要和可怕的阿喀琉斯决一死战时，她逃走，她哀号……她想象爱弟负伤流血而死……她逃走，她哀号。一切都是徒劳的！没有人听她的劝告，她像整个受骗的民族一样无助，陷进了黑暗命运的深渊中。

莎士比亚为这位美丽的先知只写了很少几句并非意义深长的台词；在他的笔下，她只不过是一个普通的灾祸预言者，在无法无天的城市里哀号着到处奔跑：

"她的两眼迷茫张望，她的头发蓬松飘扬"，

正像图像所显示的那样。

我们伟大的席勒在他一首优美的诗篇中深情地赞颂过她。在这篇诗中，她以惨不忍闻的哀音向启示祸福的阿波罗诉说他对他的女祭司所加的不幸……我自己则在一次会考中朗诵过那篇诗，当我念到这几句时，我便念不下去了：

"揭开面罩又有何益，如果祸殃逼近身旁？浑浑噩噩才是生路，众醉独醒通向死亡。"

海 伦

(《特洛伊罗斯与克瑞西达》)

　　这就是美丽的海伦,我不能把她的故事原原本本讲给你们听,这样就当真得从丽达的蛋谈起了[74]。她名义上的父亲叫作廷达瑞俄斯,但她真正的秘密的生父却是一位天神,他变成一只鸟使她蒙恩的母亲怀了孕,这种情形在古代是常有的。她很早就出嫁到斯巴达;她在那里很快被诱失身,使她丈夫、国王墨涅拉俄斯戴上了绿帽子,这一点从她绝伦的美貌来看,是不难解释的。

　　我的太太们,你们有谁觉得自己贞洁无瑕,谁就可以首先拿石头来砸那可怜的姐妹。我这不是说,天下没有十分贞洁的女人。第一个女人,著名的夏娃,就是婚姻忠贞的典范;她跟着她的丈夫,著名的亚当,那个围着无花果叶的唯一男人,一块儿漫游,丝毫没有半点不贞之念。她不过喜欢跟蛇聊聊天,但也只是为了借此学会优美的法语,正如她希望获得教养一样。你们这些夏娃的女儿,你们的始祖母夏娃已给你们留下了一个出色的榜样……

　　维纳斯太太,这位不朽的极乐之神,帮助帕里斯王子赢得了美丽的海伦的欢心;他破坏了神圣的做客之礼,将他娇美的猎物拐到特洛伊,那座安全的城堡……我们大家在这种情况下都会这样做的吧。我们大家,尤其是我们德国人,比其他民族更加有学问,从小就熟读过荷马的诗歌。美丽的海伦是我们最早的情人,我们还是孩子的时候,坐在课堂里的板凳上,就听老师讲解过美丽的希腊诗篇,说是那些特洛伊的老头儿一看到海伦就神魂颠倒……于是，一种十分甜蜜的感情便颤动在我们幼稚的、少不更事的心灵中了……我们红着脸，结结巴巴地回答老师的语法问题……后来，我们长大了，学识丰富了，甚至成了魔术师，自己能够念咒语调遣精灵，于是我们要求它为我们从斯巴达召来美丽的海伦。我有一次[75]说过，约翰·浮士德是德国人，这个从知识而非从生活中寻找乐趣的民族的真正代表。尽管这位知名的博士，这位标准的德国人，毕竟还是羡慕和渴求感官上的享受，但他决不是在现实世界的繁盛的原野上，而是在书本世界的渊博的粪土中，去寻求心满意足的对象；即使一个法国或意大利的巫师会从梅菲斯特那里召来一位现实的绝色美人，德国的浮士德仍然渴慕一个已经死去一千多年、只是作为美丽的幻影从古希腊的羊皮纸中朝他微笑的女人，那个斯巴达的海伦！这种渴慕多么深远地标志出德意志民族的内在本质！

莎士比亚在《特洛伊罗斯与克瑞西达》中对美丽的海伦，就像对卡珊德拉一样，只花费了很少的笔墨。我们看到她跟帕里斯一起出场，和白发苍苍的媒人潘达洛斯放浪地调笑了一番。她戏弄他，最后要求他用他那苍老的颤音唱一支情歌。但是，预兆的痛苦阴影和一种可怕结局的预感经常偷袭她那颗轻浮的心；蛇从粉红色的谐谑中探出了它黑色的小脑袋，它用这几句泄露出她的心境：

"你要给我唱一支爱情的歌；这个爱情要把我们一起葬送了。啊，丘比特，丘比特，丘比特！"[76]

维吉利娅

(《科利奥兰纳斯》)

　　她是科利奥兰纳斯的妻子,一只羞怯的鸽子,在她骄横的丈夫面前从不敢咕叫一声。当他凯旋归来、万众向他欢呼之际,她谦卑地垂下头来,微笑的英雄非常恰切地称她为"我的静默的好人儿"!这种静默包藏着她的整个性格;她静默着像泛红的玫瑰,像贞洁的珍珠,像渴慕的晚星,像一颗迷醉的心……这是一种完美的、无价的、热烈的静默,它比一切雄辩、比任何修辞上的冗词赘语要讲得更多。她是一个温柔腼腆的女人,她以亲切的优雅风度同她的婆婆形成极其鲜明的对照。后者就是用铁乳哺养过小狼卡厄斯·马歇斯的罗马母狼伏伦尼娅。的确,后者是个真正的保姆,幼崽从她贵族的乳头里只吮吸了莽撞、刚愎和对民众的蔑视。

　　一位英雄怎样依靠从小所吸收的善行和恶习去取得荣誉的桂冠,但却丧失了更好的普通人民的橡冠,直到最后沦入了可怕的罪恶,背叛自己的祖国,遭到可耻的灭亡:这便是莎士比亚在悲剧《科利奥兰纳斯》中向我们所揭示的。

　　谈了《特洛伊罗斯与克瑞西达》这出取材于古希腊英雄时代的戏,我现在来谈《科利奥兰纳斯》,因为我们在这里将看到,我们的诗人多么善于处理罗马的题材。也就是说,他在这出戏里描写了古罗马的贵族与庶民之间的党争。

　　我不想直接断言,戏里的每个细节都描写得符合罗马的编年史;

但我们的诗人却十分深刻地理解并刻画了那些党争的实质。我们所以能够较为准确地评判它们，正因为我们的时代呈现了许多与一度发生在古罗马特权贵族和卑微平民之间的可悲纷争相同的现象。人们常常认为，莎士比亚是一个现代诗人，他生活在现代的伦敦，想在罗马的面具下描写今天的托利党和激进党。进一步加深我们的这种看法的，则是一般地存在于古代罗马人和现代英国人之间、两个民族的政治人物之间的巨大的相似性。事实上，现代的英国人和古代的罗马人同样具备了某种缺乏诗意的严酷、贪婪、残虐、不懈和坚毅等品质，只是后者更像旱老鼠，而前者是水老鼠罢了；在令人厌恶之至这一点上，他们是完全一样的。人们在两个民族的贵族身上会发现一种惊人的亲和力。英国贵族和过去罗马贵族一样，都有爱国心：热爱祖国使他们不顾政治上的权利差别，和平民结成了最亲密的同盟，而这个同舟共济的同盟又使得英国贵族像罗马贵族过去那样，和民主主义者组成一个整体，一个和睦的民族。在其他国度，贵族较少依附于土地，更多地依附于王侯个人，甚至完全屈从于本阶层的特殊利益，就不是这种情况了。此外，我们还看到英国贵族像罗马贵族过去那样，将权力当作最高尚、最荣耀的东西来追求，间接地追求了最能获利的东西；我是说"间接地最能获利的东西"，因为在现代英国和在古代罗马一样，高官显贵也只是以滥用权势和传统的勒索方法，从而间接地获取报酬的。在现代英国和在古代罗马一样，那些官吏乃是名门世家教育青年的目标；骁勇善战和能言善辩对于这两个民族都是夺取未来权力的最佳手段。不论在英国人还是在罗马人中间，统治和管理的传统都是贵族的世袭遗产，因此英国的托利党人之不可缺少，并牢固掌握政权，几乎是和罗马的元老世家一样长久。

再没有比《科利奥兰纳斯》中所描写的竞选场面更近似今天的英国状况了。罗马的托利党怀着多么酸涩的愤懑，多么轻蔑的嘲弄，向善良的市民们乞求选票，他们打心眼里瞧不起这些市民，可是为了当上执政官，他们的选票又是不可缺少的！只不过大多数贵族，他们不是在战场上而是在狩猎中受了伤,并从他们的母亲那里学会了乔装打扮的本领,因此在今天的议会选举中,不像僵硬的科利奥兰纳斯那样,将他们的愤懑和嘲弄形之于色罢了。

  莎士比亚在这出戏中也像往常一样,表现出高度的大公无私。贵族在本剧中蔑视选举他的平民是有道理的;因为他感到,他本人作战是勇敢的,而勇敢正是罗马人的最高德行。可怜的选举人,即平民百姓,在本剧中无视这种德行而反抗贵族,也是有道理的;因为贵族毫不含糊地宣称过,他当了执政官就要废除面包分配制。"面包却是人民的基本权利啊。"[77]

鲍西娅

(《裘力斯·凯撒》)

凯撒深孚众望的首要原因,在于他对待人民的宽宏大度和慷慨好施。人民预感到,他会为他们在他的后继者——皇帝们——的统治下所过的好日子奠定基础;因为这些皇帝赋予人民以基本权利:给予他们每日的面包。我们欣然谅解皇帝对于数百户贵族世家的血腥专制以及对他们的特权的嘲弄;我们怀着感激的心情,认识到他们是贵族统治的摧毁者,这种统治以微薄的赏赐换取人民最辛苦的劳役;我们称颂他们为救世主,因为他们贬抑权贵,抬高小民,实现了一种庶民的平等。尽管旧时代的辩护士、贵族塔西佗还想以诗意的毒液去描写凯撒们的恶习和暴行,我们却看到了他们的优点:他们喂养了人民。

是凯撒摧毁了罗马的贵族统治,并为民主政治的胜利铺平了道路。其时,许多年老贵族心中仍然怀着共和主义精神:他们不能忍受一个独一无二者的至高权力:他们不能活着让一个独一无二者把头昂得比他们的还要高,哪怕是裘力斯·凯撒的高贵的头;于是他们霍霍磨刀,并把他杀死了。

其实,民主和王权并不像我们今天的错误想法那样,是互相敌对的。最好的民主总是这样一种民主:一个独一无二者作为人民意志的化身,位于国家的顶峰,正如上帝位于世界统治的顶峰一样;在人民意志化身的统治下,正如在上帝的统治下一样,最可靠的人类平等、最真实的民主将如花朵盛开。贵族政治和共和政治同样不是互相敌对的,我们在本剧中可以最清楚地看到这一点；在这里，共和主义精神恰好十分鲜明地表现在最傲慢的贵族身上。我们在凯歇斯身上要比在布鲁图斯身上更多地看到这些性格特征。我们早就指出过，共和主义精神在于某种胸襟狭隘的猜忌，这种猜忌不能容忍任何事物高于自己；在于某种侏儒式的嫉妒，这种嫉妒厌恶一切高大形象，不愿看到道德体现在一个人身上，唯恐这样的道德体现者会以此扩展了他的高大人格。因此，今天的共和主义者都是一些谦恭成癖的自然神论者，他们希望人人都成为可怜的泥人，由造物主的手捏得一模一样，弃绝了一切荣华富贵之念和功名利禄之心。英国的共和主义者曾信奉过一条类似的原则即清教主义，这条原则同样适合于古罗马的共和主义者：他们也是禁欲主义者。如果人们考虑到这一点，他们一定会诧异：莎士比亚将凯歇斯描绘得多么入木三分啊，特别是在他和布鲁图斯的一段谈话中，那时他正听见那些要举凯撒为王的民众在向他欢呼：

"我不知道您和其他人对于这个人生抱着怎样的观念；可是拿我个人而论，假如要我为了自己而担惊受怕，那我还是不要活着的好。我生下来就跟凯撒同样自由；您也是一样。我们都跟他同样地享受过，同样地能够忍受冬天的寒冷。记得有一次，在一个狂风暴雨的白昼，台伯河里的怒浪正冲击着它的堤岸，凯撒对我说：'凯歇斯，你现在敢不敢跟我跳下这汹涌的波涛里，泅到对面去？'我一听见他的话，就穿着随身的衣服跳了下去，叫他跟着我；他也跳了下去。那时滚滚的激流迎面而来，可是我们还没有达到预定的目标，凯撒就叫起来说：'救救我，凯歇斯，我要沉下去了！'正像我们的祖先埃涅阿斯从特洛伊的烈焰之中把年老的安喀西斯肩负而出一样，我把力竭的凯撒负出了台伯河的怒浪。这个人现在变成了一尊天神，凯歇斯却是一个倒霉的家伙，要是凯撒偶然向他点一点头，也必须俯下他的身子。他在西班牙的时候，曾经害过一次热病，我看那热病在他身上发作，他的浑身都颤抖起来；是的，这位天神也会颤抖；他的懦怯的嘴唇失去了血色，那使全世界惊悚的眼睛也没有了光彩；我听到他的呻吟；是的，他那使罗马人耸耳而听、使他们把他的话记载在书册上的舌头，唉！却吐出了这样的呼声，'给我一些水喝，泰提涅斯'，就像一个害病的女儿一样。神啊，像这样一个心神软弱的人，却会征服这个伟大的世界，独占着胜利的光荣，真是我再也想不到的事。"[78]

凯撒非常了解他的手下，他在和安东尼的一次交谈中，讲出了一番意味隽永的话：

"我要那些身体长得胖胖的、头发梳得光光的、夜里睡得好好的人在我的左右；那个凯歇斯有一张消瘦憔悴的脸；他用心思太多；这种人是危险的。……我希望他再胖一点！可是我不怕他；不过要是我的名字可以和恐惧连在一起的话，那么我不知道还有谁比那个瘦瘦的凯歇斯更应该避得远远的了。他读过许多书；他的眼光很厉害，能够窥测他人的行动；他不像你，安东尼，那样喜欢游戏；他从来不听音乐；他不大露笑容，笑起来的时候，那神气之间好像在讥笑他自己竟会被一些琐屑的事情所引笑。像他这种人，要是看见有人高过他们，心里就会觉得不舒服，所以他们是很危险的。"[79]

凯歇斯是个共和主义者，正如我们在这类人身上经常见到的，比起温柔的爱情来，他更欣赏高贵的友谊。布鲁图斯则相反，他为共和国献身，并非因为他天生是个共和主义者，而是因为他是一个道德上的完人，把牺牲看作一桩至高无上的义务。他敏于一切温柔的情感，含情脉脉地依恋着他的妻子鲍西娅。

鲍西娅，伽图的女儿，标准的罗马女人，非常可爱，甚至在她的英雄主义的昂扬中，都流露了她女性的敏感和敏感的女性气质。她的那双不安的媚眼,不断窥视着抹过她良人额头、透露他内心忧郁的每道阴影。她想知道,他为什么痛苦,她要分担压迫她良人灵魂的秘密的重担……而她一旦认识到,她毕竟是个女人,简直承受不了可怕的忧虑时,她便再也不能隐瞒,只好承认:

"我有一颗男子的心,却只有妇女的能力。叫一个女人保守一桩秘密是一件多大的难事!"[80]

克莉奥佩特拉
（《安东尼与克莉奥佩特拉》）

是的，这就是使安东尼一败涂地的著名的埃及女王。

他明明知道，他会因为这个女人而面临毁灭，他想摆脱她的魔枷……

> 我必须赶快离开这儿[81]

他逃走了……但却是为着更快地回到埃及的肉锅旁，回到他古老的尼罗河畔的花蛇[82]身旁，他是这样称呼她的……不久，他便又和她一起泡在亚历山大里亚豪华的泥潭中了，并且，据奥克泰维斯谈，就在那里——

> 在市场上筑起了一座白银铺地的高坛，上面设着两个黄金的宝座，克莉奥佩特拉跟他两人公然升座；我的义父的儿子，他们替他取名为凯撒里昂的，还有他们两人通奸所生的一群儿女，都列坐在他们的脚下；于是他宣布以克莉奥佩特拉为埃及帝国的女皇，全权统辖叙利亚、塞普路斯和吕第亚各处领土。
> ……
> 就在公共聚集的场所，他们表演了这一幕把戏。他当场又把王号分封他的诸子：米太、帕提亚、亚美尼亚，他都给了亚历山大；

叙利亚、西利西亚、腓尼基,他给了托勒密。那天她打扮成爱昔斯女神的样子;据说她以前接见群臣的时候,常常是这样装束的。[83]

埃及的妖妇不仅拘禁了他的心,并且还拘禁了他的脑,甚至迷乱了他的统帅才能。他不是在他百战百胜的可靠的陆地上,而是在英雄无用武之地的不可靠的海面上应战;——这乖张的女人原来说什么也要跟着他到海上去,但到战争正处于千钧一发之际,她却突然带着她所有的船只溜之大吉;——而安东尼则"好比一只发情的公鸭"[84],忙张开风篷的翅膀,跟在她后面逃掉,竟置荣誉幸运于不顾。但是,不幸的英雄遭受最可耻的失败,还不仅由于克莉奥佩特拉的女人脾气;后来她对他甚至使出了最阴险的背叛,和奥克泰维斯秘密勾结,让她的舰队投向了敌人……她以最卑劣的方式欺瞒着他,为了在他遇险时得以救住她自己的财产,或者为了渔取一些更大的利益……她用诡计和谎言使他陷入绝望和死亡……然而,直到最后一瞬间,他还是全心全意地爱着她;是的,每当她对他使出一次背叛之后,他的爱情反而更加炽烈地燃烧起来。他当然咒骂她每一次的花招,他熟悉她一切的缺点,在最粗野的辱骂中冒出了他精明的见识,他对她讲出了最苦味的真理:

在我没有认识你以前,你已经是一朵半谢的残花了;嘿!罗马的衾枕不曾留住了我,多少的名媛淑女我都不曾放在眼里,我不曾生下半个合法的儿女,难道结果反倒被一个向奴才们卖弄风情的女人欺骗了吗?

……

你一向就是个水性杨花的人;可是,不幸啊!当我们沉溺在我们的罪恶中间的时候,聪明的天神就封住了我们的眼睛,把我们明白的理智丢弃在我们自己的污秽里,使我们崇拜我们的错误，看着我们一步步陷入迷途而暗笑。

……

当我遇见你的时候，你是已故的凯撒吃剩下来的残羹冷炙；你也曾做过克尼厄斯·庞贝口中的禁脔；此外不曾流传在世俗的口碑上的，还不知道有多少更荒淫无耻的经历；我相信，你虽然能够猜想得到贞节应该是怎样一种东西，可是你不知道它究竟是什么。[85]

但是，就像阿喀琉斯的枪矛能够重新治愈它所刺伤的伤口一样，爱人的嘴也能用它的吻重新治愈它的尖言利语加于被爱者的情感的致命伤……每当古老的尼罗河的蛇对罗马的狼耍了一次卑鄙手段之后，每当罗马的狼为此而嗥叫出一顿臭骂之后，它们两个的舌头相互舐得更加恩爱了；他临死时还在她的嘴唇上印下了那么多吻中最后的一吻……

而她，埃及的蛇，她也是多么爱她罗马的狼啊！她的背叛只是她的蛇性的外在表现，她多半是无意识地，出于天生的或者习惯的刁顽，才实行背叛的……而在灵魂的深处，却潜藏着对于安东尼的至死不渝的爱，她自己不知道这种爱是如此强烈，她有时竟相信能够克制这种爱，甚或玩弄它，但是她错了，她到这一瞬间才认识到这个错误，这时她永远失去了她所爱的男人，于是她的悲痛倾吐成为庄严的词句：

"我梦见有一个安东尼皇帝；啊！但愿我再有这样一次睡眠，让我再看见这样一个人！

……

他的脸就像青天一样，上面有两轮循环运转的日月，照耀着这一个小小的地球。

……

他的两足横跨海洋；他的高举的胳臂罩临大地；他在对朋友

说话的时候,他的声音有如谐和的天乐,可是当他发怒的时候,就会像雷霆一样震撼整个的宇宙。他的慷慨是没有冬天的,那是一个收获不尽的丰年;他的欢悦有如长鲸泳浮于碧海之中;戴着王冠宝冕的君主在他左右追随服役,国土和岛屿是一枚枚从他衣袋里掉下来的金钱。"[86]

这个克莉奥佩特拉是一个女人。她恋爱着,同时又背叛着。认为女人要是背叛了我们,就不再爱我们了,那是一个错误。她们只依从她们的天性;即便她们并不想干掉那禁饮的圣餐杯,有时她们还会呷它一口,舔一舔边缘,至少为了尝尝毒药是个什么味道。除了莎士比亚在这出悲剧中之外,还没有人像我们的老神父普列沃在他的小说《玛侬·德·列斯珂》[87]中那样巧妙地描写过这种尤物。最伟大的诗人的直觉在这里,同最冷静的散文家清醒的观察是相互印证的。对,这个克莉奥佩特拉是一个女人,在这个词最可爱和最可恶的意义上!她使我想起莱辛的那句名言:"上帝创造女人,用的是太软的粘土。"[88]它的质料过分柔弱,很难适应人生的要求。这种生物对于这个世界是太好了,也太坏了。最可爱的优点在这里变成最可憎的缺点的根源。莎士比亚就在克莉奥佩特拉出场当儿,以魅人的真实性描绘了那种花哨的、轻佻的狂狷精神,这种精神在美丽的女王的头脑中不停地骚动着,经常在最微妙的疑问和欲念中迸发出来,它也许正应当看作她一切有所为和有所不为的最终原因吧。最富于特色的莫过于第一幕第五场,她要求她的侍女给她喝她的曼陀罗汁,以便在安东尼远离之际,用这种睡前小饮填补她的时间。接着,鬼遣神差,她喊来了她的太监玛狄恩。他恭顺地询问女主人有何吩咐。"我不想听你唱歌,"她回答,"因为太监所有的一切,现在都不能使我开怀——只告诉我:你可感到情欲啊?"

玛狄恩 有的,娘娘。

克莉奥佩特拉 当真？

玛狄恩 当真不了，娘娘，因为我干不来那些伤风败俗的行为；可是我也有强烈的爱情，我常常想起维纳斯和马斯所干的事。

克莉奥佩特拉 啊，查米恩！你想他现在在什么地方？他是站着还是坐着？他在走吗？还是骑在马上？幸运的马啊，你能够把安东尼驮在你的身上！出力啊，马儿，你知道谁骑着你吗？他是撑持半个世界的巨人，全人类的勇武的干城哩。他现在在说话了，也许他在低声微语："我那古老的尼罗河畔的花蛇呢？"因为他是这样称呼我的。[89]

假如我应当和盘托出我的见解，而不害怕诽谤的讥笑，那么我必须从实招认：克莉奥佩特拉的这种光怪陆离的思想感情，那紊乱、闲散而又纷扰的生活方式的一种后果，使我想到某一类挥霍成性的女人，她们的奢侈的家计尽开销在对于奸夫的慷慨上，她们经常是以爱情和忠实、屡见不鲜是以纯粹的爱情，但永远是以乖张任性来折磨她们名义上的丈夫，并使他们感到幸福。这个克莉奥佩特拉，如果说究竟有所不同的话，她实在从没能够以埃及的王室收入支付过她骇人听闻的奢侈，而是从安东尼、她的罗马的 Entreteneur[99] 那里收到整个省份勒索来的财宝作为礼物，她是一个本来意义上的受人赡养的女王！

在克莉奥佩特拉的兴奋、不安、极度混乱、郁闷逼人的精神中间，闪现出一种淫荡的、硫磺色的戏谑，它与其说使我们愉悦，不如说使我们惊骇。这种更多地表现在行动中而不是在言词中的戏谑，普鲁塔克[100]曾给我们提供过一个概念；我在学校里就曾衷心地嘲笑过受骗的安东尼，他同他的女王情人一起去钓鱼，但他的绳子上总只钓起了咸鱼；因为狡猾的埃及女人暗中指定了大批潜水员，他们躲在水内，每次给热恋的罗马人的钓钩钩上一条咸鱼。我们的老师谈到这件轶事，当然是摆出一副十分正经的面孔，狠狠地谴责了那个女王的恶作剧，她为了开上面说的那个玩笑，竟不惜用她的臣民、那些贫苦的潜水员的生命作赌注;我们的老师根本不是克莉奥佩特拉的朋友,他强调地促使我们注意,安东尼是怎样因为这个女人断送了他整个的政治生涯,被卷进了家庭风波,最后陷入了灾祸。

是的,我的老师言之有理,同一个克莉奥佩特拉似的女人发生密切关系,是极其危险的。一个英雄可能因此而一败涂地,但也只是一个英雄才能这样。至于可爱的庸夫俗子们,在这里和在一切地方一样,是没有任何危险威胁他们的。

像她的性格一样,克莉奥佩特拉的地位也是非常滑稽的。这个乖戾的、荒淫的、朝三暮四的、撒娇卖俏的女人,这个古代的巴黎妇人,这个生活的女神骗得了并统治着埃及,那肃静、僵硬的死亡之国……你们大概知道它,那个埃及,那个不可思议的米兹拉伊姆[101],那个石棺似的狭窄的尼罗河谷……在高高的芦苇中间,有鳄鱼或者圣经里的弃婴[102]在哀哭……有着粗大支柱的石庙,给涂上难看的五颜六色,柱旁倚着神圣怪兽的鼻脸……大门口,戴着写满象形文字的僧帽的埃西派僧侣频频点首……舒适的别墅里,木乃伊在午睡,镀金的面具保护他们不为逐臭的蝇群所干扰……那儿矗立着细长的方尖石碑和粗笨的金字塔,有如缄默的思想……掩蔽着尼罗河源头的埃塞俄比亚的月亮山在背后请安……到处是死亡、石头和神秘……就在这片国土上,美丽的克莉奥佩特拉作为女王统治着。

上帝是多么善于调侃啊!

拉维妮娅
(《泰特斯·安德洛尼克斯》)

在《裘力斯·凯撒》中，我们看到了徒然与新兴的君主政体作斗争的共和主义精神的垂死挣扎；共和政体已经过时了，布鲁图斯和凯歇斯只能刺杀首先攫取王冠的那个人，却无法杀死深深植根于时代的需要的王权。在《安东尼与克莉奥佩特拉》中，我们看到的不是一个殒落的凯撒，而是另外三个凯撒伸出越轨的铁腕，去攫取世界的统治；原则问题解决了，三执政[103]间的斗争，只是一个人选问题：谁来做皇帝？谁来统治国家和人民？《泰特斯·安德洛尼克斯》这出悲剧告诉我们，连罗马帝国的绝对独裁统治也得服从人间万象的规律，即必然走向衰亡；没有什么比后来那些凯撒更令人厌恶的了，他们除了具有尼禄们和喀利古拉们[104]的疯狂和暴虐外，还加上弱不禁风的脆弱。这些尼禄们和喀利古拉们，飘飘然坐在他们全能的宝座上；他们自以为超越整个人类，其实他们一点不通人性；他们自视为神，其实他们作孽多端，对他们那些罪大恶极的行为，我们听了会惊愕到简直无法以理性的尺度去衡量。而后来的那些凯撒却不然，他们更是我们的怜悯、谴责和厌恶的对象；他们缺乏异教的自我崇拜精神，缺乏对他们无上的威严与令人战栗的肆无忌惮的陶醉感……他们按照基督教规痛悔前非，阴沉地听忏悔神甫打动了他们的良心，他们现在预料到，他们不过是些可怜虫，他们仰仗更高的上帝的恩惠，他们有一天会因今世罪孽而在地狱受熬煎。

虽然在《泰特斯·安德洛尼克斯》中,仍到处可见异教精神的表面豪华,但基督教统治后期的特色已有所流露,表现在风俗习惯和市民生活中的道德败坏,已经完全是拜占廷式的了。这出戏无疑是莎士比亚的最早作品,尽管一些批评家对它的真正作者争论不休;其间充满了一种残忍,一种对邪恶的明显偏爱,一种泰坦精神与神权的争斗,如我们在伟大诗人早期作品中所常见到的。主人公和他所处的那个使人道德败坏的环境格格不入,是个真正的罗马人,一个古老的、僵死的时代的残骸。那时可能存在这样一个人吗?可能的;因为大自然对于所有造物当它们已经绝种或者已经变种时,总喜欢保留它们中的一个作为标本,哪怕它们已经成为化石,如我们惯常在高山上所发现的那样。泰特斯·安德洛尼克斯就是这样一个石化的罗马人,而他那化石般的德行,正是末代凯撒统治时期的真正的古董。

他的女儿拉维妮娅所受的污辱和残伤,是一切作品中所可见到的最可怖的场景。奥维德的《变形记》中菲罗玛拉的故事,远没有这样令人恐怖;因为这个不幸的罗马女子,甚至被砍掉双手,为了她不致泄露最恐怖罪行的主谋者。正如她父亲通过刚烈的丈夫气概一样,女儿则通过她高尚的妇德,使人想起品行方正的昔日;她不怕死,却怕受辱;当她的仇人塔摩拉皇后的儿子们要玷污她的肉体时,她用以向她乞求怜悯时的那段贞洁的言辞是非常感人的:

"我要求立刻就死;我还要求一件女人的羞耻使我不能出口的事。啊!不要让我在他们手里遭受比死还难受的玷辱;请把我丢在一个污秽的地窟里,永远不要让人们的眼睛看见我的身体;做一个慈悲的杀人犯,答应我这一个要求吧!"[105]

拉维妮娅正是凭着这种处女的贞洁,同上述的塔摩拉皇后形成了鲜明的对照;在这出戏里,如在他的大多数戏里一样,莎士比亚将两个心地全然不同的女主角放在一起,通过对比向我们展现她们的性格。

在《安东尼与克莉奥佩特拉》中，我们就已经看见，那个黄肤的、放纵的、虚荣的、热烈的埃及女人，在白肤的、冷静的、规矩的、枯燥无味、一心做家务的奥克泰维娅的衬托下，性格显得更加突出。

但塔摩拉也是一个优美形象，眼前这间莎士比亚女性画廊的英国雕刻刀却没有将她刻画出来，我认为有点不公平。她是一个美丽的、庄严的女人，一个迷人的颐指气使的人物，额头上有着堕落的神性的痕迹，眼睛里充满一种焚毁世界的淫欲，邪恶而华美，渴嗜着鲜红的血。我们的诗人一贯远见而宽容，他在塔摩拉出场的第一幕戏里，事先就对她日后加诸泰特斯·安德洛尼克斯的所有暴行宣告了无罪。因为这个硬心肠的罗马人，对痛苦万分的母性的哀求无动于衷，竟让人当着她的面将她心爱的儿子处死掉；一当她在幼帝的恩宠中看到日后复仇的一线希望，她的嘴不禁欣然喃喃说出阴暗的话语：

"我要使他们知道让一个王后当街长跪，哀求他们俯赐矜怜而无动于衷，会有些什么报应。"[106]

正如她的暴行由于她遭到极度的苦痛而得到赦免一样，连她对那个可憎的摩尔人的娼妓般的放荡，也由于这里所表现的浪漫主义诗意而得到一定程度的升华。的确，塔摩拉皇后在狩猎中离开侍从，单独在树林和那心爱的摩尔人幽会的那一场，就是浪漫主义诗篇中极其甘美的魔画。

"我可爱的艾伦，万物都在夸耀着它们的欢乐，你为什么郁郁不快呢？小鸟在每一株树上吟唱歌曲；花蛇卷起了身体安眠在温和的阳光之下；青青的树叶因浮风吹过而颤动，在地上织成了纵横交错的影子。在这清静的树荫底下，艾伦，让我们坐下来；当饶舌的回声仿效着猎犬的长噑，向和鸣的号角发出尖锐的回响，仿佛有两场狩猎正在同时进行的时候，让我们坐着倾听他们嘶叫的声音,正像狄多和她流浪的王子受到暴风雨的袭击,躲避在一座秘密的山洞里一样,我们也可以彼此拥抱在各人的怀里尽情欢乐,游戏过后,一同进入甜蜜的梦乡;猎犬、号角和婉转清吟的小鸟,合成一阕催眠的歌曲,抚着我们安然睡去。"[107]

当美丽的皇后眼里发出了欲焰,像迷人的光辉,像熊熊的火焰,扑向摩尔人的黑色身躯,这时他却想到重要得多的事情,想到如何实现那桩极其卑鄙的阴谋,他的回答同塔摩拉热烈的话语形成了最强烈的对照。

悲 剧(之二)

康斯丹丝

（《约翰王》）

公元一八二七年八月二十九日，我在柏林一家剧院看爱·劳帕赫先生的一出新悲剧[108]，看着看着不觉睡着了。

我必须在这里说一下，对于平时不进剧院而只懂得纯粹文学的那些有教养的公众人士，这位名叫劳帕赫先生的人，是个颇有用处的人，是一位每月向柏林舞台提供一部杰作的悲喜剧供销人。柏林舞台是个绝妙的胜地，尤其对于那些每晚想休息一下，摆脱白天沉重的思维劳动的黑格尔派哲学家有用。精神在这儿要比在维索茨基[109]那儿得到更加自然的休息。走进剧院，松弛地躺在天鹅绒的座椅上，用观剧镜端详女邻座的眼睛，或者刚上台的女伶的小腿，如果演员们不是哇啦哇啦太吵人，那么可以慢慢沉入睡乡，就像我在公元一八二七年八月二十九日晚那样。我醒来的时候，四周是一片黑暗，凭着一盏微弱的灯光，我发现空空的剧场里只有我一人。我决定在那里度过这一夜，试着重新安静入睡，可怎么也不能像几小时前劳帕赫的戏文里罂粟香喷进我的鼻子时那样；外加老鼠的絮语和闲谈把我吵得要死。离乐队不远是老鼠的殖民地，乱哄哄响作一团。因为我不仅懂得劳帕赫的戏文，而且还懂得其他畜类的语言，我便不知不觉地听到了那些老鼠们的谈话。它们在谈论思想家们最感兴趣的话题：谈论一切现象的最终原因，谈论物体的内在本质，谈论意志的天命与自由，谈论刚才惊心动魄地在它们的眼前上演、展开以至终场的劳帕赫悲剧。

"你们这些小家伙,"一只年迈的老鼠慢条斯理地说,"你们只不过看了一出或者几出这类戏,我可是老了,经历过不知多多少少,并且非常仔细地考察过它们。我发现,它们实质上都差不多,都不过是一个主题的变奏,有时甚至出现同样的开场、同样的发展和同样的结局。老是同样的人和同样的激情,只是换换服装和台词而已。老是同样的情节和动机,同样的爱和恨,同样的野心和嫉妒,不管主人公穿的是罗马的长袍还是古德意志的盔甲,戴的是头巾还是毡帽,举止风度是古代的还是浪漫主义的,简朴的还是花哨的,念台词用蹩脚的抑扬格还是更蹩脚的扬抑格。人们喜欢在一出出、一幕幕、一场场戏文中所表现的全部人类故事,其实就是同一个故事;它不过是同样的本性和事件的化装的重复,是一个周而复始的循环;如果人们看穿这一点,就不会对恶那样恼火,也不会对善那样欣喜若狂了,就会嘲笑那些为人类的尊严与幸福而牺牲的英雄,就会明智地自得其乐了。"

似乎有一只小臊鼠在吃吃发笑,急切地插嘴说道:"我对此也进行过考察,但不是只从一个角度去看的。我不辞劳苦,离开正厅到后台去过,在那儿我意外地有所发现。你们赞赏的那位英雄根本不是什么英雄;我看到一个小伙子怎么骂他是酒鬼,并朝他身上拳打脚踢,而他连一声都不敢吭。那位似乎为道德而殉身的高贵公主,既非公主也不高贵;我看到,她怎样从瓷罐里将一些红色油彩往脸上涂,于是这就成了她的羞红;最后她甚至打着呵欠倒到一个近卫军上尉的怀里,他以名誉担保她可以在他房间里得到一盘朱特兰半岛产的鲱鱼色拉和一杯混合甜酒。你们听到和看到的雷鸣电闪,不过是几块白铁皮的抖动和几两透明松香的燃烧。甚至那个胖胖的,看上去毫无私心的高尚正直的市民,也在非常贪婪地和那个叫剧院总管的瘦子争个不休,想从他那儿多捞几个塔勒的津贴。的确,这一切都是我亲眼得见、亲耳听到的;我们从舞台上所看到的一切伟大和高尚都是虚伪和欺骗;自私自利才是一切行为的隐秘的动机,一个明智的人决不会让自己为现象迷惑。"

一个悲切的呜咽声起来反对这种见解,这声音尽管我分不出是雌是雄,但听来却颇熟悉。它一开始就悲叹世风日下,埋怨怀疑和不信,一再断言它的泛爱的正确。"我爱你们,"它叹息着,"我将真理告诉你们。这真理是由于天宠在一个神圣的时刻向我启示的。我还四处潜行,想弄清舞台上发生的五光十色的现象的最终原因,同时还想弄到一小片面包皮,来平息一下我的饥火;因为我是爱你们的。忽然我发现一个相当空旷的洞穴,或者可以说是一只箱子,里面盘腿坐着一个干瘦的白发小老头儿,他手里拿着一卷纸,以单调的低声平静地自白着刚才舞台上充满激情大声朗诵的那些台词。一种神秘的恐惧感透过我的毛皮,尽管我微不足道,我仍然荣获天恩,窥见了至圣的上苍,终于站到了那秘不可测的最终本质、纯粹精神的近旁,这种纯粹精神以它的意志统治着实体世界,以它的话语创造这个世界,以话语鼓舞它,以话语毁灭它;因为我看到,我刚才那么激赏的舞台上的英雄们,只有虔信地重复他的话,才能把台词念得踏实;反之,如果自作聪明地离开了他,听不进他的声音,那台词必定念得吞吞吐吐,支支吾吾。我看到,一切都是他的造物,他是他那只最神圣的箱子里唯一的独立自主者。在他箱子的每一方都亮起了神秘的灯光,响起了提琴和笛声;他的周围是光和音乐,他游泳在和谐的光辉和发光的和谐中……"

　　这番话到后来变得那样嗡声嗡气,近乎一阵呜咽的碎语,我再也听不懂它讲些什么;我只间或听到:"请保佑我不遇到猫和捕鼠器吧,——每天赐予我面包屑吧,——我爱你,——永远地!阿门——"

　　我想通过陈述这场梦境,说明我对人们惯于据以评论世界历史的几种哲学观点的看法,同时说明我为什么不在这篇轻松的短文里谈论真正的英国的历史哲学。

　　我根本不愿武断地解释莎士比亚用以为英国历史的重大事件增光的那些剧诗,只想以文字作花纹装饰一下从这些剧诗开放出来的女性图像。因为在这些英国史剧中,妇女决不扮演主角,而诗人也决不像在其他剧中那样,让她们出场来刻画女性的形象和性格,毋宁因为剧中将要描写的历史要求她们干预其间,所以我将更少谈到她们了。

　　首先应当提到康斯丹丝,就是那个痛苦万状的康斯丹丝。她像伤心的圣母那样将她的孩子抱在手臂……可怜的孩子将赎偿他亲人的一切罪过。

　　在柏林舞台上,我曾看见这位悲痛的王后被已故的施蒂希夫人扮演得十分成功。法军入侵时,在法兰西皇家剧场扮演康斯丹丝王后的那位可敬的玛丽亚·路易莎[110]就逊色多了。其中把这个角色演得最糟的,要数一位卡洛琳娜夫人,她几年前还在外省,特别在旺代游手好闲;她并不缺乏才能和激情,但有一个大肚子,这对于一位扮演巾帼英雄式的寡后的女演员,总归是有害的吧。——

潘西夫人

(《亨利四世上篇》)

我原来想象,她的面庞和她的躯体都不及这里所描绘的那样丰满。但是,我们从她的话语中所觉察的、显示她的精神面貌的俊俏鼻眼和纤细腰身,也许恰恰同她圆满的外表形成有趣的对比。她的身体和心灵都舒畅、诚挚而健康。亨利王子很想要我们厌恶这个可爱的人物,于是便丑化她和她的潘西:

> "我还不能抱着像潘西,那个北方的霍茨波那样的心理;他会在一顿早餐的时间杀了七八十个苏格兰人,洗了洗他的手,对他的妻子说:'这种生活太平静了!我要的是活动。''啊,我亲爱的哈利,'她说,'你今天杀了多少人啦?''给我的斑马喝点儿水,'他说,'不过十四个人';这样沉默了一小时,他又接着说,'不算数,不算数。'"[111]

在下面这一场中,我们看到了霍茨波和他的妻子怎样操持家政,她怎样以大胆泼辣的情话驾驭她急躁的英雄,这短短一场实在令人心旷神怡:

潘西夫人 得啦,得啦,你这假作痴呆的人儿,直截痛快地回答我的问题吧。真的,哈利,要是你不把一切事情老老实实告诉我,我要把你的小手指头都拗断了。

霍茨波 走开,走开,你这无聊的东西,爱!我不爱你,我一点儿都不关心你,凯蒂。这不是一个允许我们戏弄玩偶、拥抱接吻的世界;我必须让鼻子上挂彩,脑袋上开花,还要叫别人陪着我们流血。嗳哟!我的马呢?你怎么说,凯蒂?你要我怎么样?

潘西夫人 您不爱我吗?你真的不爱我吗?好,不爱就不爱,您既然不爱我,我也不愿爱我自己。您不爱我吗?哎,告诉我您说的是真话还是假话。

霍茨波 来,你要不要看我骑马?我一上了马,就会发誓我是无限爱你的。可是听着,凯蒂,从此以后,不准你问我到什么地方去,或是为了什么理由。我要到什么地方就到什么地方去。总之一句话,今晚我必须离开你,温柔的凯蒂。我知道你是聪明人,可是不论你怎样聪明,你总不过是哈利·潘西的妻子;我知道你是忠实的,可是你总是一个女人;没有别的女人比你更能保守秘密了,因为我相信你决不会泄露你所不知道的事情,在这一限度之内,我是完全可以信任你的,温柔的凯。[112]

凯瑟琳公主
(《亨利五世》)

　　莎士比亚果真写过凯瑟琳公主学英语的那一场吗,她用来取悦约翰牛的那些法语语风都出自他的手笔吗?我怀疑。我们的诗人满可以利用一种英语方言来取得更大的喜剧效果,因为英语具有这样的特点:在不违反英语语法的情况下,仅仅应用罗曼语的单词和结构,便能表达出一定的法语风味。同样,一个英国的剧作者,如果单单应用古萨克逊的措辞和成语,也能够表达出一定的日耳曼气息。因为英语是由两种异质的元素组成的:罗曼语的和日耳曼语的元素;这两种元素只是生硬地拼凑在一起,没有融为一个有机的整体,它们很容易分离开来,这就很难分清正宗英语究竟属于哪一方面了。不妨将约翰逊博士或艾迪生的语言同拜伦或者科贝特[113]的语言比较一下。莎士比亚根本没有必要让凯瑟琳讲法语。

　　这倒使我想起我在另外的地方讲过的一句话。就是说,莎士比亚的历史剧中存在着一个缺陷:他没有利用独特的语言形式,使上层贵族的罗曼—法兰西精神和下层民众的萨克逊—不列颠精神交相辉映。瓦尔特·司各特在他的小说中就做到了这点,并取得极其出色的效果。

　　在这个画廊里为这位法国公主造像的艺术家,可能出自英国人的恶意,给她画出了一张滑稽面孔。她有一张真正的鸟面,眼睛看来给遮住了。她头上戴的是一撮鹦鹉毛吧,这难道是暗示她学习起来容易像鹦鹉一样教会么？她有一双白皙的好奇的小手。虚荣打扮和卖弄风情是她的全部本质，她懂得非常可爱地摆弄扇子。我敢打赌，她那双纤细的小脚定是在同她走过的地面卖俏呢。

贞　德
(《亨利六世上篇》)

　　好啊,德国伟大的席勒,你从这位高大的立像上光荣地扫清了伏尔泰的污秽谐语,以至莎士比亚所加的黑斑!……难道是不列颠的民族仇恨或是中世纪的迷信迷惑了我们诗人的心灵么?他竟将英雄气概的少女写成了一个与地狱的黑暗势力相勾结的女巫。他令她召遣冥府的恶魔,从而使她所受的残酷极刑变得合理合法。——每当我在卢昂散步在那个烧死少女的小广场,见到一个蹩脚的雕像纪录着这桩丑行时,我便感到非常不快。死得多冤啊!这就是你们当时对待你们战败的敌人的办法!除了圣赫勒拿岛的岩石,刚才提到的卢昂小广场又为英国人的高尚提供了令人发指的证据。

　　的确,连莎士比亚对于这位圣女也是有过失的,即使并非怀着断然的仇恨,他对这位解放自己祖国的女志士是冷酷的,不友好的!哪怕她借助过地狱的力量,她仍然值得尊敬和崇拜!

　　有些评论家认为出现贞德的本剧,及《亨利六世》的中、下篇均非伟大诗人的手笔,这个看法是否正确呢?这些评论家们认为,这三部剧本都是传统旧戏,莎士比亚不过稍事加工而已。为了奥尔良少女的缘故,我乐于支持这种看法。但提出来的论据却站不住脚。这几部被人们争论不休的剧作,有多处十分富于莎士比亚精神的印记。

玛格莱特
(《亨利六世上篇》)

我们在这里看到瑞尼埃伯爵的漂亮女儿还是一个姑娘。萨福克把她作为俘虏带着一同登场,可霎时间,她却俘虏了他。他使我想起一个新兵,他从他的岗哨上向上尉大声嚷道:"我抓到一个俘虏。"——"把他带到我这儿来!"上尉说。"可我不能,"可怜的新兵回答说,"我的俘虏不放我。"

萨福克　世间稀有的宝贝儿,不要见怪!我们是前生有缘,才使你落到我的手中。我要像母天鹅保护她的小天鹅那样,把你藏在我的翅膀底下,虽说是俘虏,却是非常疼爱的。如果这样你还不称心,那你就作为萨福克的朋友,爱到哪里就到哪里去吧。(玛格莱特欲走开)啊,等一等!我怎能放她走?我的手肯放,但我的心不肯放呀。她那映丽的姿容,照得我眼花缭乱,好似太阳抚弄着平滑的水面,折射回来的波光炫人眼目。我很想向她求爱,但我不敢开口。我要拿过笔墨,写出我热恋的心情。呀,呸,波勒哟,你为什么这样瞧不起自己?你看到一个娘儿们就弄得手足无措了吗?哎,的确,一张标致的面庞,真能使人神魂颠倒,连舌头也不听使唤了。

玛格莱特　请问你,萨福克伯爵——如果我没有弄错你的名字——你要多少赎金才肯放我?我这样问你,因为看光景我已是你的俘虏了。

萨福克 （旁白）你还没有试一试向她求爱,你怎么断定她会拒绝你？

玛格莱特 你为什么不回答我？要我出多少赎金？

萨福克 （旁白）她既是美如天仙,就该向她求爱；她既是个女人,就可以将她占有。[114]

他终于想出一个良策来保留他的俘虏。他设法让他的国王娶了她,于是他立即成了她公开的臣仆和秘密的情人。

玛格莱特和萨福克的这段关系在历史上可有根据？我不知道。但莎士比亚明澈的慧眼能够看见许多不见经传但却千真万确的事实。他甚至知道克利奥所忽略的过去年代瞬息即逝的梦幻。也许现实舞台上还保存着过去现实的五颜六色的摹像？这些摹像不像普通影子那样随实际现象而消灭,而像幽灵似的留在地面,虽不为那些浑浑噩噩、忙于世务的凡夫俗子所见,而对于我们称之为诗人的那些幸运儿的慧眼,这一切却是纤毫毕现的。

玛格莱特王后

（《亨利六世中、下篇》）

在这幅肖像中，我们看见了作为王后、作为亨利六世之妻的同一个玛格莱特。蓓蕾已经绽放，她现在是一朵盛开的玫瑰；但她内部却潜藏着一条可恶的蛀虫。她变成一个冷酷、邪恶的妇人。无论在现实世界或虚构世界，都没有过这样残酷的景象：她将可怖的、浸透他儿子鲜血的手帕递给号哭的约克，并嘲弄他，命他用它揩干自己的眼泪。她的话语恐怖骇人：

"约克，你瞧！这块手巾上是什么？这是克列福用刀尖戳出那孩子心头的血，是我把那血蘸在我这手巾上面的。如果你为孩子的死亡而流泪，我可以把这块手巾借给你擦干你的面颊。哎呀，可怜的约克唷！我若不是对你怀着深仇大恨，我对你遭逢的惨境也不禁要深表哀怜。我请求你，约克，痛哭一场吧！这样才能使我看了开心。怎么，难道你火辣的心肠已经烧干你的肺腑，以致听到儿子死亡的消息，一滴眼泪也没有吗？汉子，你怎么一声不响？你该发狂呀。我这样戏弄你，就为的使你发狂。跺脚吧，咆哮吧，暴跳如雷吧！你要是那样，就能使我高兴得边歌边舞了。"[115]

为这座画廊绘制美丽的玛格莱特的艺术家，如果让她的嘴唇稍再张开一些,我们便会看见,她像猛兽一般长着一排利齿。

在以后的戏《理查三世》里,她变得容貌丑怪,时间拔去了她的利齿,她再不能咬嚼,只能咒骂,变成一个幽灵般的老妇在宫中荡来荡去,那张没有牙齿的恶嘴咕哝着不祥的咒语。

通过她对粗野的萨福克的爱,莎士比亚甚至使我们对这个恶妇产生了几分感动。尽管这种爱充满罪恶,我们不能否认它的纯真和挚情。这对情人临别的情话是多么迷人!玛格莱特的话多么恩爱温柔:

"去吧!不必再对我说什么,此刻就去吧。呀,还不能走!让我们这一双遭难的朋友互相拥抱,深深亲吻,再作一万次告别。生离比死别更是百倍地令人难受呵!可是,只得再见了;愿你一切安好!"[116]

接着萨福克答道:

"我对于故土倒并无留恋,如果你离开了那里。我萨福克只要能够常和你在一起,那么即使住在穷乡僻壤,也如同住在繁华的城市一般,因为你在哪里,哪里就是整个的世界,世间的一切快乐也都齐备;你不在的地方,就是一片荒凉。"[117]

玛格莱特后来捧着她情人的血首绝望嚎哭的一场,使我们想起《尼伯龙根之歌》中的可怕的克利姆希尔德。铜装铁裹般的痛苦啊,一切安慰都听不进去!

我在序文中已经指出,对于莎士比亚取材英国历史的剧作,我将不作任何历史上和哲学上的考察。只要现代的工业需求和中世纪封建残余的斗争在种种变革中继续存在,那些戏剧的主题就永远不会得到充分的阐发。这里不能像罗马史那样容易做出一个断然的结论,任何坦率直言都会显得煞风景。我这里只有一两句话不能不讲。

就是说，我不懂为什么一些德国的评论家们谈到莎士比亚的史剧所描绘的英法战争，总断然站在英国一方。的确，在那些战争里，英国一方既没有正义也没有诗意，他们一方面在煞有介事的继承权的托辞下包藏着卑劣的掠夺欲，另一方面却在共同商业利益的追逐中扭成一团。……和我们今天一模一样，只不过在十九世纪为了咖啡和白糖，而在十四、五世纪则为了羊毛罢了。

米歇勒[118]在他的天才著作《法国史》中，说得十分正确："克雷西、波瓦狄埃等地战役的秘密在伦敦、布尔多和布鲁日的商业事务所。……羊毛和肉类创建了原始的英格兰和英国民族。英格兰在成为世界的大型棉纺厂和钢铁厂之前，是一个肉类加工厂。自古以来，这个民族从事畜牧，并以肉类为生。于是便出现肤色鲜艳、孔武有力和这种（短鼻子和没有后脑勺的）美。——请允许我趁此机会谈谈我个人的印象：

"我看到了伦敦和英格兰、苏格兰的大部；我感到惊诧，简直不能理解。我从约克郡到曼彻斯特的归程，横跨了这个岛屿，我看到了一个真正的英国。那是一个浓雾的早晨；我觉得这块陆地不仅为海洋所包围，而且为它所淹没。薄薄的阳光照不到陆地的一半。若不是飘浮不定的海雾冲淡了它们鲜艳的颜色，这些新造的红砖房屋一定同润湿的绿草地对照得更加刺眼。肥沃的牧场上满布羊群，还矗立着工厂冒着火焰的烟囱。畜牧业、农业、工厂，全都挤在这块小小的空间，一个挨着一个，一个叠着一个；草靠雾为生，羊靠草为生，人靠血为生。

"生活在这种消磨人的气候中，人们永远为饥饿所苦，只有通过劳动来延续生命。自然迫使人们非如此不可。但他们懂得怎样报复它：他们让它自己劳动，他们用铁和火制服它。整个英国被这场斗争搞得透不过气。那里的人简直个个都一肚子火，个个都精神失常。看看这些通红的脸，看看这些闪烁不定的眼睛……人们会以为他们喝醉了。但他们的头脑和手是坚定有力的。他们只是醉于血和力。他们对待自己像对待一架蒸汽机，把燃料填得满满的，为了尽可能多地从它得到动力和速度。

"英国人在中世纪和他们现在大致相仿:热衷商业贸易,缺乏工业活动而尚武好战。

"英国当时虽然经营农业和畜牧,却还没有从事加工制造。英国人只提供原料,旁人才会加工。羊毛在运河这边,工人却在那边。当封建王公们相互争吵的时候,英国的畜产商和弗兰德的织布厂厂主却和睦相处,结成了牢不可破的联盟。想要摧毁这种联盟的法国人,刚一行动,便招来百年战争的后果。英国国王虽要征服法兰西,而人民却为英国羊毛要求自由贸易、自由进口和自由市场。聚集在一个大羊毛袋[119]周围,议员们开会讨论国王的要求,欣然批准了他充足的经费和军队。

"工业和骑士制度这样一混合,便使整个历史具有一种奇异的面貌。那位当着圆桌骑士团骄傲宣誓要征服法兰西的爱德华,那些由于誓言而用红巾蒙着一只眼睛的、一本正经得滑稽可笑的骑士,他们都不是傻瓜,不会傻到冒着生命危险奔赴战场。十字军东征的那股幼稚的虔诚已不复存在。这些骑士根本上不过是些伦敦和根特巨商的雇佣兵、捐客、武装行商。甚至爱德华也必须低三下四,必须全部收起他的骄傲,通过谄媚博取布业公会和纺织公会的喝彩,必须和他的教父、酿酒厂厂主阿蒂维尔德握手言欢,必须登上一张畜产商的办公桌来向民众讲话。

"十四世纪的英国悲剧有一些非常富于喜剧性的角色。最高贵的骑士身上总带着一点福斯塔夫的味道。在法国,在意大利,在西班牙,在南部那些美丽的国土,英国人表现得又贪婪又豪勇。这是吞得下牛的赫库勒斯。他们到这些地方来,当真是为了把这国土一口吞下。但土地进行了报复,以鲜果和美酒战胜了他们。王公和军队饮食过度,死于消化不良和痢疾。"

我们且将这些被雇佣的饕餮好汉和法国人这个最讲究节制的民族比较一下,这个民族与其说沉醉于葡萄酒,不如说沉醉于天生的热情。这种天生的热情始终是它的厄运的根由。我们看到，他们在十四世纪中叶与英国人的战争中，正由于骑士精神的过度而一败涂地。在克雷西，法国人的失败要比英国人毫无骑士精神而以步兵取得的胜利更体面……战争一向是门第相当的骑士们的大比武；但是在克雷西，这些浪漫的骑兵，这种诗，却不光彩地为现代的步兵、为严格战斗序列的散文所击败，的确，这里甚至出现了大炮……白发苍苍的波希米亚王，年迈失明，仍作为法国的藩臣参加了这场战役，他当时大概看到一个新时代正在开始，骑士制度已经告终，今后骑马的人将为步行的人所战胜，于是他向骑士们说："我恳求你们领我到战斗前沿，让我再次拿起我的利剑厮杀一场！"他们听从了他，将他的马系在他们的马上，带着他冲进最激烈的战斗中心。次日清晨，人们发现他们都死了，统统躺在仍然系在一起的死马上。法国人在克雷西和波瓦狄埃就是这样战败的，就像这位波希米亚王和他的骑士一样，他们死了，但是死在马上。胜利属于英格兰，光荣属于法兰西。的确，法国人甚至以他们的失败使他们的敌手相形见绌。英国人的胜利始终是人类的耻辱，从克雷西、波瓦狄埃直至后来的滑铁卢。克利奥终究是个女人，不管她多么客观冷静，她还是容易为骑士精神和英雄气概所感动；而我深信，她是揪着心在记事板上记下英国人的胜利的。

悲 剧(之三)

葛雷夫人

(《亨利六世下篇》)

　　她是一个可怜的寡妇,战战兢兢地走到国王爱德华面前,祈求他把她丈夫死后落入仇家手中的小庄园归还给她的孩子们。这个淫荡的国王,不能勾引她失节,但却为她美丽的眼泪所动,终于给她带上了王冠。历史告诉我们,他俩因此遭受到多少磨难啊。

　　莎士比亚当真按照历史完全忠实地刻画了这个国王的性格吗?我又得发表我的这个观点:他懂得如何填补历史的阙文。他总是将国王的性格刻画得如此逼真,就像一个英国作家所说的那样,人们会认为他一辈子当过那位他让他在某出戏中粉墨登场的国王的宰相。按照我的看法,他刻画的真实还可以从这样一点得到保证,即他所写的旧国王和当代的那些国王之间,存在着惊人的类似,而对后者,我们作为同时代人是能够加以确切评断的。

　　弗里德里希·施莱格尔关于历史家所说的话,完全适用于我们的诗人:他是洞察过去的先知。如果我可以将一面镜子拿到最著名的一位我们加冠的同代人面前,那么人人都会看到,莎士比亚早在两百年前就已给他发出了逮捕状。事实上,我们一看见这位伟大、出众而又确实十分荣耀的君主,立时便会产生一种恐怖感,我们有时在清醒的白昼发现一个已在夜晚睡梦中见到过的人形,才会产生这种感觉。八年前,我们看着他纵马驰过京城的大街,"光着头谦逊地向四方问好",当时我们总想起约克描述波林勃洛克进入伦敦的那番话。他的堂兄弟，新即位的理查二世，对他十分了解，完全看透了他，有一次非常确切地这样说：

"我自己和这儿的布希、巴各脱、格林三人，都曾注意到他向平民怎样殷勤献媚，用谦卑而亲昵的礼貌竭力博取他们的欢心；他会向下贱的奴隶浪费他的敬礼，用诡诈的微笑和一副身处厄境毫无怨言的神气取悦穷苦的工匠，简直像要把他们思慕之情一起带走。他会向一个叫卖牡蛎的女郎脱帽；两个运酒的车夫向他说了一声上帝保佑他，他就向他们弯腰答礼，说：'谢谢，我的同胞，我的亲爱的朋友们。'"[120]

的确，相像得惊人。当代的波林勃洛克[121]和老波林勃洛克一模一样，在我们眼前展现出来。他在他的堂兄弟倒台后跃上了王位，然后慢慢站稳脚跟：一个狡猾的英雄，一个谄媚的巨人，一个擅长伪装的大力士，可怕，然而胸有城府，不动声色，爪子戴着天鹅绒手套，抚摩着公众的舆论，远远窥视着猎物，但没有走到最有把握的近旁，决不猝然扑过去……但愿他永远战胜他气喘吁吁的敌人，为国家保持和平一直到死，那时他便可以对他的儿子将莎士比亚早已为他写好的那番话讲一遍了：

"啊，我儿！上帝让你把它拿了去，好叫你用这样贤明的辩解，格外博取你父亲的欢心。过来，哈利，坐在我的床边；听我这垂死之人的最后的遗命。上帝知道，我儿，我是用怎样诡诈的手段取得这一顶王冠；我自己也十分明白，它戴在我的头上，给了我多大的烦恼；可是你将要更安静更确定地占有它，不像我这样遭人嫉视，因为一切篡窃攘夺的污点，都将随着我一起埋葬。它在人们的心目之中，不过是我用暴力攫取的尊荣；那些帮助我得到它的人都在指斥我的罪状，他们的怨望每天都在酿成斗争和流血,破坏这粉饰的和平。你也看见我曾经冒着怎样的危险,应付这些大胆的威胁,我做了这么多年的国王,不过在反复串演着一场争杀的武戏。现在我一死之后,情况就可以改变过来了,因为我是用非法手段获得的,在你却是合法继承的权利。可是你的地位虽然可以比我稳定一些,然而人心未服,余憾尚新,你的基础还没有十分巩固。那些拥护我的人们,也就是你所必须认为朋友的,他们的锐牙利刺还不过新近拔去;他们用奸险的手段把我扶上高位,我不能不对他们怀着疑虑,怕他们会用同样的手段把我推翻;为了避免这一种危机,我才多方剪除他们的势力,并且正在准备把许多人带领到圣地作战,免得他们在国内闲居无事,又要发生觊觎王座的图谋。所以,我的哈利,你的政策应该是多多利用对外的战争,使那些心性轻浮的人们有了向外活动的机会,不致在国内为非作乱,旧日的不快的回忆也因此而消失。我还有许多话要对你说,可是我的肺力不济,再也说不下去了。上帝啊!恕宥我用不正当的手段取得这一顶王冠;愿你能够平平安安享有它!"[122]

安夫人
（《理查三世》）

　　妇人的欢心，一般像幸福一样，是一件自愿的赠品，人们接受了它，但不知道是怎样接受的，也不知道为什么要接受。然而，有些人却懂得以铁的意志从命运手中去夺取它，他们之能达到目的，或者是通过谄媚，或者是对妇女进行恐吓，或者是激起她们的同情，或者是为她们提供自我牺牲的机会……最后一种，即牺牲自己，正是女人乐于扮演的角色，这将使她们在观众面前显得美丽，并使她们在孤寂中享受一番泪流满面的哀愁。

　　安夫人同时被所有这一切所征服。甜言蜜语从可怕的嘴唇滑出……理查在向她献媚，就是这个将所有地狱恐怖注入她心中的理查，就是这个杀害她的爱夫和父执的理查，她正在把他们入葬……他以专横的口吻命令抬棺人把棺材放下去，同时却向美丽的服丧者求爱……羔羊已经恐惧地看到豺狼露出了利齿，但狼嘴里却吐出了最甜蜜的谄媚之音……豺狼的谄媚那样震撼可怜的羔羊的心，那样令她陶醉，她的感情突然间起了变化……此外，理查王还倾诉了他的痛苦，他的忧伤，安不能拒绝对他的同情，何况这个狂暴的人天生并不怎么怨天尤人，安便更加受不了了……此外，这个不幸的凶手已经受到良心的谴责，表示了后悔，而一个善良的女人也许能够将他引上正道，如果她肯为他牺牲的话……于是，安决意来当英格兰的王后。

凯瑟琳王后
（《亨利八世》）

　　我对这位贵妇怀有一种难以排除的偏见，虽然我不得不承认她具有很高的德行。作为妻子，她是贤淑持家的楷模。作为王后，她有至高无上的德行和尊严。作为基督徒，她就是虔诚的化身。但她却在撒缪尔·约翰逊博士那儿得到过分的褒词，在莎士比亚的所有女角中，把她挑选出来作为宠儿，他温情脉脉地谈论着她……这真令人不能忍受。莎士比亚竭尽自己的才力去颂扬这个善良的妇人，但当人们看到约翰逊博士这只大啤酒杯一瞥见她，便神魂颠倒地陷入甜蜜的醉意，不断地泛溢出赞美的气泡时，莎士比亚算是白努力了一场。如果她是我的妻子，我就会凭着这样一些赞美和她离婚。将可怜的国王亨利从她身边夺走的，可能不是安·波琳的娇媚，而是当时不知哪一位约翰逊博士对忠诚、虔敬、有德的凯瑟琳的赞美，也可能是那位尽管学识非凡却像约翰逊博士一样迂腐、死板、食古不化的托马斯·摩尔[123]把这位王后捧上了天吧？对于这位豪爽的大臣，他的热情未免花费太高了；国王因此将他请上了天。

　　我不知道，我最感到惊异的是什么：是凯瑟琳容忍她的丈夫整整十五年呢，还是亨利容忍了他的妻子这么长的时间？国王不仅反复无常，暴躁易怒，而且经常同他妻子的种种意向针锋相对——这种现象出现在许多和睦共处的婚姻中，尽管一切争吵到死方才罢休——但国王又是音乐家和神学家，两者的水平可以说糟糕透顶。不久前，我听说他写了一首赞美诗,那真是一篇妙文,其拙劣程度简直不下于他那篇论七种圣礼的论文。他无疑以他的音乐作品和神学文章折磨过他的妻子。亨利身上最出色的倒是他对造型艺术的鉴赏力。可能正由于对美的偏爱,才产生了他的最恶劣的好恶。当初,她虽是亨利的寡嫂,十八岁的亨利还是娶了她,那时二十四岁的凯瑟琳·封·阿拉戈连依然十分娇艳。但她的美色却不能与年俱增,更因为她由于虔信,不断以自谴、禁食、不眠和忧伤磨难着自己的肉体。对于这种苦行主义的所作所为,她的丈夫经常叫苦连天,就是我们碰上一个这模样的女人,那也是要命的。

  但是,还有一种情况,加深了我对这位王后的偏见:她是伊萨贝拉·封·卡斯提亚的女儿和血腥的玛利的母亲[124]。一棵树从这样邪恶的种子长起来,又结出这样邪恶的果实,我该怎么想呢?

  纵令她在历史上没有一点儿暴行,但每当她代表或夸耀她的品位时,她仍然流露出她的种族所特具的那种骄横。尽管她长期表现基督徒的谦恭,但如有人违反传统的礼仪,甚而要取消她的王室头衔时,她也会陷入一种近乎异教徒的愤怒。直到临死,她仍保持着她那扑灭不了的傲慢,甚至在莎士比亚笔下,她的遗言都是:

  "在我身上涂上香膏,然后再把我安葬。我虽然是个被废黜的王后,但是我的葬礼应当是一个王后的葬礼,是一个国王的女儿的葬礼。我不能再多说了。"[125]

安·波琳
(《亨利八世》)

一般人都这样看,亨利王悔恨自己同凯瑟琳结婚,是由安·波琳的美貌的魅力所引起的。甚至莎士比亚也流露了这种看法,当新王后在加冕行列中露面的时候,他让一个年轻的绅士说出了下面的话:

"愿上天降福给你,你这张脸是我见到过最美丽的了。先生,她简直是个天使啊,我这话若不对,也算不得是个有灵魂的人了。咱们的国王怀中拥抱了东、西印度的全部财富,不,当他拥抱这位美人的时候,比东、西印度还富。难怪他对于娶凯瑟琳感到良心不安了。"[126]

诗人在后面各场中描写了她在加冕典礼上露面所引起的咏叹,便使我们对安·波琳的美貌有了一个概念。

莎士比亚对他的女主宰、崇高的伊丽莎白是多么地爱戴,也许最充分地表现在对她母亲加冕典礼的详细描写上。所有一切细节都批准着女儿王位的合法,一个诗人是懂得向广大公众显示他的女王为人们争论不休的正统身份的。可这位女王对这份拳拳之忱也是当之无愧!她允许诗人在舞台上铁面无私地表演她的祖辈,甚至她自己的父亲,并不认为这会有损于她王家的尊严!不仅作为一个女王,而且作为一个女人,她决不愿侵害诗的权利;正如她在政治方面赋予我们诗人以最大的言论自由,她还允许他在两性关系方面使用最粗鲁的语言,她从不为健康肉感的纵情戏谑而生气,而她,一位未婚女王,甚至要求约翰·福斯塔夫爵士扮演情人。正由于她的微笑示意,我们才能有《温莎的风流娘儿们》。

莎士比亚在《亨利八世》的末尾,让人把新生的伊丽莎白,仿佛襁褓中的美好未来,捧上了舞台,这样便最好不过地结束了他的英国历史剧。

但莎士比亚描写他女王的父亲,亨利八世,果真是完全忠于历史的么?可不是,他虽然不像在其他史剧中那样运用刺耳的音响宣布真实,但无论如何也表示了它,而低微的声气反而使每句谴责更其入木三分。这个亨利八世是一切君主中最邪恶的一个,因为其他一切暴君只不过残害他们的敌人,而这一个却残害他的朋友,他的爱比他的恨要危险得多。这位王家的蓝胡子的婚姻史是令人发指的。在一切恐怖行为中,他还搀进了某种痴蠢的可怕的殷勤。在下令处决安·波琳时,他事先让人告诉她,他为她请来了全英国最熟练的刽子手。王后恭顺地感谢他的温柔体贴,轻松愉快地将两只洁白的小手抱住自己的头颈,喊道:"我的头很容易斩下来,我只有一条这么细的细脖子。"

用来斩她的那把钺斧也不是很大的。在伦敦塔的兵器库里,人们将它指给我看,当我将它握在手中时,我突然产生了十分奇特的想法。如果我是英格兰的王后,我会叫人把那柄钺斧扔到海底去。

麦克白夫人

(《麦克白》)

  我且从真正的历史剧转到这样一些悲剧,它们的情节或者纯粹是虚构的,或者是从古代传说和小说中汲取的。《麦克白》构成向这种诗作的一个过渡,伟大莎士比亚的天才在这里最自由、最活泼地展翅飞翔。题材借自一个古老的传奇,它不是历史,但却使这出戏多少要求一点历史的忠实性,因为英国王室的祖先在戏里面扮演了一个角色。《麦克白》在雅各布一世治下上演过,大家知道,他可能就是苏格兰班柯[127]的后裔。有鉴于此,诗人还在他的戏剧中,编进了一些向掌政王朝[128]表示敬意的预言。

  《麦克白》是批评家们的一个宠儿,他们在这里得到机会,最广泛地讨论他们关于古代命运悲剧的见解,并将它同现代悲剧中的命运概念相对照。我冒昧地就这个题目漫谈几句吧。

  莎士比亚的命运观念不同于古人关于命运的观念,正如古代北方传奇中遇见麦克白并向他允诺王冠的算命妇,不同于那些在莎士比亚悲剧中出场的女巫们。古代北方传奇中的那些不可思议的妇人,显然是倭丁大神的侍女[129],可畏的凌虚仙子,她们飘荡在战场上空,决定着战争的胜负,应当被看作人类命运的真正主宰者,因为在好战的北方,人类命运首先取决于刀兵的消弭。莎士比亚把她们变成了不祥的女巫,从她们身上去掉了北方妖术世界所有可怕的魅力,他使她们成为两性同体的人妖,能够驱使巨大的幽灵,酿成毁灭,或是出于幸灾乐祸，或是遵照冥府的指令；她们是恶的女佣，谁要是为她们的妖言所惑，谁就连灵魂带肉体一齐沦于灭亡。莎士比亚就这样把古代异教的命运女神和她们可敬畏的咒语翻造成基督教的东西，所以他的主人翁的毁灭便不像古代的命数那样，是什么预定的必然，什么僵固的不可挽救的事情了，它只是那种能够用最精细的罗网将人心缠绕起来的地狱诱惑的后果，麦克白输给了撒旦的威力，输给了原恶。

有趣的是，人们把莎士比亚的女巫和其他英国诗人的女巫相比较。有人说，莎士比亚还不能全然摆脱古代异教的观照方式，他的女巫所以比米得顿[130]的女巫更其庄严可敬得多，后者多半表现出一个邪恶的母夜叉的本性，耍一些非常下流的鬼把戏，只是伤害肉体，很少影响到精神，充其量能够用嫉妒、猜忌、猥亵以及类似的感情癣疥，使我们的心结出痂皮来。

麦克白夫人两百年来被当作一个极恶的人，但是她的声名约在十二年以前业已在德国大大好转。虔敬的弗朗茨·霍尔恩在布洛克豪斯的《百科报》上这样说过，可怜的夫人直到如今完全被误解了，其实她很爱她的丈夫，而且一般有着缱绻的柔情。接着，路德维希·蒂克试图以他全部的渊博学识和哲学深度支持这个评断。过了不久，我们便看见斯梯赫女士在王家宫廷舞台上扮演麦克白夫人，如此多情地喁喁私语，以致柏林任何一颗心听到这样的柔声，没有不为之感动的，不少美丽的眼睛看到善良的麦克白夫人，都不禁泪如雨下。据说这发生在约十二年前那个宽厚的复辟时期，那时我们身体里面还有着许多的爱。自此以后，爆发了一场巨大的破产，假如现在我们不向一些冠冕堂皇的人呈献他们应得的洋溢的爱，那么只得怪这些人了，他们像苏格兰的王后一样，已经在复辟时期把我们的心剥削得一干二净。

德国是否还有人坚持认为这位夫人和蔼可亲，我不知道。但是，自从七月革命以来，对于许多事物的见解已经改变了，甚至在柏林，人们也许已经学会识别，善良的麦克白夫人乃是一头极其凶猛的野兽。

奥菲利娅

（《哈姆莱特》）

　　这是丹麦人哈姆莱特爱过的可怜的奥菲利娅。她是一个金黄色头发的美丽的少女，特别在她的语调中有一种魅力，曾经感动过我的心，当时我想到威登堡去旅行，先到她父亲那里去告别。承老先生的盛情，他把他自己很少应用过的那些忠言都赠给了我，最后叫奥菲利娅拿酒来为我饯行。当可爱的孩子淑静而文雅地端着餐盘向我走来，朝我抬起明亮的大眼睛的时候，我心不在焉地伸手去接一只空杯子，而没有去接一只斟满了的杯子。她笑我接错了。她的微笑当时是那样奇妙地闪闪发光，她的嘴唇发着那种醉人的芳醇，也许就是躲在嘴角的吻仙发出来的吧。

　　当我从威登堡旅行回来，奥菲利娅的微笑又向我闪耀开来，我那时忘却了烦琐哲学的一切诡谲，脑海里只萦回着这个亲切的问题：那微笑是什么意思？那声音、那神秘的渴慕的笛声是什么意思？那眼睛从哪儿得到它幸福的光辉？这是天空的余晖呢，或者天空只由于这双眼睛的反照而发光？那微笑同天体舞蹈的寂静音乐有关呢，或者它只是最空幻的和合在尘世中的标志？有一天，我们在赫尔森讷的御花园里散步，亲切地调侃着，抚爱着，心里充满热情的憧憬……我永远不能忘记，夜莺的歌唱同奥菲利娅的天籁相比，显得多么寒伧啊！当我偶然把花朵同奥菲利娅娇媚的小嘴相比，它们连同它们没有微笑的斑驳的脸庞又显得多么呆板啊！她那纤细的身段飘飘然在我身旁滑翔着，恰是优美的化身。[131]

　　唉，弱者就是这样遭殃，每当一场巨大的冤屈落到他们头上，他们首先便向他们所有最好、最可爱的东西发泄他们的怨愤。而可怜的哈姆莱特首先毁坏了他的理智，那绝妙的珍宝，经过佯装的神经错乱投入了真正癫狂的可怕的深渊，并以尖刻的讽刺折磨他可怜的少女……可怜的人儿！爱人把她的父亲当作一只大耗子给刺死掉，这还不够……她不得不同样地丧失神志！但是她的癫狂不像哈姆莱特的癫狂那样黑暗，那样郁闷阴沉，它飘忽不定，仿佛在抚慰着她，她生病的头脑周围荡漾着甜美的歌曲……她柔和的声音完全融化在歌唱里，花朵接着花朵穿插在她全部的思想中。她吟唱着，编着花冠装饰她的头额，笑着她那灿烂的微笑，可怜的孩子啊！……

"一道溪坎上斜长着一棵杨柳树，
银叶子映照在琉璃一样的溪水里。
她编了离奇的花环，用种种花草，
有苎麻，金凤花，雏菊，还有长颈兰，
她到了那里，爬上横跨的枝丫，
去套上花冠，邪恶的枝条折断了，
把她连人带花，一块儿抛落到
呜咽的溪流里。她的衣服张开了，
把她美人鱼一样地托在水面上，
她还断续地唱些古老的曲调，
好像她一点也不感觉自己的苦难。
又好像本来生长在水里的一样，
逍遥自在。可是也不能长久，
一会儿她的衣裳泡水泡重了，
把她从轻妙的歌唱中拖下泥浆里
死了。"[132]

可是我何必给你们讲这个哀婉的故事呢！你们从很小就都知道它，你们为丹麦人哈姆莱特的古老悲剧已经哭够了，他爱着可怜的奥菲利娅，远比千百个兄弟以他们全部的爱情爱她还要热烈，而他发狂了，因为他父亲的亡魂向他显了灵，因为世界脱了臼，他要把它重新接合起来，又感到自己太软弱，因为他在德国的威登堡为着纯粹思维而荒废了行动，因为他面临选择，或者发疯或者采取敏捷的行动，因为他作为人一般具备着深远的癫痴气质。

我们认识这个哈姆莱特，好像我们认识我们自己的面孔，我们经常在镜子里看到他，但他却并不如人们所相信的那样为我们所认识；假如我们在街上遇见任何一个同我们一模一样的人，我们便会仅仅出于本能、怀着秘密的悚惧凝视着那个谙熟得令人惊愕的相貌，殊不知我们方才看到的正是我们自己的相貌啊。

考狄利娅

(《李尔王》)

在这出戏里有铁蒺藜和自动枪等着读者,一位英国作家这样说。又一位指出,这部悲剧是一个迷宫,评注家在里面可能迷失路途,最后还可能有被住在那里的牛头怪勒死的危险;他在这里也可以运用批判的刀子,但只是为了自卫。而事实上,在任何情况下,批判莎士比亚都是一件棘手的事情,这个人的言语中永远有最尖利的批判,冲着我们自己的思想和行为发出笑声来。所以,在这部他的天才飞翔到令人晕眩的高度的悲剧中来评断他,几乎是不可能的。

我只敢走近这座神奇建筑的大门,窥探一下剧情展示[133],它马上就引起了我们的激赏。一般说来,在莎士比亚的悲剧中,剧情展示都是使人景仰不置的。通过这些序幕,我们即刻从日常感情和行会思想中摆脱开来,被带到诗人借以震撼和清洗我们灵魂的那些巨大事变之中。悲剧《麦克白》就是以女巫的会见开场的,她们的预言不仅压制着给胜利冲昏头脑的苏格兰元帅的心,而且还压制着我们观众自己的心,它再也无法解脱,直到一切应验了和完结了。如像在《麦克白》中,血腥的妖术世界凄寂的麻痹感觉的畏惧一开始就抓住我们,在《哈姆莱特》第一幕中,苍白的鬼神世界的恐怖已使我们毛骨悚然,我们在这里摆不脱亡魂般的黑夜感觉,摆不脱阴凄可怕的梦魇,直到一切得到完成,直到浸透人的体臭的丹麦空气重新净化为止。

在《李尔王》第一幕中,我们同样直接地被卷入了别人的命运,它就在我们眼前发出朕兆,扩展开来,并宣告了结。诗人这里给我们揭开了一个比妖术世界和鬼神世界的一切恐怖还要可怕的场面:就是说,他向我们表明了人的激情,这种激情冲破了一切理性的堤防,以一个疯狂国王所有的可怕的威风怒号出来,同猛烈咆哮的激动的自然相抗衡。不过,我认为,莎士比亚在这里已不像他一贯掌握他的素材那样从容自若,游刃有余了;他在这里比在《麦克白》和《哈姆莱特》中更其为他的天才所左右。在后两出悲剧中,他能够以艺术家的沉着,在感情黑夜的最幽暗的阴影旁画出谐谑的最亮丽的光辉来,在最狂暴的行动旁画出最安谧的静物来。是的,在悲剧《麦克白》中,一种柔和的静穆的自然向我们微笑:在犯着血腥罪行的宫殿的窗檐上粘着恬静的燕巢;一个宜人的苏格兰的夏天,不太暖,不太凉,吹拂过整个戏文;到处是蓊郁的树木和碧缘的簇叶,最后整片整片森林行进般出现了,比尔纳姆林跟着邓西嫩出现了[134]。而在《哈姆莱特》中,美妙的自然也同情节的郁闷相对照;哪怕在主人翁的胸口留连着黑夜,太阳还是照旧红通通地升起来了,而波洛涅斯是一个逗人的傻瓜,喜剧在泰然地上演着,而在绿荫下面坐着可怜的奥菲利娅,她在用绚烂的鲜花编着她的花冠。但是,在《李尔王》中却毫无情节与自然的这种对照,只有脱缰的元素在咆哮,在冲击,同癫狂的国王相较量。难道人伦中一件非常的事变也对这个无生命的自然发生作用吗?难道在自然和人的心灵之间存在着一种外表显著的亲和力吗?难道我们的诗人已经看出这一点,想要把它表现出来吗?

　　已经说过,我们读到这部悲剧的第一章,就被引进了事件中心,尽管天空是怎样明亮,一只敏锐的眼睛已预见到行将来临的暴风雨。在李尔王的神志中有一抹烟云,它随后会凝缩成最黝黑的精神黑夜。谁像他那样把一切赠送掉,谁就已经是发了疯。除了主人翁的心灵,我们在序幕中还识别出女儿们的性格,特别是考狄利娅缄默的温柔立刻感动了我们,那现代的安提戈涅,她的诚挚更胜过她古代的姊妹。是的,她是一个纯洁的心灵,国王到发疯时才看出来。完全纯洁吗?我认为,她有点拗劲儿,而这个瑕疵正是父亲的遗传。但真正的爱是非常害羞的,厌憎一切空话;它只能淌泪和出血。考狄利娅借以暗讽姊姊们伪善的悲哀的苦楚,是最温柔的,具有博爱大师、福音书的主人公有时也采用的那种讥嘲的性格。她的灵魂猝发出最公正的愤懑,同时在下面这句话中表露出她全部的高尚气度:

"假如我只爱我的父亲,我一定不会像我的两个姊姊一样再去嫁人的。"[135]

朱丽叶
（《罗密欧与朱丽叶》）

事实上，莎士比亚的每出戏都有它特殊的风土，它一定的时令，它的地方色彩。如同这些戏每一出中的人物一样，戏里看得见的土地和天空也有一种特殊的面貌。在《罗密欧与朱丽叶》这里，我们翻过了阿尔卑斯山，突然置身于美丽的花园中了，意大利人管它叫……

"你可知道那地方，那儿盛开着柠檬，浓绿的簇叶映着金橘火红？"[136]

被莎士比亚为爱情的勋业（他正要在《罗密欧与朱丽叶》中对它加以赞颂）选作舞台的，恰是阳光明媚的维罗纳。的确，这出戏的主人翁并不是提到名字的那对情人，而是爱情本身。我们这里看到爱情年轻气盛地出场了，抗拒着一切敌对关系，战胜着一切……因为她不害怕在伟大的斗争中求助于最可怖但也最可靠的同盟者，死亡。爱情同死亡联盟，是不可攻克的。爱情！她是一切激情中最高尚、最常胜的。但是，她征服世界的力量正在于她无限的宽宏大度中，在于她几乎不可思议的大公无私中，在于她热衷献身的轻生藐世中。她没有昨天，她也不想到明天……她只眷恋着今天，但却要求它完完整整，原样不动，不折不扣……她决不为着未来而爱惜今天的一切，对于过去的加热的残羹剩汁更不屑一顾……"我前面是黑夜，我后面是黑夜"……她是飘荡在两段幽暗之间的一缕火焰……她发自何处?……发自小到不可觉察的火星中……她怎样结束?……她无影无踪地,同样不可觉察地熄灭掉……她燃得越猛,便熄得越早……但这并不妨碍她全部委身于她炽热的爱慕,仿佛这团烈火永远在燃烧一样……

唉,假如我们一生中第二次碰上这伟大的热情,可惜便不这样相信它的不朽了;最痛苦的回忆告诉我们,它最终会把自己消耗殆尽……所以说,第一次爱的忧郁和第二次爱的忧郁是不同的……在第一次,我们以为,我们的激情只有悲剧的死才能打断,而且事实上,如果别无办法克服迎面迫来的重重困难,我们便轻易决定同爱人一起跳进坟墓……反之,在第二次爱情中,我们却怀着这样的想法,我们最狂热、最美妙的情感随着时间变成一种容易克制的微温了,现在使我们兴奋得发抖的眼睛、嘴唇、臂部,有朝一日我们将会漫不经心地熟视无睹……唉,这种想法比任何死的预感更叫人忧郁!……假如我们在最强烈的陶醉中想到日后的平淡和冷漠,从经验知道,富于诗意的雄壮的激情竟会落到如此一个可悲的结局,这真是一种无可慰藉的心情!……

这些富于诗意的雄壮的激情啊!它们就像舞台上的公主一样,浓妆艳抹,翠绕珠围,傲然走到台前,用有板有眼的抑扬格侃侃而谈……可是,当幕布一落,可怜的公主又穿起她日常的衣裳,从脸颊洗掉脂粉,她必须把装饰品送还给道具管理员,哆哆嗦嗦地挂上最先碰见的一个市法庭法官的臂膀,操着蹩脚的柏林腔,同他一起登上一个阁楼,打着哈欠,一脑袋倒在枕头上,便鼾声大作,不再听那甜蜜蜜的保证:"凭良心说,您演得真帅!"

我一点不敢挑剔莎士比亚,我只想对这点表示我的诧异:他在把罗密欧引到朱丽叶面前之先,竟让他刚刚对罗瑟琳经验着一种激情。尽管他完全献身于第二次爱情,他的灵魂里仍然潜伏着某种疑惑,它以讽嘲的语气显示出来,一再使人记起哈姆莱特。也许男人的第二次爱正因为连带着明显的自我意识,所以更加强烈吧?女人却没有什么第二次爱,她的天性是太柔弱了,她简直不能两次承受心灵最可怕的地震。请看朱丽叶。难道她能够第二次忍耐住那过度的喜悦和恐怖,能够抗拒一切忧惧,干掉那令人颤栗的圣餐杯吗?我相信,她第一次已经够受了,这可怜的福人,伟大热情的纯洁的牺牲品。

朱丽叶是第一次恋爱,而且以整个健康的肉体和灵魂在恋爱。她十四岁;在意大利,十四岁就等于北国常说的十七岁。她是一朵玫瑰的蓓蕾,它正在我们眼前为罗密欧的嘴唇所吻开,容光焕发地绽放了。她不曾从世俗的典籍,也不曾从宗教的经文学习过爱情的真谛;太阳向她讲过它,月亮也向她讲过它,她的心则像一个回声似的向她重复它,当她夜间以为没有人偷听的时候。可是罗密欧站在阳台上,却听见了她的话,并且当真听信了。她的爱情的品格就是诚实和健康。少女散发着健康和诚实的气息,她的这段话听起来真是沁人心脾:

"幸亏黑夜替我罩上了一重面幕,否则为了我刚才被你听去的话,你一定可以看见我脸上羞愧的红晕。我真想遵守礼法,否认已经说过的言语,可是这些虚文俗礼,现在只好将一切置之不顾了!你爱我吗?我知道你一定会说'是的';我也一定会相信你的话;可是也许你起的誓只是一个谎,人家说,对于恋人们的寒盟背信,天神是一笑置之的。温柔的罗密欧啊!你要是真的爱我,就请你诚意告诉我;你要是嫌我太容易降心相从,我也会堆起怒容,装出倔强的神气,拒绝你的好意,好让你向我婉转求情,否则我是无论如何不会拒绝你的。俊秀的蒙太古啊,我真的太痴心了,所以也许你会觉得我的举动有点轻浮;可是相信我,朋友,总有一天你会知道我的忠心远胜过那些善于矜持作态的人。我必须承认,倘不是你乘我不备的时候偷听去了我的真情的表白,我一定会更加矜持一点的;所以原谅我吧,是黑夜泄露了我心底的秘密,不要把我的允诺看作无耻的轻狂。"[137]

苔丝德梦娜
（《奥赛罗》）

我在前文附带地指出过，罗密欧的性格包含着几分哈姆莱特的性格。事实上，一种北国的严肃在这个炽烈的心灵上投下了它的侧影。把朱丽叶同苔丝德梦娜比较一下，前者身上同样可以觉察到一种北国因素；尽管她的激情具有十分威力，她仍永远意识到她自己，并以最明显的自我意识主宰着她的行为。朱丽叶爱着，思考着，行动着。苔丝德梦娜爱着，感觉着，听从着，不是听从自己的意志，而是听从更强有力的刺激。她的过人之处在于，恶对于她高尚的天性不能像善一样施加任何强制力。她大概会永远待在她父亲的 Palazzo[138]里，做个羞答答的孩子，专心操持家务吧；但是摩尔人的声音灌进了她的耳朵，虽然她低垂着两眼，她却在他的话语中，在他的故事中，或者像她所说，"在他的灵魂中"……看到了他的容貌，而这受难的、高尚的、美丽的、白色的灵魂的容貌，更给她的心施加了追魂摄魄的不可抗拒的魔力。是的，他说对了，她的父亲，那饱经世故的元老勃拉班旭先生说：这羞怯的温柔的孩子竟感到为摩尔人所吸引，不怕那个丑八怪的黑色假面（大多数人把它当作奥赛罗的真面目）……这需要一种多么灵验的法术啊。

朱丽叶的爱情是主动的，苔丝德梦娜的爱情是被动的。她好比向日葵，不知道自己的脸永远朝着那雄伟的白日星在转。她是真正的南国的女儿，温柔，多情，容忍，就像从梵文诗篇中如此可爱、如此柔和、如此朦胧地照射出来的那些纤细的、大眼睛的女性之光。她永远使我想起印度的莎士比亚伽利陀娑的沙恭达罗。

英国铜雕家（感谢他给我们雕出面前这幅苔丝德梦娜的肖像）也许使她的大眼睛表现出一种过于强烈的激情。但是我想我曾指出过，脸庞和人物的对照永远会产生一种引人入胜的魅力。无论如何，这个脸庞是非常美丽的，一定会使下列诗句的作者称心如意，因为它会使他记起那个高贵的美人，她——谢天谢地——从没有过分吹求过他的容貌，一直只是在他的灵魂中看到它……

"她的父亲很看重我，常常请我到他家里，每次谈话的时候，总是问起我过去的历史，要我讲述我一年又一年的所经历的各次战争，围城和意外的遭遇；我就把我一生事实，从我的童年时代起，直到他叫我讲述的时候为止，原原本本地说了出来。我说起最可怕的灾祸，海上陆上惊人的奇遇，间不容发的脱险，在傲慢的敌人手中被俘为奴和遇赎脱身的经过，以及旅途中的种种见闻；那些广大的岩窟，荒凉的沙漠，突兀的崖嶂，巍峨的峰岭，以及彼此相食的野蛮部落，和肩下生头的化外异民，都是我的谈话的题目。苔丝德梦娜对于这种故事，总是出神倾听；有时为了家庭中的事务，她不能不离座而起，可是她总是尽力把事情赶紧办好，再回来孜孜不倦地把我所讲的每一个字都听了进去。我注意到她这种情形，有一天在一个适当的时间，从她的嘴里逗出了她的真诚的心愿：她希望我能够把我的一生经历，对她作一次详细的复述，因为她平日所听到的，只是一鳞半爪、残缺不全的片段。我答应了她的要求；当我讲到我在少年时代所遭逢的不幸的打击的时候，她往往忍不住掉下泪来。我的故事讲完以后，她用无数的叹息酬劳我；她发誓说，那是非常奇异而悲惨的；她希望她没有听到这段故事，可是又希望上天为她造下这样一个男子。她向我道谢，对我说，要是我有一个朋友爱上了她，我只要教他怎样讲述我的故事，就可以得到她的爱情。我听了这一个暗示，才向她吐露我的求婚的诚意。她为了我所经历的种种患难而爱我，我为了她对我所抱的同情而爱她：这就是我的唯一的妖术。"[139]

这出悲剧大概是莎士比亚晚年的一部作品，正如《泰脱斯·安特洛尼库斯》可算作他的处女作一样。那一部和这一部都偏爱着这样一个主题：一个美妇人对于一个丑陋的摩尔人的激情。这成年人又回到了一个他年轻时期发生过兴味的问题。而今他果真找到了解答吗？这个解答是既真实而又美妙吗？往往当我向这种想法让步时，一阵阴沉的哀愁便笼罩着我了，那就是，或许正直的埃古对苔丝德梦娜对于摩尔人的爱情所做的恶毒的曲解未必全然不对吧。但是最刺痛我的，还是奥赛罗关于他的妻子的湿手的说法[140]。

正如我们在《泰脱斯·安特洛尼库斯》和《奥赛罗》中所看到的，在《一千零一夜》中可以找到一个同样怪诞而又意味深长的对一个摩尔人发生爱情的例子，一个美丽的王妃，同时是一个女巫，把她的丈夫变成一个半截石像拘禁起来，每天拿鞭子抽打他，因为他杀死了她的情人，一个丑陋的黑人。这个王妃在黑色尸体的停榻旁的悲吟真叫人肠断心碎，她用法术做到把它保存在半生不死的状态中，用绝望的吻把它吻遍，想用一种更大的法术、用爱把它从昏迷的半死中唤醒，使它具有完整的真实的生命[141]。我还在少年时期，阿拉伯童话中这个热烈的不可思议的爱情形象就已使我惊心动魄了。

杰西卡
(《威尼斯商人》)

  我在朱瑞巷看这出戏上演的时候,我后面包厢里站着一个美丽的苍白的英国女人,她到第四幕末尾激动地哭泣着,几次大叫起来:"The poor man is wronged!"("可怜人真冤呀!")这是一张极高贵的希腊式的脸,眼睛又大又黑。我永远忘不了这双为夏洛克哭泣过的又大又黑的眼睛。

  我一记起那些眼泪,便不能不把《威尼斯商人》算作悲剧了,虽然戏文的背景装饰着最快活的假面、林神图像和小爱神,而且诗人本来也是想创作一出喜剧。也许莎士比亚为了取悦大众,存心表现一个受折磨的狼人,一个可憎厌的虚构人物,他残忍成性,胸怀杀机,因此丧失了他的女儿和金币,并且被嘲笑了。但是,诗人的天才,他身上起支配作用的世界精神,却永远比他的个人意愿站得更高,结果他在夏洛克身上尽管表现出刺眼的怪诞,却昭雪了一个不幸的教派,上帝出于某种神秘的情由使它饱经下流和上流暴民的憎恨,而它也从不肯对这种憎恨报之以爱。

  我何必这样说呢?莎士比亚的天才更凌驾于两个宗派的无聊吵闹之上,他的戏剧本来既不向我们表演犹太人,也不表演基督徒,而是表演压迫者和被压迫者以及后者痛苦至于疯狂的欢呼,当他们能够向他们横霸的折磨者利上加利地偿还加给他们的侮辱的时候。在这出戏里,一点也没有宗教分歧的痕迹,莎士比亚在夏洛克身上只是表现

87

这样一个人，天性注定他去恨他的敌人，正如在安东尼奥和他的朋友们身上，他也决不曾描写那种教义的信徒，那种教义吩咐我们爱我们的敌人。当夏洛克向那个向他借钱的人说下列一番话时：

"安东尼奥先生，好多次您在交易所里骂我，说我盘剥取利，我总是忍气吞声，耸耸肩膀，没有跟您争辩，因为忍受迫害本来是我们民族的特色。您骂我异教徒，杀人的狗，把唾沫吐在我的犹太长袍上，只因为我用我自己的钱博取几个利息。好，看来现在是您要来向我求助了；您跑来见我，您说，'夏洛克，我们要几个钱。'您这样对我说。您把唾沫吐在我的胡子上，用您的脚踢我，好像我是您门口的一条野狗一样；现在您却来向我要钱，我应该怎样对您说呢？我要不要这样说，'一条狗会有钱吗？一条恶狗能够借人三千块钱吗？或者我应不应该弯下身子，像一个奴才似的低声下气，恭恭敬敬地说，'好先生，您在上星期三用唾沫吐在我身上；有一天您用脚踢我；还有一天您骂我狗；为了报答您这许多恩典，所以我应该借给您这么些钱吗？"

安东尼奥回答：

"我恨不得再这样骂你、唾你、踢你。"[142]

基督徒的爱又放到哪里去了！实在说，莎士比亚可能已经讽刺了基督教，假如他让那些人来代表基督教的话，他们同夏洛克作对，但连为他解鞋带都几乎不配呢。破产的安东尼奥是一个软弱、萎靡，既无力于恨因而也无力于爱的性格，一个晦暗的蛆虫似的心灵，他的肉确实除了"用来钓鱼"之外，找不到任何更好的用途。此外，他根本不打算向被诈骗的犹太人偿还借去的三千块金币。巴散尼奥也没有把钱还给他，这个人按照一个英国批评家的说法，是一个真正的 fortune -

hunter[143]；他向人借钱，是为了把自己打扮得漂漂亮亮，好攫取一桩富有的婚事，一副丰腴的嫁奁；他对他的朋友说，

"安东尼奥，您知道得很清楚我怎样为了维持我外强中干的体面，把一份微薄的资产都挥霍光了；现在我对于家道中落、生活紧缩，倒也不怎么在乎了；我的最大的烦恼，是怎样可以解脱我背上这一重重由于挥霍而积欠下来的债务。"[144]

说到罗伦佐，他是一件最丑恶的家盗案的同谋犯，按照普鲁士的法律，本当判处十五年徒刑，烙上火印，绑赴市曹示众的；虽然他不仅对于被盗走的金币和珠宝，而且对于自然美、月下风景，对于音乐都非常敏感。至于我们看到作为安东尼奥的伙伴出场的其他高尚的威尼斯人，他们似乎同样并不十分憎恶金钱，当他们可怜的朋友陷入不幸时，他们除了空话，那用空气铸成的钱币之外，什么也没有周济过他。关于这一点，我们善良的虔信派教徒弗朗茨·霍尔恩作了淡而无味但却十分公允的评述[145]："这里倒应当提出这个问题来：安东尼奥倒霉一至如此，这是怎么搞的呢？整个威尼斯都认识他，器重他，他好心的相识们都深知那张可怕的债券，深知犹太人连其中一条都不肯删掉。但是，他们却日复一日地蹉跎，直到三个月终于过去了，任何挽救的希望都随之消逝。这俨若王侯的富商平日看来良友如云，高朋满座，由这些人凑集一笔三千块金币的款项，来挽救一个人的生命，——怎样一个人的生命啊！——照说该是相当容易的吧；但是这种事情终归有点儿不划算，所以这些可爱的好朋友——正因为这只是所谓朋友，或者假如愿意这样称呼，只是二分之一或四分之三的朋友——始终只是坐视，坐视，还是坐视。他们怜悯这位为他们举办过豪华筵宴的卓越的商人，但却努力避免由此产生的麻烦，于是聊尽心与口舌之能事，破口大骂夏洛克，这样既不会招致任何危险，还自以为完成了友情的义务。尽管我们不能不憎恨夏洛克，但假如他有点儿瞧不起那些人，我

89

们也还不能非难他,他大概真是瞧不起他们吧。是的;他最后似乎把缺席无罪的葛莱西安诺也同那些人混在一起,列入一类了,当他以尖刻的回答拆穿他过去毫无作为而今却夸夸其谈的时候:

"'除非你能够把我这一张契约上的印章骂掉,否则像你这样拉开喉咙直嚷,不过白白伤了你的肺,何苦来呢?好兄弟,我劝你还是让你的脑子休息一下吧,免得损坏了,将来无法收拾。我在这儿要求法律的裁判。'"[146]

或许应当把朗西洛特·高波看作基督教的代表吧?够怪的是,莎士比亚在任何地方也没有像在这个小无赖和他的女主人的一次谈话中那样明确地表示过他对于基督教的见解。对于杰西卡的这番话:

"我可以靠着我的丈夫得救;他已经使我变成一个基督徒了。"[147]

朗西洛特·高波回答道:

"这就是他大大的不该。咱们本来已经有很多的基督徒,简直快要挤都挤不下啦;要是再这样把基督徒一批一批制造出来,猪肉的价钱一定会飞涨,大家吃起猪肉来,恐怕每人只好分到一片薄薄的咸肉了。"

真的,除了鲍西娅,夏洛克是这出戏里最可敬的人物了。他爱金钱,他不隐瞒这种爱,他在公共市场上把它叫喊出来……但是有一样东西,他看得比金钱还重,那便是满足他的被凌侮的心,公平地报复那些无以言状的糟践;虽然人们向他提议十倍地偿还借款,他拒绝了,三千块、三万块金币他都在所不惜,只要他能用来买到他的敌人的一磅

心头肉。"你要这磅肉干什么用呢?"撒拉林诺问他。他这样回答:

"拿来钓鱼也好;即使他的肉不中吃,至少也可以出出我这一口气。他曾经羞辱过我,夺去我几十万块钱的生意,讥笑我的亏蚀,挖苦我的盈余,侮蔑我的民族,破坏我的买卖,离间我的朋友,煽动我的仇敌;他的理由是什么?只因为我是一个犹太人。难道犹太人没有眼睛吗?难道犹太人没有五官四肢,没有知觉,没有感情,没有血气吗?他不是吃着同样的食物,同样的武器可以伤害他,同样的医药可以治疗他,冬天同样会冷,夏天同样会热,就像一个基督徒一样吗?你们要是用刀剑刺我们,我们不是也会出血的吗?你们要是搔我们的痒,我们不是也会笑起来的吗?你们要是用毒药谋害我们,我们不是也会死的吗?那么要是你们欺侮了我们,我们难道不会复仇吗?要是在别的地方我们都跟你们一样,那么在这一点上也是彼此相同的。要是一个犹太人欺侮了一个基督徒,那基督徒怎样表现他的谦逊?报仇。要是一个基督徒欺侮了一个犹太人,那么照着基督徒的榜样,那犹太人应该怎样表现他的宽容?报仇。你们已经把残虐的手段教给我,我一定会照着你们的教训实行,而且还要加倍奉敬哩。"[148]

不,夏洛克诚然爱金钱,但是有些东西,他爱得更厉害,其中就有他的女儿,"杰西卡,我的孩子"。虽然他在盛怒之下咒骂过她,宁愿看见她死在他的脚下,耳朵挂着珠宝,棺材里装满金币,但是他爱她仍然胜过爱一切的金币和珠宝。这可怜的犹太人从公共生活、从基督徒的社会被逐回到家庭幸福的狭小范围中,他只剩下了家庭的眷恋,这点拳拳之心在他身上以最动人的热忱表现出来。他从前送给他的妻子、他的利亚[149]的绿松石指环,就是"换一树林的猴子",他也不肯出让。当巴散尼奥在出庭一幕中对安东尼奥说了下列一番话:

"我爱我的妻子,就像我自己的生命一样;可是我的生命、我的妻子以及整个的世界,在我的眼中都不比你的生命更为贵重;我愿意丧失一切,把它献给这恶魔做牺牲,来救出你的生命。"

当葛莱西安诺同样补充道:

"我有一个妻子,我可以发誓我是爱她的;可是我希望她马上归天,好去求告上帝改变这恶狗一样的犹太人的心。"

这时在夏洛克身上引起了对于他女儿的忧虑,她已经在那些为了朋友便会牺牲妻子的人们中间托定了自己的终身,他于是悄悄地"旁白"起来:

"这些便是相信基督教的丈夫!我有一个女儿,我宁愿她嫁给强盗的子孙,不愿她嫁给一个基督徒!"[150]

这一节引文,这几句轻言细语,证实了为什么我们不得不判定美丽的杰西卡有罪。她所遗弃的,她所掠夺的,她所背叛的,决不是一个无情无义的父亲……可耻的背叛啊!她甚至同夏洛克的敌人伙同起来,当他们在贝尔蒙特把他骂得狗血淋头的时候,杰西卡并没有垂下眼睛,杰西卡的嘴唇并没有发白,反之杰西卡最恶毒地毁谤她的父亲……可怕的罪恶啊!她没有情感,只有浪漫的渴望。她在惨然不欢的犹太人那紧闭的"清白的"屋子里感到百无聊赖,这所屋子终于被她看作一座地狱。轻浮的心被鼓和弯笛的快活音调给撩拨得太厉害了,莎士比亚这里是想描写一个犹太女人吗?当然不是;他不过描写了夏娃的一个女儿,这样一只美丽的鸟儿,她的翅膀刚一长起羽毛来,就飞出了父亲的窝,扑扑扑地找她的情郎去了。苔丝德梦娜就是这样跟着摩尔人走的,伊慕琴就是这样跟着普修默斯走的[151]。这是女人的惯例。当杰西卡女扮男装的时候,她身上特别显示出某种她所不能克制的羞腼。也许在这个特点中,人们可以觉出那种罕见的贞操吧,它原是她的部族所独有的,并赋予它的女儿们一种如此美妙的娇媚。犹太人的贞操也许是他们自古以来对东方那种色情和性欲崇拜进行斗争的结果,这种崇拜曾经在他们的邻人——埃及人、腓尼基人、亚述人、巴比伦人中间风靡一时,并不断经过变化,一直保存到今天。犹太人是一个清真的、禁欲的……我几乎想说:是一个抽象的民族;在道德纯洁性方面,它同日耳曼部族靠得最近。在犹太人和日耳曼人那里,妇女的贞操也许没有一点绝对价值,但是它表现出来,却构成最可爱、最优美、最动人的印象。例如,西姆布赖人和条顿人打了败仗[152]之后,他们的妇女请求马利阿斯[153]不要把她们交给士兵,而把她们交给薇斯塔[154]的女祭司当女奴,这件事真叫人闻之泪下。

事实上显而易见,在犹太人和日耳曼人这两个讲究道德的民族之间,有着怎样恳切的一种亲和力啊。这种亲和力之所以产生于历史的行程中,并非因为犹太人的伟大家谱、圣经为整个日耳曼世界当作教科书所采用,也不是因为犹太人和日耳曼人从前都是罗马人的无情仇敌,因此成为天然的同盟者;这种亲和力有着更深厚的基础,这两个民族原本就是如此相似,以致可以把当年的巴勒斯坦看作东方的德意志,正如应当把今天的德意志看作圣经的祖国,看作预言家的故乡,看作纯粹性灵的大本营一样。

还不仅德意志具有巴勒斯坦的外貌,连别的欧罗巴国家也在努力向犹太人看齐。我是说"努力看齐",因为犹太人起初就具备着现代原则,这个原则到今天才在欧罗巴民族中间显著地发展起来。

希腊人和罗马人热烈地依附故乡,依附祖国。后来从北方进入希腊罗马世界的移民们则依附酋长本人,而在中世纪,代替古代的爱国主义,出现了臣下对于君主的忠诚。但是,犹太人却从来只依附法律,依附抽象的思想,如像我们近代讲究世界大同的共和主义者一样,他们既不把故乡也不把君主本人,而把法律奉为神圣。是的,世界主义原本就是从犹太的土壤上萌芽的（尽管前面提到的那个汉堡杂货商人不痛快，他却是一个地道的犹太人），而基督原本就创立了一个世界公民的布道会。至于犹太人的共和主义，我记得在约瑟夫斯[155]的书中曾经读到，在耶路撒冷有一些共和主义者，他们反对拥王的赫罗德派，最英勇地斗争着，对任何人都不称"大人先生"，最激烈地仇恨罗马的专制主义；自由与平等成为他们的宗教。怎样的一种空想啊！

可是，我们直到今天在欧罗巴还感到摩西法律和基督教义的信徒们之间的那种仇恨，而以特殊来说明一般的诗人，更在《威尼斯商人》中为那种仇恨给我们提供了一幅可怕的图画——那种仇恨的最终原因又是什么呢？难道是一经创世以后我们就看见在凯因和亚培尔之间为了礼拜式的差异而爆发起来的那种原始的兄弟之仇吗？哪一方面应当对这种仇怨负责呢？为了回答这个问题，我不得不公布一段私信，也为夏洛克的对手辩解一下：

"我并不谴责普通人民借以迫害犹太人的那种仇恨；我只谴责产生那种仇恨的不幸的错误。人民实际上总是对的，他的恨和他的爱一样，总有一种完全正确的直觉作为基础，他只是不知道正确阐明他的感觉而已，他的仇怨通常不是对事，而是对人，那为时间、地点不协调而负罪的无辜者。人民忍受贫困，缺乏生活享受的资料，虽然国教的牧师向他断言，'人生在世，就是为了受苦，就是为了服从官府而忍饥挨渴'，但是人民对于享受资料仍怀着一种秘密的渴望，他们仇恨那些箱笼装得满满的人们；当宗教允许他们发泄这种仇恨时，他们感到兴高采烈。普通人总只恨犹太人中间的财主，招惹他们对犹太人怒火中烧的，总是那些成堆的金银。任何一个时代精神总为那种仇恨提供了它的口号。在中世纪，这种口号带有天主教堂的晦暗的色调，人们把犹太人打死，抢劫他们的房屋，'因为他们钉死了基督'——完全是按照同一种逻辑，在圣多明各[156]，一些黑色的基督徒在屠杀的时候，举着一个耶稣受难像四处奔跑，狂热地叫喊：'Les blancs l'ont tué, tuons nous les blancs！'[157]

"我的朋友，您会笑话可怜的黑人吧；我向您保证，西印度群岛的殖民者们那时却没有笑,而是像几百年前欧洲的犹太人一样,为了报偿基督的苦难而被杀戮掉。但是,圣多明各的黑色基督徒实际上同样是对的!白人养尊处优,穷奢极欲地生活,而黑人却不得不黑脸浸满汗水地劳动,仅仅得到一点米粉和太多的鞭打作为报酬;黑人就是普通人民。——

"我们不再生活在中世纪,普通人民也更加开化了,不再把犹太人一下子打死,不再用宗教来粉饰他的仇恨;我们的时代不再有那样天真的宗教狂热,传统仇怨用现代辞句打扮起来,平民们在啤酒店里如像在下议院里一样,用商业的、工业的、科学的甚至哲学的论据发表演说反对犹太人。只有无可救药的伪君子今天仍然给他的仇恨抹上一层宗教色彩,为了基督的缘故而去迫害犹太人;大多数人则坦率地承认,这里以物质利益为基础,他们想尽一切可能的办法,来阻碍犹太人发挥他们的实业才干。例如,在法兰克福这里,每年只准许二十四个摩西教信徒结婚,免得他们增加人口,为基督教商人招致太强的竞争。这里暴露了排犹主义的真原因和真面目,这种面目完全没有阴沉而狂热的僧侣气色,反之带着一个店老板的暧昧而狡猾的表情,他深怕在生意买卖中为以色列的经商奇才所胜过。

"但是,犹太人的这种经商奇才咄咄逼人地发展着,难道是他们的罪过吗?罪过完全在于中世纪人们的那种谬见,他们误解了实业的意义,把生意买卖看作某种下贱的事,甚至把放款取利看作某种可耻的事,所以才把这个实业部门最有利可图的一部分,即放款取利,交给犹太人之手;这样,犹太人便被排斥在其他一切行业之外,不得已才成为最会精打细算的商人和理财家了。人们迫使他们变得富有,然后又为了他们的富有而仇恨他们;虽然现在基督教界已经放弃他们反对实业的成见,基督徒在商业活动中已经成为同样伟大的骗子手,变得和犹太人同样富有,但是传统的民族仇恨仍然笼罩在后者头上,人民仍然把他们看作财主的代表,并且仇恨他们。您要知道,在世界历史中每个人都是对的,不管是铁锤还是铁砧。"

鲍西娅

（《威尼斯商人》）

"看来所有艺术批评家们过于为夏洛克惊人的性格所眩惑、所压倒，以致对于鲍西娅这个人物未免有失公允，因为夏洛克的性格实在并不比鲍西娅的性格显得更精致、更完美。这两幅灿烂夺目的图像都是值得尊敬的——值得并存于迷人的诗篇和豪华、优雅的形式之浓郁的魅力中。她挂在可怕的、无情的犹太人旁边，以她的光彩同他巨大的阴影相对照，宛如一幅华丽的、出气如兰的提香挂在一幅宏伟的伦勃朗旁边一样。

"莎士比亚灌注在他许多女性人物身上的那种可人的特质，鲍西娅也有她相应的一份；但她除了女性一般具有的端庄、和蔼和温存之外，还有她所独有的特殊禀赋：超人的智力、热烈的情感、坚定的意志和使人人愉快的活泼性格。这些都是天生的；但她还有其他出类拔萃的外在标志，这些则是由于她的地位和关系而产生的。她是一个侯门的嗣女，万贯家财的继承人；她永远是一呼百诺、随心所欲；她从小就呼吸着一种芬芳馥郁的空气。所以，在她这个一出世就濡染荣华富贵的人儿的所行所言中，才有一种咄咄逼人的爱娇，一种高尚尊严的妩媚，一种雍容华贵的灵性。她仿佛逍遥在大理石的宫殿里，在描金的天花板下，在镶嵌着碧玉和斑岩的杉木地板上，在有着立像、花朵、泉水和虚无缥缈的音乐的花园中。她充满深刻的智慧、纯真的温情和敏捷的机智。正因她不知穷困、忧愁、恐惧或失败为何物，所以她的智慧毫无阴郁浑浊的风貌；她一切的内心活动混合着信仰、希望、欢乐，她的机智一点也不是恶意的或伤人的。"

上文是我从詹姆逊夫人[158]的一本题名为《道德的、诗的和历史的妇女性格》的作品中引来的。在这本书中，只谈到了莎士比亚的妇女，所引的段句证明了女作者的心灵，她从血统来说，大概是一个苏格兰人。她把鲍西娅对照着夏洛克所说的一切，不仅是美妙的，而且是真实的。假如我们愿意按照流行的见解，把后者看作僵硬的、严肃的、敌视艺术的犹太的代表，那么相反地，鲍西娅在我们看来，便是希腊精神的复开花，这种精神在十六世纪从意大利向全世界散布了它的芳香，今天则在"文艺复兴"的名义下为我们所热爱和珍视。同夏洛克所代表的晦暗的背运相对照，鲍西娅同时还是明朗的幸运的代表。她一切的思想和谈吐是何等丰富、何等惬意、何等清脆啊，她的词令是何等亲切可喜啊，她所有的风姿（大部分是从神话里借来的）又是何等优美啊！然而，反过来只采用旧约的讽喻的夏洛克，他的思想和言语却是何等阴沉、苛刻、鄙陋啊！他的机智是痉挛的、腐蚀性的，他从最讨厌的事物中搜寻他的譬喻，甚至他的词句都是压榨出来的，锉齿磨牙，尖锐刺耳。有其人，必有其居。假如我们看到，耶和华的仆人怎样在他的"清白的屋子"里，既不允许挂一幅神像，也不允许挂一幅按照神像画的人像，甚至把房屋的耳朵——窗户堵住，以免异教徒的假面舞会的声音冲进他的"清白的屋子"里来……那么相反地，我们却看到贝尔蒙脱的美仑美奂的 Palazzo 里最奢侈、最精雅的 Villeggiatura[159]生活，那里到处只是光辉和音乐，在画幅、大理石像和高大的月桂树中间，翩翩年少的求婚者悠然徘徊，推敲着爱情的哑谜，而 Signora[160]鲍西娅则宛如一位女神，在这整个良辰美景中大放异彩，

"闪亮的秀发覆盖着太阳穴"。

这两个主要的剧中人物经过这样的对比，达到如此的个性化，以

致我们可以发誓说,这不是一个诗人的幻想产物,而是真实的、女人所生的人。是的,我们觉得她们似乎比普通活人更有生气,因为时间和死亡都对她们无可奈何,她们的脉管里流动着不朽的血液,那永恒的诗。当你来到威尼斯,漫游杜几[161]的宫殿的时候,你一定知道,你不会在元老院里,也不会在巨大的台阶上遇见马利诺·法力里[162]。诚然,你在军械库里会记起年迈的党多洛[163],但你不会在任何饰金的木舰上去找那位盲瞎的英雄。你在桑塔街的一个角落看到一条石头刻成的长蛇,在另一个角落看到那头长翅膀的狮子,它用爪子把蛇头抓住,这时你也许会想起骄傲的卡尔玛略累[164],但只是一瞬之间!然而,远比想起所有这些历史人物的次数更多,你在威尼斯会想起莎士比亚的夏洛克,他永远活着,而那些人却早已在墓穴中腐烂了——再当你登上运河廊桥[165]时,你的眼睛会到处搜寻他,你会设想在任何一个圆柱后面一定找得到他,穿着他的犹太裙子,带着疑神疑鬼的神色,你有时甚至相信听到了他刺耳的声音:"三千块金币——好!"

我这个始终流浪的寻梦者,在廊桥上至少也会四处张望一下,看能不能找到他,那个夏洛克。我会通知他一点什么,什么引起他的快意的事情,例如他的堂兄弟,巴黎的夏洛克先生[166],已经成为基督教界最显赫的男爵,并从教皇陛下那里荣获那种伊萨伯拉勋章,它过去是为了表彰把犹太人和摩尔人逐出西班牙而创设的。但是,我在廊桥上哪儿也瞧不见他,所以我决定去找犹太寺院里的故人。犹太人正在这里庆祝他们神圣的赎罪节,裹上他们白色的法衣伫候着,阴凄地摇晃着脑袋,看起来仿佛是一群幽灵在集会。可怜的犹太人,他们从一清早就站在那里,空着肚子祷告,前一晚上起就什么也没有吃,也没有喝,还预先请求他们所有的熟人宽恕他们近年来对他们所加的冒犯,以期上帝同样宽恕他们的罪愆——这个美妙的风俗,竟然在这些同基督教教义格格不入的人们中间流行开来,真是有点不可思议啊!

当我一面四下寻找年迈的夏洛克,一面注意察看所有白的、痛苦的犹太面孔时,我有了一个新发现,可惜我不能将它隐瞒起来。那就是，同一天我曾访问过桑·卡洛的疯人院，现在在犹太寺院里，我突然发现，在犹太人的眼光中，闪烁着同一种悲惨的半凝视、半游移、半狡猾、半痴呆的光彩，这就是我不久以前在桑·卡洛的疯人眼中所曾看到的。这种笔墨难以形容的、谜也似的眼光，完全不是由于心不在焉，而是由于一种固定观念的至高无上而产生的。难道信仰摩西所说的那个世外雷神，已经成为一整个民族的固定观念吗？这个民族尽管两千年来被束缚在强制衣中，浑身给浇着凉水，它仍然不愿舍弃这个观念——就像我在桑·卡洛看到的那个发疯的律师，他同样呶呶不休地说，太阳是一块英国干酪，它的光线是由通红的小虫构成的，这样一条投射下来的虫光正在蛀蚀着他的脑子。我这样说，决不是想贬低那个固定观念的价值，我只是想说，这个观念的拥有者是太孱弱了，不但不能控制它，反而为它所压倒，以致变得不可救药了。为了这个观念的缘故，他们已经忍受了怎样的迫害啊！他们还会面临怎样更大的迫害啊！我一想到这一点，便不禁毛骨悚然，一股无穷的怜悯潺潺流过我的心头。在整个中世纪，直到今天，流行的世界观同摩西强加在犹太人身上、用神圣的皮带扣在他们身上、刻进他们的肉里去的那个观念并不是直接相矛盾的；是的，他们并不是在根本上同基督徒和回教徒有所区别，他们有所区别并不是由于一种对立的合成，而只是由于经文解释和"示播列"[167]。但是，加果撒旦那罪恶的泛神论（愿新旧约和可兰经的一切圣贤们保护我们不受它的侵害）一旦获胜，那么在可怜的犹太人头上，便会落下一场远远超过他们过去的考验的迫害风暴……

　　虽然我在威尼斯的犹太寺院向四面八方搜寻，我哪儿也瞧不见夏洛克的颜面。但我仍然仿佛觉得，他就隐藏在那里，在任何一件白色法衣下面，像他别的教友一样热忱地祷告着，祷告声莽撞、激烈甚至狂暴地冲向了冷酷的神王耶和华的宝座！我却没有看见他。但是，临近黄昏，按照犹太人的信仰，天堂的大门将要关闭，任何祷告再也传不进去了，这时我听到一个声音，里面有泪水潺流，仿佛已不能用眼睛来流它们了……这是一种连石头也会同情的欷歔……这是只有从保存着全部殉教痛苦（一个受折磨的民族一千八百年来所曾忍受过的）的心胸中才发得出来的呻吟……这是一个精疲力竭而将倒毙在天堂门口的灵魂的喘息……而这个声音对我显得多么熟悉，我仿佛曾经听见它那样绝望地哀嚎："杰西卡，我的孩子！"

喜　剧(之一)

米兰达

（《暴风雨》第三幕第一场）

腓迪南 你为什么哭起来了呢？

米兰达 因为我是太平凡了，我不敢献给你我所愿意献给你的，更不敢从你接受我所渴想得到的。但这是废话；越是掩饰，它越是显露得清楚。去吧，羞怯的狡狯！让单纯而神圣的天真指导我说什么话吧！要是你肯娶我，我愿意做你的妻子；不然的话，我将到死都是你的婢女；你可以拒绝我做你的伴侣；但不论你愿意不愿意，我将是你的奴仆。

腓迪南 我最亲爱的爱人！我永远低首在你的面前。

米兰达 那么你是我的丈夫吗？

腓迪南 是的，我全心愿望着，如同受拘束的人愿望自由一样。握着我的手。

提泰妮娅
(《仲夏夜之梦》第二幕第二场)

提泰妮娅　来,跳一回舞,唱一曲神仙歌,然后在一分钟内余下的三分之一的时间里,大家散开去;有的去杀死麝香玫瑰嫩苞中的蛀虫;有的去和蝙蝠作战,剥下它们的翼革来为我的小妖儿们做外衣;剩下的去驱逐每夜啼叫、看见我们这些伶俐的小精灵们而惊骇的猫头鹰。现在唱歌给我催眠吧;唱罢之后,大家各做各的事,让我休息一会儿。

潘狄塔
(《冬天的故事》第四幕第三场)

潘狄塔　……把你们的花儿拿去了！我简直像他们在圣灵降临节扮演的牧歌戏里一样放肆了；一定是我这身衣服改变了我的性情。

弗罗利泽　无论你做什么事，总比已经做过的更为美妙。当你说话的时候，亲爱的，我希望你永远说下去。当你唱歌的时候，我希望你做买卖的时候也这样唱着，布施的时候也这样唱着，祈祷的时候也这样唱着，管理家政的时候也这样唱着。——当你跳舞的时候，我希望你是海中的一朵浪花，永远那么波动着，再不做别的事。你的每一个动作，在无论哪一点上都是那么特殊地美妙；每看到一件眼前的事，都会令人以为不会有更胜于此的了；在每项事情上你都是个女王。

伊莫琴

(《辛白林》第二幕第二场)

伊莫琴　神啊,我把自己托仗你们的保护,求你们不要用精灵鬼怪们扰乱我的梦魂!

(睡;阿埃基摩自箱中出)

阿埃基摩　蟋蟀们在歌唱,人们都在休息之中恢复他们疲劳的精神。我们的塔昆正是这样蹑手蹑脚,轻轻走到那被他毁坏了贞操的女郎的床前。维纳斯啊,你睡在床上的姿态是多么优美!鲜嫩的百合花,你比你的被褥更洁白!要是我能接触一下她的肌肤!要是我能够给她一个吻,仅仅一个吻!无比美艳的红玉,花工把它们安放得多么可爱!散布在室内的异香,是她樱唇中透露出来的气息。燃烛的火焰向她的脸上低俯,想要从她紧闭的眼睫之下窥视那收藏了的光辉……

朱利娅

（《维罗纳二绅士》第四幕第四场）

朱利娅　有几个女人愿意干这样一件差使？唉，可怜的普洛丢斯！你找到一头狐狸来替你牧羊了。唉，我才是个傻子！他那样厌弃我，我为什么要可怜他？他因为爱她，所以厌弃我；我因为爱他，所以不能不可怜他。这戒指是我们分别的时候我要他永远记得我而送给他的；现在我这不幸的使者却要替他求讨我所不愿意他得到的东西，转送我所不愿意送去的东西，称赞我所不愿意称赞的忠实。我真心爱着我的主人，可是我倘要尽忠于他，就只好不忠于自己。没有办法，我只能为他前去求爱，可是我要把这事情干得十分冷淡，天知道，我不愿他如愿以偿。

西尔维娅

(《维罗纳二绅士》第四幕第四场)

西尔维娅　听了你的话,我也要流起泪来了。孩子,为了你那好小姐的缘故,我给你这几个钱,因为你是爱他的。再见。

朱利娅　你要是认识她的话,她也会因您的善心而感谢您的。(西尔维娅及侍从下)她是一位贤淑美丽的贵家女子。她这样关切着朱利娅,看来我的主人向她求爱是没有多大希望的。唉,爱情是多么善于愚弄它自己!这一幅是她的画像,让我瞻仰一番。我想我要是也有这样一顶帽子,我的面庞和她的比起来,也是一样可爱;可是画师似乎是把她的美貌格外润色了几分,否则就是我自己太顾影自怜了。她的头发是赭色的,我的是纯粹的金黄;他如果就是为了这一点差别而爱她,那么我愿意装上一头假发。她的灰色的眼睛像水晶一样清澈,我的眼睛也是一样;可是我的额角比她高些。爱神倘不是盲目的,那么我有哪一点赶不上她?

希 罗
（《无事生非》第四幕第一场）

神父 小姐,他们说你跟什么人私通?

希罗 他们这样说我,他们一定知道;我可不知道。要是我违背了女孩儿家应守的礼法,跟任何不三不四的男人来往,那么让我的罪恶得不到宽恕吧!啊,父亲!您要是能够证明有哪个男人在可以引起嫌疑的时候里跟我谈过话,或者我在昨天晚上曾经跟别人交换过言语,那么请您斥逐我、痛恨我,用酷刑处死我吧!

贝特丽丝

(《无事生非》第三幕第一场)

希罗 可是造物造下的女人的心,没有一颗比得上像贝特丽丝那样骄傲冷酷的;轻蔑和讥嘲在她的眼睛里闪耀着,把她所看见的一切贬得一文不值。她因为自恃才情,所以什么都不放在她的眼睛里。她不会谈恋爱,也从不想到有恋爱这件事;她是太自命不凡了。

欧拉苏 真的,这种吹毛求疵可不敢恭维。

希罗 是呀。像贝特丽丝这样古怪得不近人情,真叫人不敢恭维。可是谁敢去对她这样说呢?要是我对她说了,她会把我讥笑得无地自容,用她的俏皮话儿把我揶揄死呢!所以还是让培尼狄克像一堆盖在灰里的火一样,在叹息中熄灭了他的生命的残焰吧;与其受人讥笑而死——这就像痒得要死那样难熬——还是不声不响地闷死了好。

海丽娜

(《终成眷属》第一幕第三场)

海丽娜　既然如此,我就当着上天和您的面跪下,承认我是爱着您的儿子,并且爱他胜过您,仅次于爱上天。我的亲友虽然贫寒,却都是正直的人;我的爱情也是一样。不要因此而恼怒,因为他被我所爱,对他并无损害;我并不用僭越名分的表示向他追求,在我不配得到他的眷爱以前,决不愿把他占有,虽然我不知道怎样才能配得上他。我知道我的爱是没有希望的徒劳,可是在这罗网一样千孔万眼的筛子里,依然把我如水的深情灌注下去,永远不感到干涸。我正像印度人一样虔信而执迷,我崇拜着太阳,它的光辉虽然也照到它的信徒身上,却根本不知道有这样一个人存在。最亲爱的夫人,不要因为我爱了您所爱的人而恨我……

西莉娅

（《皆大欢喜》第一幕第二场）

罗瑟琳 妹妹，从今以后我要高兴起来，想出一些消遣的法子。让我看，你想来一下恋爱怎样？

西莉娅 好的，不妨作为消遣。可是不要认真爱起人来；而且玩笑也不要开得过度，羞羞答答地脸红一下就算了，不要弄到丢了脸摆不脱身。

罗瑟琳 那么我们怎么消遣呢？

西莉娅 让我们坐下来嘲笑那位好管家太太命运之神，叫她羞得离开了纺车，免得她的赏赐老是不公平。

罗瑟琳 我希望你们能够这样做，因为她的恩典完全是滥给的。这位慷慨的瞎眼婆子在给女人赏赐的时候，尤其是乱来。

西莉娅 一点不错，因为她给了美貌，就不给贞洁；给了贞洁，就只给丑陋的相貌。

罗瑟琳

(《皆大欢喜》第三幕第二场)

西莉娅 你有没有听见这种诗句?

罗瑟琳 啊,是的,我都听见了。真是大块文章;有些诗句是要多出好几步,拖都拖不动。

西莉娅 那没有关系,步子可以拖着诗走。

罗瑟琳 不错,但是这些步子自己就不是四平八稳的,没有诗韵的帮助,简直寸步难行;所以只能勉强塞在那里。

西莉娅 但是你听见你的名字被人家悬挂起来,还刻在这种树上,不觉得奇怪吗?

罗瑟琳 人家说一件奇事过去九天便不足为奇;在你没有来之前,我已经过了第七天了。瞧,这是我在一株棕榈树上找到的。自毕达哥拉斯的时候以来,我从不曾被人用诗句咒过;那时我是一只爱尔兰的老鼠,现在简直记也记不起来了。

奥丽维娅

(《第十二夜》第一幕第五场)

薇奥拉　好小姐,让我瞧瞧您的脸。

奥丽维娅　贵主人有什么事要差你来跟我的脸接洽吗?你现在岔开正文了;可是我们不妨拉开幕儿,让你看看这幅画。(揭开面幕)你瞧,先生,我就是这个样子;它不是画得很好吗?

薇奥拉　要是一切都出于上帝的手,那真是绝妙之笔。

奥丽维娅　它的色彩很耐久,受得起风霜的侵蚀。

薇奥拉　那真是各种色彩精妙地调和而成的美貌;那红红的白白的是造化亲自用他的可爱的巧手敷上去的。小姐,您是世上最忍心的女人,要是您甘心让这种美埋没在坟墓里,不给世间留下一份副本。

薇奥拉

（《第十二夜》第二幕第四场）

薇奥拉　我的父亲有一个女儿,她爱上了一个男人,正像假如我是个女人也许会爱上了殿下您一样。

公爵　她的历史怎样?

薇奥拉　一片空白而已,殿下。她从来不向人诉说她的爱情,让隐藏在内心中的抑郁像蓓蕾中的蛀虫一样,侵蚀着她的绯红的脸颊;她因相思而憔悴,疾病和忧愁折磨着她,像是墓碑上刻着的"忍耐"的化身,默坐着向悲哀微笑。这不是真的爱情吗?我们男人也许更多话,更会发誓。可是我们表示的,总多于我们所决心实行的;不论我们怎样山盟海誓,我们的爱情总不过如此。

公爵　但是你的姐姐有没有殉情而死,我的孩子?

薇奥拉　我父亲的女儿只有我一个,儿子也只有我一个——

玛利娅
（《第十二夜》第一幕第三场）

安德鲁　……好小姐，你以为你手边是些傻瓜吗？
玛利娅　大人，可是我还不曾跟您握手呢。
安德鲁　那很好办，让我们握手。
玛利娅　好了，大人。思想是无拘无束的。请您把这只手带到卖酒的柜台那里去，让它喝两盅吧。
安德鲁　这怎么讲，好人儿？你在打什么比方？
玛利娅　我是说它怪没劲的。

依莎贝拉

(《一报还一报》第二幕第四场)

安哲鲁 我现在要这样问你,你的兄弟已经难逃一死,可是假使有这样一条出路——其实无论这个或任何其他做法,当然都不可能,这只是为了抽象地说明问题——假使你,他的姊姊,给一个人爱上了,他可以授意法官,或者运用他自己的权力,把你的兄弟从森严的法网中解救出来,唯一的条件是你必须把你肉体上最宝贵的一部分献给此人,不然他就得送命,那么你预备怎样?

依莎贝拉 为了我可怜的弟弟,也为了我自己,我宁愿接受死刑的宣判,让无情的皮鞭在我身上留下斑斑血迹,我会把它当作鲜明的红玉;即使把我粉身碎骨,我也会从容就死,像一个疲倦的旅人奔赴他渴慕的安息,我却不让我的身体蒙上羞辱。

法国公主
(《爱的徒劳》第四幕第一场)

考斯塔德　列位好！请问这儿哪一位是头儿脑儿小姐？

公主　朋友，你只要看别人都是没有头颅脑袋的，就知道哪一个是她了。

考斯塔德　哪一位小姐是顶大顶高的？

公主　她就是顶胖的顶长的一个。

考斯塔德　顶胖的顶长的！对了，一点没错儿。小姐，要是您的腰身跟我的心眼儿一样细，您就可以套得上这几位小姐们的腰带。您不是她们的首领吗？您在这儿是顶胖的一个。

住持尼

（《错误的喜剧》第五幕第一场）

住持尼　所以他才疯了。妒妇的长舌比疯狗的牙齿更毒。他因为听了你的詈骂而失眠，所以他的头脑才会发昏。你说你在吃饭的时候，也要让他饱听你的教训，所以害得他消化不良，郁积成病。这种病发作起来，和疯狂有什么两样呢？你说他在游戏的时候，也因为你的诮呵而打断了兴致。一个人既然找不到慰情的消遣，他自然要闷闷不乐，心灰意懒，百病丛生了。吃饭游戏休息都要受到烦扰，无论是人是畜生都会因此而发疯。你的丈夫是因为你的多疑善妒，才丧失了理智的。

培琪大娘

(《温莎的风流娘儿们》第二幕第二场)

桂嫂 那真是笑话了!她们怎么会这样不怕羞把这种事情告诉人呢?要是真有那样的事,才笑死人哩!可是培琪娘子要请您把您那个小童儿送给她,因为她的丈夫很喜欢那个小厮;天地良心,培琪大爷是个好人。在温莎地方,谁也不及培琪大娘那样享福啦;她要做什么,就做什么,爱说什么,就说什么,要什么有什么,不愁吃,不愁穿,高兴睡就睡,高兴起来就起来,什么都称她的心;可是天地良心,也是她自己做人好,才会有这样的好福气。在温莎地方,她是位心肠再好不过的娘子了。您千万要把您那童儿送给她,谁都不能不依她。

福德大娘

（《温莎的风流娘儿们》第一幕第三场）

福斯塔夫 休得取笑，毕斯托尔！我这腰身的确在两码左右，可是谁跟你谈我的大腰身来着，我倒是想谈谈人家的小腰身呢。——这一回，我谈的是进账，不是出账。说得干脆些，我想去吊福德老婆的膀子，我觉得她对我很有几分意思；她跟我讲话的那种口气，她向我卖弄风情的那种姿势，还有她那一瞟一瞟的脉脉含情的眼光，都好像在说："我的心是福斯塔夫爵士的。"

安·培琪

(《温莎的风流娘儿们》第一幕第一场)

安 世兄,您也请进吧。

斯兰德 不,谢谢您,真的,托福托福。

安 大家都在等着您哪。

斯兰德 我不饿,我真的谢谢您。喂,你虽然是我的跟班,还是进去侍候我的夏禄叔叔吧。(辛普儿下)一个治安法官有时也要仰仗他的朋友,借他的跟班来侍候自己。现在家母还没有死,我随身只有三个跟班一个童儿,可是这算得上什么呢?我的生活还是过得一点也不舒服。

安 您要是不进去,那么我也不能进去了;他们都要等您到了才坐下来呢。

凯瑟丽娜
（《驯悍记》第二幕第一场）

彼特鲁乔　有劳您去叫她出来吧，我就在这儿等她。等她来了我要提起精神向她求婚：要是她开口骂人，我就对她说她唱的歌儿像夜莺一样曼妙；要是她向我皱眉头，我就说她看上去像浴着朝露的玫瑰一样清丽；要是她默默不作声，我就恭维她的多言善辩；要是她叫我滚蛋，我就向她道谢，好像她留我多住一星期一样；要是她愿意嫁给我，我就向她请问吉期。她已经来啦，彼特鲁乔，现在要看你的本领了。早安，凯德，我听说这是你的小名。

凯瑟丽娜　算你生着耳朵会听，可是这名字会刺痛你的耳朵的。人家提起我的时候，都叫我凯瑟丽娜。

彼特鲁乔　你骗我，你的名字就叫凯德，你是可爱的凯德，人家有时候也叫你泼妇凯德……

喜 剧(之二)

在这本画廊的几页开场白里,我谈到莎士比亚在英国和德国的声誉怎样流传开来,谈到他的作品在那两个国家怎样获得了理解。至于罗曼语系的国家,可惜我提不出那样令人高兴的报道;在西班牙我们诗人的名字至今还完全不为人所知晓;意大利也许是存心忽视他,以防阿尔卑斯山那边的竞争者破坏了本国的伟大诗人们的令名;而法国,传统趣味和优雅格调的故乡,长久以来就认为,把这个伟大的不列颠人称之为天才的蛮子,尽可能不挖苦他的粗野,就算很对得起他了。但是,这个国家所经历的政治革命,还引起了一场文学革命,其恐怖程度也许超过了前者,莎士比亚适逢其会被抬了出来。当然,正如在他们的政治性的革命尝试中一样,法国人在他们的文学革命中也很少是完全诚实的;正如在政治上一样,他们在文学上吹捧某一个英雄,也不是出于他真正的内在的价值,而是因为他们自己通过这样的吹捧可以获得眼前利益;因此,他们往往今天把一个人捧上天,明天就把他摔下地,或者相反。莎士比亚十年来在法国就是那些坚持文学革命的党派们盲目崇拜的对象。但是,他在这些活动人物中间,究竟是否获得真正的出自内心的承认,甚或是否获得正确的理解,是大成问题的。法国人大都是他们妈妈的乖孩子,他们随着母乳吸取了太多的社会谎言,以致对于这位每个字都呼吸着自然真实的诗人,他们并不能有太多的欣赏,甚至不能理解他。他们的作家近年来当然也在极力追求这样一种自然性；他们仿佛绝望地把传统服装从身上撕脱,露出极端可怕的赤身裸体来……但是,始终留在他们身上的任何一点时髦碎片,却提示了矫揉造作的传家风格,不禁使德国观众微微一笑。这些作家总使我想起某本小说上的铜版插图,上面画着十八世纪猥亵的爱情场景,虽然绅士和淑女都像天使一样光着身子,但男的还带着假发,女的还留着宝塔发型,穿着高跟鞋呢。

不是通过直接的评论,而是间接地通过多少模仿莎士比亚的戏剧创作,法国人才得以对伟大的诗人有所了解。作为这样一位介绍人,维克多·雨果是特别值得赞扬的。我这样说,决不想按照一般的意义,把他看作这位不列颠人的单纯模仿者。维克多·雨果是第一流的伟大天才,他的奇拔和创造力是令人惊叹的；他有形象,他有语言；他是法国最伟大的诗人；但是他的飞马对于当代汹涌潮流却怀着病态的情意,它不愿走向以清新潮水反照日光的水源……宁愿为了解渴而往过去的废墟中找寻那个湮没无闻的源流,那正是莎士比亚的高头飞马一度舒缓过它的难解之渴的地方。由于那个古老的源流半被堵塞,充满污泥,不再提供一点清泉:一句话,维克多·雨果的戏剧诗包含更多的污泥,而没有古英国希波克伦[168]的助兴的精神,它们缺乏酣畅的明净和和谐的健康……我们必须承认,我有时有这样一个可怕的想法,认为这个维克多·雨果是一个伊丽莎白盛世的英国诗人的鬼魂,一个死诗人,他怒气冲冲地从坟墓里爬出来,正为了在另一个国度,另一个时代,可以避免与伟大的威廉竞争,去写一些遗作。事实上,维克多·雨果使我想起马尔洛、德克尔、海伍德等人,他们在语言和风度上同那个伟大的同时代人十分相似,唯独缺乏他的慧眼和美感,他的雄壮的微讽的优雅,他的启示性的天职……唉！在雨果身上,除了马尔洛、德克尔和海伍德等人的缺陷外,还要加上最糟糕的致命伤:他缺乏生命。那些人病于沸腾的丰盛,病于最狂烈的冲血,他们的诗作是写出来的呼吸、欢叫和悲泣；但是维克多·雨果,尽管我对他十分崇敬,我不得不承认,他身上总有些死去的阴惨的、鬼魂似的气味,从坟墓里爬出来的吸血鬼的气味……他在我们心中没有唤起灵感,它把它吸完了……他不是用诗意的神化调和我们的情感,而是用令人恶心的谑画吓住了它……他病于死亡和丑恶。

一位同我非常亲近的年轻夫人,最近以十分中肯的言语谈到雨果的缪斯的这种丑恶癖。她说:"雨果的缪斯令我想起那位古怪公主的童话,她只愿嫁给最丑陋的男人,因此便在全国发布告示,命令所有畸形小伙子作为招婚对象于某日聚集在她的宫门口……那一天来了各种各样的丑八怪,人们相信可以在这里遇见雨果作品中的人物……果然,卡齐莫多把新娘引回家了。"

在维克多·雨果之后,我要再提一下亚历山大·仲马;他也间接地为法国人理解莎士比亚做了准备。如果说,雨果通过对丑恶的夸张,使法国人习惯于在戏剧中不仅寻求激情的刻意装扮,那么仲马则使得他的同胞十分满意于激情的自然流露。对于他来说,激情是至高无上的,在他的作品中激情篡夺了诗的位置。当然,他因此在舞台上产生了更大的效果。他使观众在这方面,即在激情的表述方面,习惯于莎士比亚的豪放作风;谁要是欣赏《亨利三世》和《理查·达林顿》,他就不会抱怨《奥赛罗》和《理查三世》索然无味了。人们一度指责他剽窃,这种说法又愚蠢又不公正。当然,仲马在他的激情场面中多少从莎士比亚有所借用,但是我们的席勒这一手干得比他更大胆,却没有因此招到非议。甚至莎士比亚本人,又何尝没有借助于他的前人呢!连这位诗人也碰到这样的情况:一位乖张的小册子作者[169]硬说他的剧中的精华都是从过去的作家那里偷来的。莎士比亚处于这个狼狈境地,竟被称为一只用孔雀羽毛装扮自己的乌鸦。阿芬河上的天鹅却沉默着,可能以他绝妙的慧心在想:"我既非乌鸦,亦非孔雀!"它无忧无虑地漂浮在蓝色的诗涛之上,有时微笑着仰望繁星,那天空的金色的思想。

这里同样应当提到阿尔芙雷·德·维尼伯爵[170]。这位精通英语的作家十分深入地研究了莎士比亚的作品,非常出色地翻译了其中若干部，而这种研究反过来对他的原作产生了有利的影响。根据从维尼伯爵身上一定看得到的那种眼明耳快的艺术感，我们可以肯定：他比他的大多数同胞更深刻地倾听了和观察了莎士比亚的精神。但是，这个人的才能正如他的思维方式和感觉方式一样，以优雅与纤巧为风范，他的作品由于精雕细琢而特别可贵。所以，我不免想到，他站在莎士比亚的那种仿佛用最巨大的诗的花岗岩砍成的壮美面前，有时是会目瞪口呆的……他怀着胆怯的羡慕心情仰望着那种美，就像一个金饰匠在佛罗伦萨凝视浸礼教堂的那两扇宏伟的大门一样，那两扇大门是用一种金属铸成的，但是那么优美可爱，仿佛是雕镂出来的，看起来就像最纤细的珠宝首饰一样。

　　如果说，要法国人理解莎士比亚的悲剧，已经是够难的了，那么要他们理解他的喜剧，就几乎根本办不到。激情的诗对于他们是容易懂的；性格刻画的真实性，他们也略知一二，因为他们的心已经学会燃烧，激昂慷慨正是他们的行为，他们凭借分析的悟性懂得把每一个既定性格解剖出最细微的成分，懂得推断他每次同一定的客观现实相冲突时，将陷入什么样的状态。但是，在莎士比亚喜剧的魔宫里，他们所有的这些经验知识就无能为力了。他们的悟性一到大门口就驻足不前，他们的心茫然不知所措，他们缺少那支只消一点就把迷宫炸开的神秘的魔杖。这时他们以惊异的眼光从黄金的栅栏望过去，看见骑士和贵妇、牧人和牧女、傻瓜和智者在大树下徜徉，看见爱侣们躺在浓荫下面相互说着情话，看见时不时有一只怪兽（大概是一只银角鹿）跑过去，或者一只羞怯的独角兽从丛林里跳来，将头偎依在美丽少女的膝上……他们还看见披着绿发和闪光的面纱的水妖从溪流中冉冉浮现，看见月亮突然升起……他们然后听见夜莺在歌唱……他们于是晃动着聪明的小脑袋，来琢磨这件不可理解的滑稽事儿！是的，法国人总能够理解太阳，但理解不了月亮，而且一点也不懂夜莺的幸福的啜泣和忧郁的沉醉的鸣啭……

　　法国人如果想解释他们在莎士比亚喜剧迷宫中所看到和听到的

耀眼的现象和悦耳的声音，那么，他们凭借经验对于人的激情的感知和他们的实证的世故都是无济于事的……他们有时相信看见一张人脸，但走近一看，却是一片风景，他们当作眉毛的，原来是一株榛树，而鼻子则是一块岩石，嘴巴则是一道小泉水，正像我们在大家知道的谜画上所看到的一样……相反，被可怜的法国人看作是一株奇形怪状的树或者一块怪石的东西，仔细端详一下，却原来是一张真正的表情异常的人脸。要是他们能够高度运用听觉，偷听到躺在树荫下面的情侣们的喁喁私语，他们就会陷入更大的狼狈境地……他们听见大家都知道的一些话，但这些话却有一种完全不同的意义，于是他们认为，这些人根本不懂炽烈的情热，不懂伟大的激情。说他们互敬的点心，乃是俏皮的冰水，而不是火热的春药……他们没有发觉，这些人不过是些打扮起来的禽鸟，用一种人们只有在梦中或童年才学得到的行话交谈着……但是，对于伫立在莎士比亚喜剧的栅栏门外的法国人，最糟糕的莫过于有时一阵轻快的西风吹过了那个迷宫的花坛，给他们的鼻子扑来一阵闻所未闻的异香……"这是什么啊？"

　　为了公正的缘故，我有必要在这里提到一位法国作家，他相当聪明地模仿了莎士比亚的喜剧，从他挑选范本的眼力来看，证实了他对于真正的诗有一种罕见的敏感。他就是阿尔弗雷·德·缪塞[171]。他大约五年以前写了几个小剧，就其结构和方式而论，完全是莎士比亚喜剧的翻版。他特别以法国人的轻佻态度采用了莎士比亚喜剧中常见的随想（不是幽默）。在这几本精巧的小作品中，倒也不乏若干非常纤细但却检验合格的诗意。不过令人遗憾的是，那位当时年轻的作者除了读过莎士比亚的法译本外，还读过拜伦的法译本，因此被引诱穿上那位患忧郁症的英国爵士的衣装，矫揉造作地模仿当时在巴黎青年中间流行的那种厌世倦生的腔调。满面玫瑰色的娃娃家，身强力壮的黄口小儿，当时居然宣称他们享受人生的能力已经衰竭，他们装出一副情感已入暮年的冷漠态度，摆出了一个一蹶不振、万念俱灰的模样。

　　后来，我们可怜的缪塞先生当然是迷途知返了，他不再在诗作中玩弄那种腻烦一切的老调——可是，唉！他的诗作现在所包含的，虽不是那种做作的一蹶不振，却是一种真正的身心衰竭的更加令人沮丧的痕迹……唉！这位作家使我想起了十八世纪宫廷花园里经常建造的那些人工废墟，想起了那些出于孩子气的戏作，它们随着时光的流逝，果真经过风吹雨打之后，便逐渐倾圮，变成了真正的废墟，这时便不得不引起我们无限伤感的同情了。

　　法国人如前所说，简直不能理解莎士比亚喜剧的精神，在他们的批评家中间除了一个例外，我找不出任何一个对这种罕见的精神具有哪怕一点点预感。那个例外是谁呢？他是谁呢？古茨诃说过，大象是兽群中的理论家。而且一只这样聪明的非常笨重的大象，最敏锐地领悟了莎士比亚喜剧的本质。的确，人们简直难以相信，为现代缪斯那些优美的放浪不羁的幻影写出最好的评论文章的，竟是基佐先生[172]；为了便于读者欣赏并有所收益，我且从一八二二年在巴黎由拉德沃卡出版的标题为《论莎士比亚并论戏剧诗》的一篇论文中翻译出一段来。

　　"莎士比亚的那些喜剧既不像莫里哀的喜剧，也不像阿里斯托芬或罗马人的喜剧。在古希腊以及近代法国的剧作家笔下，喜剧是通过虽然随意但却仔细地观察真实的现实生活而产生的，把这种现实生活搬上舞台乃是他们的任务。喜剧和悲剧有所区分，人们在艺术的开端就已发现；随着艺术的形成，两者的差别就越来越明显了。这种差别的根源在于事物的本身。人的命运和天性，他的激情以及业务、性格和事端，即我们身上和周围的一切，既有严肃的一面，也有滑稽的一面，既可以从一个角度，也可以从另一个角度来观察和表现。人和世界的这种两面性为戏剧诗指出了两种性质不同的轨道；但是，不论艺术挑选哪一种轨道作为竞技场，它总不外乎是对现实的观察和表现。阿里斯托芬可以运用无拘无束的想象自由鞭挞雅典人的恶德和愚行；莫里哀可以痛斥轻信、悭吝、妒嫉、迂腐、贵族的傲慢、市民的虚荣以及德行本身等弱点——原因是，两位诗人处理完全不同的题材，一个把整个人生和整个民族搬上了舞台，而另一个却将私人生活事件、家庭的内幕和个人的笑料搬上了舞台。喜剧题材的这些差异乃是时间、地点和文明的差异的结果……但是，对于阿里斯托芬也罢，对于莫里哀也罢，现实生活、真实的世界永远是他们的艺术表现的基础。点燃并维持他们创作情趣的，乃是他们世纪的风尚和思想，他们同胞的恶德和愚行，总而言之，乃是人的天性和生活。因此，喜剧来源于诗人周围的世界，而且它比悲剧更其密切地接近现实世界的外相……

"莎士比亚却不然。在他那个时代的英国，戏剧艺术的素材，人的天性和才干，还没有从艺术的手中获得那种区分和类别。当诗人想把这种素材加工上演时，他是整个地采用这个素材，连同其中包含的所有混合物和对立物，而观众的趣味也决不至于试图抱怨这样一种做法。滑稽可笑，人的现实的这一部分，可以安排在眼前真实所要求或容忍的任何地方；而像这样把滑稽可笑同悲剧连在一起，又丝毫无损于悲剧的真实性，这正完全符合那种英国文明的特性。舞台的状况和观众的口味既然如此，那么真正的喜剧又是个什么样子呢？它又怎样才能成为一个特殊的剧种，并获得'喜剧'这个特定的名称呢？要做到这一点，它只有摆脱那些既不维护、也不承认其天然领域界限的现实。这种喜剧不再局限于表现特定的风尚和已经完成的性格；它不再试图描绘以一种虽然可笑但却真实的形态出现的人和事，而将成为一种幻想的浪漫的精神创作，一种庇护所有那些令人欢快的荒诞事物的场所——想象力由于懒惰或者任性，只用一根细线把那些荒诞事物缝缀在一起，以便形成五彩缤纷的一团，使我们不经过理性的检验，而感到愉悦和兴味。优雅的画面，意外的惊讶，明朗的诡计，被激起的好奇心，被欺骗的期待，以假乱真，乔装完成的机智使命——这就是那些无害的、轻易地混在一起的戏剧的素材。使英国人开始感到兴趣的西班牙剧本的剧情关连，为这些戏剧提供了各种各样的范围和模式，这些范围和模式同样非常适用于那些编年史和谣曲，适用于那些同骑士小说一起为读者所喜爱的法国和意大利的中篇小说。不难理解，这个丰富的宝藏和这个轻松的剧种早就引起了莎士比亚的注意！也不足为怪,他年轻的灿烂的想象力乐于在那些素材中间流连忘返,它在那里没有严酷的理性桎梏,可以利用或然性,创造一切可能的诚挚而强大的效果。这位诗人,他的精神和双手同样无休止地活动着,他的手稿几乎没有一点修改的痕迹,他肯定是以非凡的兴味献身于那些无拘无束、不可思议的剧作,他在那些剧作中可以毫不费力地发挥他所有各种各样的才能。他能够把一切倾注到他的喜剧中去,而事实上,他倾注一切,却除开了与这样一个体裁完全不相容的东西,即那种合乎逻辑的剧情关连,那种关连法使剧本的每一部分服从于整体的目的,并在每一细节上表明作品的深刻、伟大和统一。在莎士比亚的悲剧中,很难找到一种构想,一种情境,一种激情行为,一种罪恶或德行,是他的某一喜剧所没有的;但是,在悲剧中那向无底深渊伸延的一切,那以震撼人心的结论显得可怕的一切,那严格地适应于一系列因果中的一切,在喜剧中却几乎没有出现,只是为了取得转瞬即逝的效果,为了同样迅速地消失于一种新的剧情关连,那一切才仅仅刹那间显露了一下。"

事实上,那只大象说得对:莎士比亚的喜剧本质上就像那只飘荡在花朵之间、很少触及现实的地面、变幻无常的花蝴蝶。只有拿来同古人和法国人的写实主义喜剧相比较,才可以对莎士比亚的喜剧谈出一点确定的意见来。

我昨晚久久思量,我究竟能不能对这个无穷无尽的体裁,对莎士比亚的喜剧作出一个正面的阐明。长久的左思右想之后,我终于入睡了,我梦见,星光灿烂的夜晚,我驾着一叶扁舟,泛游在一个广阔的、广阔的湖面上,有各色各样的小艇,载满了假面人、音乐师和火炬,鸣奏着,辉耀着,时而近,时而远,从我面前划过。那里闪现出各个时代和各个国家的服装:古希腊的战袍、中世纪的骑士大氅、东方的头巾、飘着饰带的牧羊人的帽子、野兽和家畜的面具……有时一个熟悉的身影向我招呼……有时一个亲昵的曲调向我问好……但这总是很快地过去了,我正倾听从一只滑过来的小艇上向我欢呼的快乐调子的声音,它一会儿就消逝了,代替快活的提琴,另一只小艇的忧郁的号角在我身旁长叹起来……夜风偶尔把这两者同时吹进我的耳朵,于是这混合的声音构成了一种极乐的和谐……湖水闻所未闻地琤琤作响,在火炬的奇妙的反照中燃烧着,而飘着彩旒的画舫,连同它浪漫的假面世界,在光辉和音乐中飘荡着……一个娇美的妇女身影,站在一只小艇的舵旁,在划过去的时候冲我喊道:"我的朋友,你想要一个关于莎士比亚喜剧的定义吗?"我不知道我是否作了肯定的回答,但记得美妇人同时把她的手浸到水里,拿叮叮当当的火花洒我一脸,于是引起轰然一阵大笑,我醒过来了。

梦里那样向我招呼的那个可人的妇女身影是谁呢?她美到极点的头部,戴着一顶斑驳的长角的系铃帽,一件白色的有飘带的锦衣裹着那简直太纤细的肢体,胸口还佩着一枝鲜红的蓟。也许就是调皮女神,那古怪的缪斯吧,她出席了罗瑟琳、贝特丽丝、提泰妮娅、薇奥拉[173]以及——按照她们另外的称法——莎士比亚喜剧的一切可爱的孩子们的诞生,并且吻过了她们的前额。她大概把她所有的狂猖、奇想、怪癖都吻进了那些年轻的小脑袋,一直影响到她们的心灵。在莎士比亚喜剧中的女人身上,如像在男人身上一样,激情完全没有显现在悲剧中的那种可怕的严肃,那种宿命论的必然性。爱神在那里诚然同样给蒙上了一道绷带,背上挂着一个盛箭的箭袋。但是,这些箭在那里尽装上一些彩色的羽毛,而不是致命的尖头,而那小神儿有时便狡猾地从绷带下面溜走了。火焰在那里也只是发着光,而不是在燃烧,但火焰毕竟总是火焰;正如在莎士比亚悲剧中一样,在他的喜剧中爱情也完全具有真实的性格。是的,真实永远是莎士比亚的爱情的标志,无论她化身为什么形象,她可以叫米兰达,或者叫朱丽叶,或者甚至叫克莉奥佩特拉。

当我偶然地而不是故意地一起提到这些名字的时候,我是想指出,它们正标志着三种非常重要的爱情典型。米兰达是这样一种爱情的代表,它能够在历史影响之外,展现出她至高的理想美,恰似开在只有仙履漫踏的一尘不染的土壤上的花朵。爱丽儿的旋律构成了她的心灵,感性世界在她看来,不过是一个凯列班的丑得怕人的形象。腓迪南在她身上激起的爱情,因此原本不是质朴的,而是具有仙界的纯真,洪荒时代的几乎令人惊愕的洁净。朱丽叶的爱情则如她的时代和环境一样,带有中世纪一种更其浪漫的、已经迎着文艺复兴盛开的性格;她色彩绚烂有如斯卡利格尔[174]的宫廷,同时也坚强得像那些龙巴狄[175]的贵族,他们因日耳曼的血液而返老还童,爱得有力,也恨得有力。朱丽叶代表一个青春的、还有几分粗野,但却未曾破坏的、健康的时代的爱情。她完全渗透了这样一个时代的情热和确信,连墓茔的冷霉也不能动摇她的信念,也不能熄灭她的火焰。至于我们的克莉奥佩特拉,唉!她却代表一个衰微的文明时代的爱情,那个时代——它的美已然萎谢,它的卷发尽管卷得精巧之至,涂得芬芳之极,但还是给搀进了不少的灰丝;那个时代——它要赶紧干掉那快要干涸的圣餐杯。这种爱情没有信任,没有忠诚,因此反倒更加放荡,更加炽烈。

这焦躁的女人恼恨地意识到这种欲火不能熄灭,于是火上浇油,闹酒似的投身到熊熊的火焰之中去了。她是胆怯的,但却为奇怪的破坏欲所驱策。这种爱情永远是一种热昏,或多或少是美丽的;但在这个埃及女王身上,它却上升为令人胆寒的疯狂……这种爱情是一颗狂奔的彗星,它带着光焰的尾巴,混乱地旋转着冲向太空,如果不会毁掉,也会骇走它路上的一切星体,最后便悲惨地粉碎,一团烟火似的迸为千万粒火花。

是的,你好比可怕的彗星,美丽的克莉奥佩特拉,你不但烧毁了你自己,而且你还意味着你的同代人的不幸……同安东尼一起,古老英雄的罗马人也得到一个可悲叹的结局。

但我拿什么同你们相比呢,朱丽叶和米兰达?我再一次仰望天空,想寻找你们的肖像。它们也许就在我的目光所不能穿透的星体后面。假如炽烈的太阳也有月亮的柔和,那我就能拿它同你相比啊,朱丽叶!假如柔和的月亮同时赋有太阳的炽烈,那我就会拿它来比你啊,米兰达!

第一部分注释

〔1〕 这篇文章全文是作者应巴黎出版商德洛耶之约,为一本在巴黎和莱比锡出版的英国画册所写的解说。这本画册包括了英国著名画家为莎士比亚戏剧中的妇女形象所作的四十五幅铜雕画像,题名为《莎士比亚笔下的少女和妇人(亨利希·海涅解说)》(1839)。译者早期中译(摘译,译名刘半九)《莎士比亚的少女和妇人》刊于《古典文艺理论译丛》(第九册,人民文学出版社1964年版);完整中译收入《海涅选集》(第一卷,人民文学出版社1985年版)及《海涅文集》(第五卷,陕西人民出版社2001年版)。二〇〇七年上海文艺出版社收入"插图经典译丛"。本卷取自陕西版,参阅了上海版。

〔2〕 汉蒙尼亚,汉堡的拉丁文名称,原指汉堡的守护女神。

〔3〕 借用歌德语。歌德在他的《诗与真》中称一切真正的诗为"人间福音"。

〔4〕 英语,莎士比亚的故乡,可译作"艾汶河畔斯特拉福镇"。英国人常写作 Stratford – on – Avon。

〔5〕 伯利恒,耶稣的降生地。

〔6〕 英语:快乐的英格兰。

〔7〕 伊丽莎白女王在位期间为一五五八年至一六〇三年;雅各布王(詹姆士一世)在位期间为一六〇三年至一六二五年。

〔8〕 查理一世,于一六四九年为资产阶级革命法庭判处死刑。

〔9〕 威廉·普利因(1600—1669),英国清教徒作家,一六三三年在伦敦出版小册子 Histrio – Mastix(或曰《优伶酷评》),攻击剧院和演员。

〔10〕 指感觉论和唯灵论。

〔11〕 阿波罗,系希腊神话中宙斯之子,司掌日轮、音乐、诗歌、医疗、预言之神。

〔12〕 天主教耶稣会所编《圣徒言行录》。

〔13〕 拿撒勒为耶稣故乡;拿撒勒人转义为基督教徒。

〔14〕 参阅作者的《论法国舞台》一文。

〔15〕 澳洲东岸的一个小岛,罪犯流放地。

〔16〕 英文:狮子。不列颠帝国国徽的象征。

〔17〕 英文:伦敦塔的卫士。

〔18〕 英文:城堡。此处指伦敦塔,古时囚禁高级政治犯处。

〔19〕 《理查三世》,第四幕,第三场。

〔20〕 伦敦古老的哥特式建筑的教堂,国王、国家要人、文豪、诗人国葬处。

〔21〕 指一四五五年至一四八五年英国为争夺王位开战的两个贵族集团的成员,即以白玫瑰为族徽的兰开斯特王室和以红玫瑰为族徽的约克王室。"玫瑰战争"摧毁了古代英国封建贵族统治的基础,为英国资产阶级开辟了发展道路。

〔22〕 伦敦最老的剧院,建于一六六三年。

〔23〕 艾德蒙·济恒(1787—1835),英国著名演员。

〔24〕 英文:马!马!我的王国换一匹马!(《理查三世》,第五幕,第四场)

〔25〕 英文:《伦敦指南》。

〔26〕 伦敦威斯敏区的一个古宫遗址,后为法院所在地。

〔27〕 法文:场次的连接。

〔28〕 希腊神话中的悲剧女神。

〔29〕 希腊神话中的历史女神。

〔30〕 原文为 Schädelstätte,指耶稣受难地(Golgatha),此处暗讽黑格尔《精神现象学》的结束语。

〔31〕 《哈姆莱特》,第三幕,第二场。海涅所引德文译句("das Wesen und der Körpe, velschollener Zeiten"),与原文("……the very age and body of the time……")及前后文在含义上略有出入。

〔32〕 蒂特里希·格拉贝(1801—1836),德国剧评家,力图恢复"狂飙"传统,在《关于莎士比亚迷》一文中,称莎士比亚的历史剧为"打扮成诗的史记"。

〔33〕 homöopathish,原义近乎"以毒攻毒"。作者借喻莎剧人物作为"人类"的形象,能够寓伟大于渺小中。

〔34〕 《哈姆莱特》,第三幕,第二场。

〔35〕 海涅为了赞扬诗人的作用,强调诗人道路的特殊性,认为诗人在认识

世界并同它发生实践联系之前,就已经在自己的意识中预感到各种历史的和生活的经验,因此不受任何外在教条的约束。这个唯心主义观念反映了德国浪漫派(特别是诺瓦利斯)对于海涅的消极影响。事实上,海涅本人的例子就直接地违反了这个观念,因为他自己就接受了人类丰富文化的熏陶,并且积极研究过当代的历史经验。

〔36〕 "坐在羊毛里过日子",德国谚语,意即养尊处优。"叫喊多而羊毛少",欧洲谚语,相当于汉语中的"雷声大,雨点小""只听楼板响,不见人下楼"等。

〔37〕 威廉·黑兹利特(1788—1830),英国批评家、文学史家,著有《莎士比亚戏剧人物论》(1817)。

〔38〕 莎士比亚戏剧中几个历史上和地理上的不确切处,经常受到一些英国资产阶级文学史家们的指责,但关于这几个问题,在其他文学史家和批评家们中间,也有着不同的看法。在《科奥兰纳斯》(第二幕第一场)和《裘利斯·凯撒》(第一幕第一场)中提到过"帽子",原文为 cap。此字来源于拉丁字 cappa,在罗马人的用法中,作"斗篷"解。cap 作"妇女室内头巾""男子外出便帽"解,是后来英国人的用法。《冬天的故事》第三幕第三场的地点是"波希米亚,沿岸荒乡"。与莎士比亚同时的英国剧作家本·仲孙(1572—1637)最先指出,"莎士比亚缺少艺术,有时缺少常识,因为他在一个剧本中让一群人出场谈到在波希米亚翻船,而波希米亚离海岸约有一百哩之遥"。这一指责此后为其他批评家一再征引。在《特洛埃勒斯与克蕾雪达》第二幕第二场中,赫克脱说过"……正像亚里士多德所说的那种不适宜于听讲道德哲学的年轻人一样"。本剧情节发生时间为公元前十二世纪的特洛伊战争期间,而亚里士多德的生卒年代为公元前三八四年至前三二二年。

〔39〕 拉丁文学位名称,相当于德国的"博士",一般作"硕士"。

〔40〕 狄德罗(1713—1784),法国著名启蒙学者,"百科全书派"领袖。伯尔内(1786—1837),"青年德意志派"主要作家,小资产阶级激进主义者,晚年信奉宗教。

〔41〕 莱辛(1729-1781),德国十八世纪资产阶级启蒙运动文学的杰出代表,他在《第十七封文学通信》《汉堡剧评》等文中盛赞莎士比亚。

〔42〕 哥特舍德(1700—1766),德国作家兼批评家,法国"正规"悲剧的赞助者;他的妻子女作家路易丝,在自己的作品里拥护他的文学观点。

〔43〕 维兰德(1733—1813),德国诗人,小说家,受伏尔泰和卢梭的影响,写

过教育小说《阿迦通》,诗体哲学小说《穆札利翁》等,并用散文体译过莎士比亚的戏剧。

〔44〕 意大利文,原指古代为贵妇人服务的骑士,今泛指向某女人献殷勤的男子。

〔45〕 赫尔德(1744—1803),德国作家,批评家,诗人,著有《莎士比亚论》(1773)。

〔46〕 歌德的早期作品《葛慈·封·伯利欣根》以莎士比亚为榜样,故意违反三一律。

〔47〕 奥古斯特·威廉·封·施莱格尔(1767—1845),蒂克(1773—1853),德国浪漫派诗人,批评家。二人用诗体合译莎士比亚戏剧,力求接近原作。

〔48〕 艾馨布尔格(1743—1820),德国文学史家,曾修改威兰德的莎剧译本,并加以出版。

〔49〕 英文:《古剧选集》。编者为罗伯特·多茨雷(1703—1764)。

〔50〕 意大利文:奇思妙想。

〔51〕 《晚报》指德累斯顿的 *Abendzeitung*(1827)。

〔52〕 古茨诃(1811—1878),"青年德意志派"作家,曾遭德国反动政府逮捕,后来和反动势力妥协。

〔53〕 英文:约翰爵士。指莎剧中著名喜剧人物福斯塔夫,一个又肥胖,又色情,又爱撒谎、吹牛、开玩笑的典型形象。这里是用这个形象讽刺蒂克的假道学。

〔54〕 拉丁文:不学无术。

〔56〕 蒂克晚年写过一部小说,抨击海涅和其他青年作家。海涅因此对蒂克益加反感。据海涅一八三八年七月二十三日给康培的信,他之所以应允巴黎出版商德洛叶,为这本画册写解说,是因为担心后者会另外去约请蒂克。

〔57〕 海涅对莎士比亚十四行第九十四首最末二行的意译。原文是:"For Sweetest things turn sourest by their deeds; Lilies that fester smell far worse than weeds."

〔58〕 霍尔恩(1781—1837),德国文学史家,诗人,著作为《莎士比亚戏剧解说》(1823—1831)。

〔59〕 据荷马史诗《奥德赛》,巨人族为了攻打天堂,曾经把倍利翁山堆在窝萨山上,作为阶梯。

〔60〕 指格拉贝的喜剧《笑话、讽刺、嘲弄和更深刻的意义》第二幕第二场。

〔61〕 李希登伯格(1742—1799),德国讽刺作家,一七七六年至一七七八年在《德意志博物馆》杂志上发表《英国来信》。

〔62〕 加里克(1716—1779),英国著名演员,撒缪尔·约翰逊的朋友。

〔63〕 撒缪尔·约翰逊(1709—l779),英国启蒙学者,对西方文学思想起过重大影响。

〔64〕 "约翰牛",英国人的绰号。

〔65〕 Queen Mab,英诗中的小精灵,在熟睡者鼻梁上跳舞,并用美梦迷惑他们。见莎剧《罗密欧与朱丽叶》第一幕第四场(朱生豪译本中作"春梦婆")。

〔66〕 路德维希·施罗德(1744—1816),汉堡演员和导演。为了迎合观众,曾把莎士比亚的悲剧改成"大团圆"结局。

〔67〕 路德维希·德弗瑞安特(1784—1832),德国演员,演技以慷慨激昂著称。

〔68〕 庇乌-亚历山大·沃尔夫(1784—1828),德国演员,在魏玛受过歌德的影响,曾在柏林和德弗瑞安特同时演出。

〔69〕 美尔波美尼,希腊神话中的悲剧女神;塔丽雅,喜剧女神。

〔70〕 尼古拉·岑伽列里(1752—l837),意大利作曲家,谱过《罗密欧与朱丽叶》。

〔71〕 裴萨罗,意大利城名。"裴萨罗的天鹅"指意大利作曲家罗西尼(1792—1868)。罗西尼出生于裴萨罗,写过歌剧《奥赛罗》。

〔72〕 蓓尔美尔是伦敦街名,那里举办过莎士比亚作品插画展览。

〔73〕汉斯·斐迪南·马斯曼(1797—1874),日耳曼语言学教授,体育研究家。

〔74〕 据希腊神话,丽达系斯巴达王后,天帝宙斯化作天鹅与之亲近,遂生海伦。又,"从丽达的蛋谈起"后来变成一句欧洲谚语,相当于中国所谓"从盘古开天地谈起"。

〔75〕 见《论浪漫派》。

〔76〕 第三幕,第一场。译文引自《莎士比亚全集》(人民文学出版社 1978年版)。后引未注者同。

〔77〕 法国资产阶级革命领导人圣茹斯特(1767—l794)的名言。

〔78〕 第一幕,第二场。

〔79〕 第一幕,第二场。

〔80〕 第二幕,第四场。

〔81〕 第一幕,第二场。

〔82〕 第一幕,第五场。

〔83〕 第三幕,第六场。

〔84〕 第三幕,第八场。斯凯勒斯语。

〔85〕 第三幕,第十一场。

〔86〕 第五幕,第二场。

〔87〕 普列沃(1697—1763),法国作家,仅著《玛侬·列斯珂》。

〔88〕 莱辛剧本《爱米丽雅·伽洛蒂》,第五幕,第七场。

〔89〕 第一幕,第五场。

〔90〕 法文:赡养人。

〔100〕 普鲁塔克(46—120),古罗马传记作家,名著有《无双谱》。文中轶事引自他的《安东尼乌斯行传》,第二十九章。

〔101〕 希伯来文的"埃及"。

〔102〕 指摩西,希伯来的先知和立法人。见《旧约·出埃及记》。

〔103〕 "三执政"指玛克·安东尼、奥克泰维斯·凯撒和伊米力斯·莱必多斯。

〔104〕 尼禄(37—68)和喀利古拉(12—41),都是罗马帝国的暴君。

〔105〕 第二幕,第三场。

〔106〕 第一幕,第一场。

〔107〕 第二幕,第三场。

〔108〕 劳帕赫的《国君高于一切》初演于一八二七年五月二十九日。

〔109〕 维索茨基是柏林一家歌舞厅的老板。

〔110〕 玛丽亚·路易莎是拿破仑的妻子。

〔111〕 第二幕,第四场。

〔112〕 第二幕,第三场。

〔113〕 约瑟夫·艾迪生(1672—1719),英国作家,政治家。威廉·科贝特(1762—1835),英国激进派政论家。

〔114〕 第五幕,第三场。

〔115〕 《下篇》第一幕,第四场。

〔116〕《中篇》第三幕,第二场。

〔117〕《中篇》第三幕,第二场。

〔118〕儒尔·米歇勒(1798—1874),法国历史学家。引文见《法国史》第五卷。

〔119〕大羊毛袋,指英国上议院议长席位,因其坐垫塞有羊毛。

〔120〕《理查二世》第一幕,第四场。

〔121〕指奥尔良王朝的路易·菲力普。

〔122〕《亨利四世下篇》第四幕,第五场。

〔123〕托马斯·摩尔(1779—1852),《乌托邦》的作者,亨利八世的宰相,因反对废黜凯瑟琳王后而被杀。

〔124〕伊萨贝拉·封·卡斯提亚(1474—1504),西班牙王后,在其治下开始建立宗教裁判所。"血腥的玛利"(1516—1558),英格兰和爱尔兰王后,残酷迫害新教徒。

〔125〕第四幕,第二场。

〔126〕第四幕,第一场。

〔127〕苏格兰传奇英雄。

〔128〕指斯图亚特王室。

〔129〕北欧神话中倭丁神的侍女,常谓有九人,来往于战场,导引阵亡者入烈士祠。

〔130〕米得顿(Thomas Middleton,1570—1627),英国剧作家,著有剧本《女巫》(1778)。

〔131〕上文中的"我",指哈姆莱特。

〔132〕第四幕,第七场。译文引自卞之琳译本(作家出版社1956年版)。

〔133〕Exposition,戏剧理论用语,常指剧本的第一幕。

〔134〕《麦克白》,第五幕,第五场。

〔135〕第一幕,第一场。

〔136〕引自歌德的《迷娘》。

〔137〕第二幕,第二场。

〔138〕意大利文:宫殿。

〔139〕第一幕,第三场。

〔140〕第二幕,第四场。

〔141〕 见《一千零一夜》山鲁佐德讲的第二个故事《渔夫的故事》中所套的《着魔王子的故事》。

〔142〕 第一幕,第三场。

〔143〕 英文,向富家女攀婚的人。

〔144〕 第一幕,第一场。

〔145〕 引自弗·霍尔恩《莎士比亚戏剧解说》卷一。

〔146〕 第四幕,第一场。

〔147〕 第三幕,第五场。

〔148〕 第三幕,第一场。

〔149〕 旧约中雅各之妻,泛指犹太人之妻。

〔150〕 第四幕,第一场。

〔151〕 见莎剧《辛白林》。

〔152〕 古代日耳曼民族的两个支族,已为罗马人所灭亡。这个故事见于古罗马作家瓦勒利乌斯·马克西穆斯(公元前一世纪)的《名人言行录》卷六第一章。

〔153〕 马利阿斯(前155—前86),罗马统帅。

〔154〕 薇斯塔,罗马炉灶女神,以处女为女祭司。

〔155〕 约瑟夫斯·弗拉维乌斯(37—100),犹太历史学家,著有《犹太战争论》。

〔156〕 圣多明各,海地共和国的旧称。一七九〇年至一七九一年,当地黑人奴隶为了推翻法国殖民者的统治,曾经举行暴动。

〔157〕 法文:白人杀死了他,让我们杀死白人吧!

〔158〕 安娜·詹姆逊(1794—1860),英国女作家,生于爱尔兰,著《莎士比亚的女人的特征》。

〔159〕 意大利文,全词意为"田园生活"。

〔160〕 意大利文:夫人、女士。

〔161〕 杜几,古代意大利威尼斯及热那亚共和国元首的称号。

〔162〕 马利诺·法力里,古威尼斯共和国著名元首,阴谋实行独裁政变未遂,在杜几宫殿的大台阶上被处死刑。

〔163〕 党多洛,古威尼斯共和国著名元首,建立海上霸权,一一七三年双目失明。

〔164〕 卡尔玛略累(1380—1432),古意大利军事将领,原任米兰公国统帅,后任威尼斯统帅,在同米兰交战中失败,被以叛逆罪处死刑。

〔165〕 威尼斯市中的岛区,商业中心地;转指该岛的大理石廊桥。

〔166〕 指詹姆士·封·罗特希尔德,巴黎银行家。罗特希尔德家族在十九世纪控制着欧洲金融界。

〔167〕 示播列,国籍鉴定语。据旧约《士师记》第十二章,基列人用这个词辨别逃亡的以法莲人,后者发音不准,念成"西播列",遂纷纷被害。

〔168〕 希腊神话中的诗泉。

〔169〕 指罗伯特·格林:《一丁点机智》(1592)。

〔170〕 阿·德·维尼(1797—1863),法国作家,译过《奥赛罗》和《威尼斯商人》。

〔171〕 阿·德·缪塞(1810—1857),法国诗人。

〔172〕 基佐(1787—1874),法国历史学家、政治家。

〔173〕 罗瑟琳、贝特丽丝、提泰妮娅、薇奥拉是《皆大欢喜》《无事生非》《仲夏夜之梦》《第十二夜》的女主角。

〔174〕 斯卡利格尔,意大利贵族,一二六六至一三八八年统治维罗纳。

〔175〕 龙巴狄,意大利北部地名。

假不假？假而不假　（代序）

《莎士比亚全集》除了几首长诗和十四行诗集外，包括喜剧、悲剧和正剧或称历史剧共三十七部，这是多少年来世界各国通行的版本。到二十世纪末叶，英美莎士比亚作品权威出版机构的《莎士比亚全集》却包括着剧作三十九部，也就是添加了新发现的或者说新被肯定的两部。[①]确切地说，添进去的是几个世纪不断引起争议、近年来经一些莎士比亚权威学者用计算机对其风格用语进行检验、最后被赋予莎士比亚著作权的两部所谓"莎士比亚疑作"：一部是五幕历史剧《爱德华三世》，另一部是浪漫爱情剧《两位贵亲戚》。各国《莎士比亚全集》均将按照这个新版本进行增订，中国也不例外。

莎士比亚同我国的曹雪芹相仿佛：虽然二人的身世经后人多方追索，已经呈现出一个粗略的轮廓，但他们创作过程的具体细节，迄今仍是漆黑一团。据说莎士比亚一五六四年四月二十三日生于英国中部斯特拉福镇，这是从该镇三一堂受洗居民名册上查到的[②]；少年时期上过当地"文法学校"（相当于现代的中学）；十八岁与比他大八岁的安妮·哈撒韦结婚；婚后六个月即生长女，两年后生一男一女双胞胎；旋往伦敦谋生，先当演员，三十岁成为剧作家和诗人，声誉鹊起；四十五岁退休并回归乡里；一六一六年病逝，享年五十二岁。这就是那个不知是似是而非还是似非而是的身世轮廓。正是在这个轮廓的背景下，关于莎士比亚这个人和他的作品曾经产生过种种争议。关于人的争议发生在他逝世不久。[③]倒不是针对演员莎士比亚，因为当时人们记忆

146

犹新,都还知道这个人是有的;而是针对剧作家莎士比亚,当时一部分人坚称,这个人是没有的。由于怀疑派即否定派缺乏足够的证据和充足的理由,在历史上并没有坚持多久便烟消云散,人们很快一致承认,伟大的莎士比亚戏剧正是伟大的剧作家莎士比亚创作出来的。关于作品的争议发生在前一种争议尘埃落定以后,社会上出现了许多著作权不明的剧作,一部分人认为是莎士比亚的手笔,另一部分人不承认。这种争议一直拖到二十世纪末,还不能说彻底解决。

一六二三年,莎士比亚逝世不久,第一部对开本莎士比亚剧作集(包括十四部喜剧、十部历史剧和十一部悲剧,出版者不明④)问世,随即在学术界引起注意和怀疑。莎士比亚是谁?不就是那个只上过"文法学校"、没有多少阅读机会的演员吗?他怎么写得出这么些博大精深的戏剧杰作来呢?怀疑派进而认为,这个"莎士比亚"不是那个同名演员,而是新近(1626)逝世的散文大家弗朗西斯·培根,只有他才能写出这样的作品来。肯定派则代表更多学者的意见,他们认为从培根散文的理性风格来看,他是写不出这些富于感性和形象性的诗作来的,而同时精通表演艺术的莎士比亚不但能够创作,而且事实上把它们一部一部写出来了。一七〇九年诗人兼剧作家尼古拉斯·罗集中四个零散的对开本莎剧,正式出版了第一部学术界公认的"莎士比亚戏剧集",其中区分了场和幕,添加了人物表,规定了人物上下场,并把拼音、语法加以现代化,此外还附录了从作者故乡斯特拉福镇搜罗到的传记资料。随着后来对莎剧进一步的整理和编纂,后人所熟悉的莎士比亚戏剧的现代版本便日益具备规模,从此莎士比亚研究成为一门历代不衰的显学。

我们知道,莎士比亚戏剧的情节都是有所本的⑤,都是取材于任何可能的来源,如古老剧种、意大利的故事、英国编年史、普鲁塔克的人物传记等。作者的创新在于改编这些陈旧的情节,赋予背景素材以鲜活的语言血肉,使得他的戏剧没有一部、甚至其中没有一行不是渗透着他的特异的风格。四百年来,这种风格经过任何时代变迁都没有凋谢，经过多少次引用都没有变味；其性格塑造与场景安排之广博，与人物身份的多样化相关，例如从小丑、恶棍到国王、公卿，从复杂而不幸的哈姆莱特到可厌而又可爱的福斯塔夫，从机智的鲍西娅到悲惨的麦克白夫人，从闹剧式的玩笑到可怕的苦难，人生没有一种感情和经验不曾被作者得心应手地处理过。然而，莎士比亚的这种风格在某种意义上并非完全由于个人的天才，应当说也是时代使然。首先，与莎士比亚同时，还有不少在题材和风格上与他相当的剧作家，这是因为当时印刷比较昂贵，阅读书籍不容易，人们多从舞台上观看戏剧演出来提高文化修养，因此剧作家一般要比单纯从事写作的作家更多。其次，莎士比亚生前并未编印过自己的剧作，作为演员他更关心自己的演出，不但为自己的演出写脚本，还可能为别人的演出代笔，也就是说，他似乎并不计较什么著作权[6]。第三，莎士比亚和任何天才一样，笔下未必全是精品，生平未尝没有庸常之作，这就容易使他的作品和同代人的混淆起来。面对许多可疑的剧作，人们常常难以按照其中风格上局部的优劣，作出明快的判断。到十七世纪初，被认为与莎风近似的著作权不明的剧作，据统计多达四十二部，其中十四部正式被称为"莎士比亚疑作"（the Shakespeare Apocrypha）。新近被赋予莎士比亚著作权的《爱德华三世》和《两位贵亲戚》就是这些"疑作"中的两部。

《爱德华三世》问世于一五九六年，以与法国作战的百年战争肇端者英王爱德华三世为主角。全剧分为截然不相干的两部分；头二幕演他向其夫正在战场上为王前驱的塞尔斯伯里夫人求爱，因未遂而将这位可怜的夫人几乎逼到自尽的边缘；后三幕转而演他对苏格兰和法国作战的胜利过程，法国罗丹的著名雕塑《加莱义民》即取材于上述历史情节的一个插曲。该剧最初作者不明，问世后长久默默无闻，直到一七六〇年由莎剧学者爱德华·卡佩尔作为莎士比亚佚作重版后，才引起学术界的注意。有关的反应大体可分三类：全盘肯定；部分肯定，认为包括求爱情节的头二幕是或可能是莎氏手笔；全盘否定。除全盘肯定的所以也比较罕见外，部分肯定或全盘否定的意见则见仁见智，似均能自圆其说。或者说，本剧征战部分本系作者不明的原始稿本，前二幕求爱情节是后来加上去的，而且很可能是莎士比亚感到单纯军事场景未免单薄或单调，才亲自动手添两幕上去，以弥补舞台魅力之不足。或者说，求爱场景虽然存留若干诗意，与莎风似乎相近，实际上和后几幕军事场景系同一作者，其中第五幕英王还提及前两幕的情节；要说不无莎氏的手笔，充其量只能肯定他个别加以修改过而已。到二十世纪初，一般专家对于该剧的观点渐趋一致：作者虽对高贵感情和高尚性格富于同情，并能通过一些华丽辞藻和优美旋律，使本剧外貌接近莎风，但归根结底力不从心，难以掌握人物性格的真实规律，显然缺乏莎氏的一以贯之的成熟风格；特别是伯爵夫人和国王之间用长篇大论表现感情纠葛，纯系由学院式的推理方式支配着，一点听不到发自内心的天然之声，实在经不起一读再读。《莎士比亚疑作（十四部）》的编者 C.F. 塔克·布鲁克推断，本剧的真正作者很可能是与莎氏同时代的剧作家兼诗人、《爱德华一世》的作者乔治·皮尔（1556—1596）。

《两位贵亲戚》在莎氏疑作中是经受争议和猜测最多的一部。初版（1634）扉页上印有"由当代两位著名人物约翰·弗莱彻先生和威廉·莎士比亚先生合著"的字样，但第二版（1679）却莫名其妙地把"莎士比亚"改成"弗朗西斯·博蒙特"，此后一直这样流传下来。这部浪漫爱情"悲喜剧"是以乔叟的《坎特伯雷故事集》中的一篇"骑士的故事"为蓝本，演两个志同道合的表兄弟巴拉蒙和阿奇特在雅典公爵治下追求同一女性，以比武决定胜负，胜者可享艳福，负者将有杀头之祸，不料胜者偶因堕马而亡，负者反而蒙赦与女成婚，最后由公爵以祸福无常的感慨闭幕；此外，还由剧作者加进一个狱卒之女，由于钟情而援助巴拉蒙越狱，后因失恋而致疯的插曲。近代专家学者一致肯定，该剧是由两个风格、才能、性格相去甚远的作者合写而成，较长而又较次的部分应为弗莱彻的手笔；有人进而认为，非弗莱彻部分经过韵律测验，被发现十分接近《冬天的故事》和《暴风雨》，并同《亨利八世》经常被归于莎氏手笔的非弗莱彻部分几乎难辨。但是，也有人认为，弗莱彻的合作者未必是莎士比亚，而可能是与弗莱彻同为"王家御用文人"的菲利普·玛辛杰(1583—1640)。莎士比亚究竟是否参与了本剧的撰写，是一个久久悬而未决的疑案。肯定与否定双方都拥有不少名家。大诗人雪莱在致夫人的信中激烈地写道："我正在看《两位贵亲戚》，其中除了你给我念时所添进的若干爱情魅力外，我相当失望。狱卒之女是个拙劣的模仿，丑得无以复加。整个故事缺乏伦理上的鉴别与节制。我不相信其中有一个字会是莎士比亚写的。"面对这些辩驳，肯定者又有人说，其所以如此，是因为弗莱彻后来又把台词拙劣地窜改过；否定一方于是反唇相讥道，假如可以从大量合金中肯定一点点莎士比亚真金，那么任何拙劣剧作都可以说是莎氏参与过的。

然而，这两部"莎士比亚疑作"的著作权问题，自从一八三三年威廉·斯波尔丁最初主张根据作品风格特色本身决定著作权之归属以来，到二十世纪下半叶，由英美莎剧专家们反复考证，将过去言人人殊的作者手笔一一区分开来，才终于获得解决。这两部重新被肯定的莎剧在近一二十年内分别被收入英美两国《莎士比亚全集》的权威版本中，其中据以定案的具体考证成果，是利用电脑技术，以"韵律特征、词汇、合词法、某些缩略的应用范围、意象的种类和用法、某些类型的诗行特征等"为标准，判断哪些场景、段落是莎氏手笔，哪些不是。不过，专家们各有所专，他们的意见还是不完全一致。以《两位贵亲戚》为例，美国"河滨版"全集(霍顿·米弗林公司出版)直接肯定作者为莎士比亚，只在编者前言中交待一下合作者弗莱彻的情况；而英国"牛津版"全集(牛津大学克拉伦顿出版社出版)则仍保留最初的署名方式，即弗莱彻和莎士比亚合著。这点差异颇堪玩味，说明两国学者虽然一致肯定该剧存有莎氏手笔，对于这个著作权问题仍有不同看法；美国学者把莎氏和弗莱彻的执笔部分明确区分开来，而英国学者却对此保持审慎的沉默。因此，我们作为莎剧爱好者，也不宜把这两部作品和我们所熟悉的莎剧经典性代表作完全等同起来。我国莎剧专家孙家琇教授指出，尽管莎氏合作者弗莱彻不乏才华，其执笔部分亦颇可观，但试将该剧狱卒之女的疯狂描写和《哈姆莱特》中奥菲莉娅的疯狂描写对比一下，其高低优劣不言自明。笔者更关心的是，英美莎剧专家们的这种科学的考证方法，除了引导我们进一步认识莎士比亚及其杰作外，不知还能不能帮助解决我国"红学"研究中的若干疑难，例如《红楼梦》后四十回究竟有没有、有多少曹雪芹参与其间的可能成分。如果能够，那就太好了。[7]

绿　原

①《两位贵亲戚》被收入莎剧集的年份和版本，据不完全统计，为一九七四年美国河滨本，一九八八年英国牛津本，一九九七年英国诺顿本，一九九八年英国阿登本等。《爱德华三世》被收入莎剧集的年份和版本，仅见美国河滨本一九九七年新版，自此始有三十九种莎剧集问世。英国莎剧集似均未收《爱德华三世》，故只有三十八种。

②莎士比亚的受洗日期为一五六四年四月二十六日；他的逝世日期为一六一六年四月二十三日；他的生日始终未获实据。一般将一五六四年四月二十三日说成他的生日自系推测，而非定论。

③莎剧三十七种的著作权开始引起争议，是在十八世纪莎氏逝世百年以后。此前由于同时代著名剧作家、莎氏的友人本·扬森对他褒贬有加（既称他"并非属于一个时代，而是属于所有时代"，又说他"缺乏古典知识"），莎氏作为莎剧作者的声誉还是稳定的。后来，社会舆论逐渐涉及莎剧内容之广博、深厚与作者出身寒微、教养贫瘠之间的矛盾，由此形成对莎氏的作者身份的疑义。到十九世纪中叶，美国女作家迪莉亚·索尔特·培根（1811—1859）提出，"莎剧"系由以弗朗西斯·培根为首的一群匿名作者执笔；迪·索·培根所著《莎剧哲学揭秘》，即所谓"培根说"之滥觞。此外，还有所谓"牛津学派"，竟称"莎剧"的作者系牛津伯爵（第17世）爱德华·德·维尔（1550—1604），伊丽莎白女王宠臣，抒情诗人，作家

和剧团的庇护人。

④一六二三年第一个对开本莎剧集系由莎氏在环球剧团的同事约翰·赫明和亨利·康德尔所编,漏列《配力克里斯》;一六六四年第三个对开本第二版始将该剧补入,直到一九七四年三百年间,公认的莎剧为三十七部。

⑤莎剧并非每部都有所本。如《爱的徒劳》、《仲夏夜之梦》(一部分)、《温莎的风流娘们》及晚期的《暴风雨》等,均属作者的独创。

⑥英国第一次制订的著作权法系一七〇九年在安妮女王治下通过的。此前(包括莎士比亚一生)上演的剧本为剧团所有,剧本的出版与销售一般与作者无涉。

⑦本文曾于二〇〇〇年五月二十五日《光明日报》发表,经补充修改后作为二〇〇二年人民文学出版社《爱德华三世　两位贵亲戚》单行本代序。

爱德华三世

莎士比亚

剧中人物

爱德华三世　简称"爱德华王"
威尔士亲王　爱德华三世之子，又称"爱德华王子"，绰号"黑王子"
沃里克伯爵
德比伯爵
索尔兹贝里伯爵
奥德利勋爵
珀西勋爵
洛德威克　爱德华王之心腹
威廉·蒙塔古爵士
约翰·科普兰爵士
罗伯特　阿尔托瓦伯爵
蒙德福伯爵
两位英国乡绅
一位英国传令官
戈本·德·格雷
约翰二世　法兰西国王
查理　诺曼底公爵，约翰二世之子
腓力　约翰二世之次子
洛林公爵
维利叶　一位法国领主

波希米亚国王
一位波兰将领
六位加莱商人
六位加莱贫民
两位加莱市民
两位法国将领
另一位将领
一位法国水兵
三位法国传令官
另四位法国人
大卫二世　苏格兰国王
道格拉斯伯爵
两位苏格兰信使
菲利帕　英格兰王后
索尔兹贝里伯爵夫人
一位法国妇人
侍从们，士兵们

　　　　　　　　　　　　　场　景

英国，弗兰德斯，法国

第一幕

第一场

地点　伦敦。宫内议事厅。

〔爱德华王,德比,爱德华王子,奥德利,沃里克和阿尔托瓦上。〕

爱德华王　阿尔托瓦的罗伯特[1],你虽然从你的故土法国被流放,可跟我们在一起,你还是一位伟大的领主,因为我们这里封你为里奇蒙伯爵。现在继续谈谈我们的家谱吧,请问是谁继承了"花花公子腓力"?

阿尔托瓦　他的三个儿子[2]相继登上了他们父王的宝座,可都死掉了,没有留下一个后嗣。

爱德华王　我的母亲可是他们的姊妹吧?

阿尔托瓦　她是的,陛下,这位腓力就只有伊莎贝尔[3]这个女儿,后来你的父王娶她为妻,从她芬芳的子宫花园里,才生下仁慈的陛下您,欧洲的希望之花,理当成为法国王位的继承人。但是,请注意反叛分子头脑里的怨恨吧,当花花公子的血统告终时,法国人便抹煞了你母亲的特权,她虽然是第二继承人,他们却宣布伐洛瓦王室[4]的约翰为他们的国王。理由是,据他们说,法国国土上多

157

的是出身高贵的王孙公子,不应让任何人来主宰,除非他是一个男性后裔,这也正是他们轻视您并借以剥夺您的继承权的特殊根据;但是,他们将会发现,他们捏造的这番理由不过是几堆易碎的尘沙。我是个法国人,竟来泄露这一点,也许别人会觉得是件滔天罪行,但我祈求上苍证实我的誓言:不是仇恨,也不是什么私人过失,而是对我的国家和权利的爱,才使我这样向您饶舌。您是我们的太平盛世的嫡系守护人,而伐洛瓦的约翰却诡计多端地一味钻营,老百姓除拥护他们的王,还能干什么呢?哦,除了努力制止一个暴君的傲慢,推戴我们邦国的真正牧人,还能在哪儿看得见我们的职责呢?

爱德华王　你的这番忠告如充沛的阵雨,助长了我的尊严感,由于你的话语如火如荼的活力,我的心胸才升起了炽热的勇气,这股勇气以前一直给蒙在鼓里,现今才展开了荣誉的金翼,使美丽的伊莎贝尔的后裔得以将他们顽强的颈项套上钢铁,好把我的君权踢回法国去。(号角长鸣)一位信使来了!奥德利勋爵,请去瞧瞧是从哪儿来的。

〔奥德利下,又上。

奥德利　洛林公爵[5]跨海而来,请求与陛下会谈。

爱德华王　各位勋爵,请让他进来,我们好听听新闻。(勋爵们下,旋即偕带有随从的洛林公爵上)洛林公爵,请问来此有何贵干?

洛林　最可敬的君主,法国国王约翰[6],向你,爱德华,问好,并派我传达命令:吉燕公国[7]将作为他的慷慨的礼品赐给你,你应为此向他致敬效忠;为了这个目的,我劝你在近四十天内赶赴法国,以便在那里按照惯例向我们的国王宣誓,表示臣服,否则你在那个省份的爵位将会消失,他本人将会重新占有那片土地。

爱德华王　请看幸运怎样向我微笑吧!我还没有想到去法国,马上就被邀请了,不,是拿惩罚来威胁我,命令我去。要对他说"不!"未免有点孩子气。那么,洛林,给你的主子带去这样的回答吧:我打算应邀前往拜访他,但是怎样前往呢?可不是奴颜婢膝地点头哈腰,而是像个征服者让他向我鞠躬。他蹩脚的拙劣的花招露馅了,真理已揭下他脸上掩饰傲慢的面罩。他竟敢命令我臣服吗?告诉他,他篡夺的王冠是我的,在他驻足的处所,他本应当下跪。我所要求的不是一个小小的公国,而是王国的整个领地,如果他胆敢拒绝呈献,我就把他身上那些借来的羽毛拔光,把他赤裸裸地送到荒野里去。

洛林　那么,爱德华,尽管你的勋爵们都在这里,我仍然要当面向你挑战!

爱德华王子　挑战吗,法国佬!我们把它给你扔回去,扔到你主子的嗓子眼里去;为了对国王,我仁慈的父亲,以及其他这些勋爵表示敬意,我把你的这番口信只当作胡说八道,把派你来的那个人当作懒惰的公蜂,偷偷爬上了鹰巢[8],我们将用一场狂风暴雨把它从那儿摇撼下来,好拿他的下场来警告他人。

沃里克　叫他把他披着的狮皮脱下来,免得在战场上遇见真狮子,它会为了自尊把他撕得粉碎。

阿尔托瓦　我对他阁下所能给的最可靠的忠告,就是在山穷水尽之前趁早投降。一场自愿接受的灾祸要比被迫受辱少受人嘲笑。

洛林　堕落的叛徒,还在吸奶就弑母的毒蛇,你在这里可参加了这项阴谋?(拔剑)

爱德华王　(拔剑)洛林,瞧瞧这柄钢剑的利刃吧!压在我心头的炽烈欲望要比这道剑刃更其伤人,所以我一歇下来,常常就像夜莺一样受伤[9],直到我的旌旗在法国招展起来。这就是我最后的回答:滚吧。

洛林　不是那个,也不是任何英国式的咋唬,像看见他这条毒蛇一样令我难过,原来最虚伪的东西竟然是最真实的。

〔洛林及随从下。

爱德华王　勋爵们,你们的快舰扬帆了,手套已经扔下[10],战争就要开始，不会很快结束。（威廉·蒙塔古上）威廉·蒙塔古爵士，是什么风把你吹来？苏格兰人和我们之间的盟约如何了？

蒙塔古　吹了，崩了，我尊敬的君王。那个狡诈的国王一听说你撤回了军队，马上就把昔日的誓言抛到脑后，向边境城镇发动了进攻。贝里克被拿下，纽卡尔被抢走，现在暴君包围了罗克斯巴勒城堡，索尔兹贝里伯爵[11]夫人给困在里面，岌岌不可终日。

爱德华王　她不是你的女儿吗，沃里克？她的丈夫不是在布列塔尼[12]效劳很久，要在那儿把蒙德福勋爵扶植起来吗？

沃里克　是的，陛下。

爱德华王　卑鄙的大卫，难道除了手无寸铁的妇女，你吓人的武器就没有人可以折磨吗？但我要让你缩起你的蜗牛犄角来。所以，首先是奥德利听命，你的任务是：去为我们的征法战争招募步兵；内德[13]去检阅一下我们的战斗人员，各郡建立一个小分队，让他们个个成为精神饱满的士兵，除了蒙受耻辱，什么也不怕。所以，一定要谨慎从事，既然我们开始了一场驰名天下的战争，而且是和如此强大的一个国家作战。德比，你为我们当一趟特使，到我们的丈人海瑙尔特伯爵[14]那儿去，让他了解一下我们的事业，而且如果他愿意，还可以和我们弗兰德斯的盟友们一起，以我们的名义向德意志皇帝请求援助。至于我个人，在你们分工合作的同时，我将率领我手下的军队前进，再一次把背信弃义的苏格兰人击退。但是，先生们，痛下决心吧，我们将在四面八方作战：内德，现在你必须开始忘却你的学业和书本，让你的肩膀习惯铠甲的重量。

爱德华王子　作为对于我的青春血性的愉快的试探，这场骚动不断发出战争的喧嚣，就像在一个国王的加冕典礼上，人们兴高采烈地大喊大叫一样，"皇帝万岁！"之声响彻云霄。在这个关乎荣誉的学校里，我将学习或者把我的敌人作为牺牲，或者在一场正义的斗争中战死。那么，勇往直前吧，每人按照各自的方式！在伟大

的事件中,延宕总是有害的。(同下)

第二场

地点　罗克斯巴勒。城堡前面。

〔索尔兹贝里伯爵夫人上,靠着城墙。

伯爵夫人　唉,我可怜的眼睛,真是望穿秋水,也望不见我的君王派来援军。哦,蒙塔古侄儿,我担心你缺乏足够的勇气,代表我向国王强烈地请求援救。你没有告诉他,给苏格兰人当卑贱的俘虏,是怎样一种滋味:或者被他们用苏格兰土语中的下流誓言纠缠,或者为他们粗鲁的暴行所逼迫。你没有告诉他,如果他(指大卫王)在这里占了上风,他们将在北方怎样嘲弄我们,用他们恶俗的不文明的轻薄玩笑,叫嚷他们的征服和我们的瓦解,即使是在荒凉、凛冽、寸草不生的空气里。(大卫王和道格拉斯、洛林及其他人上)我得退下去,那个死敌到城墙边来了。我将偷偷躲到一旁去,记下他们粗鲁而傲慢的胡言乱语。(退到防御工事后面)

大卫王　我的洛林大人,请作为基督教徒代我们向我们的法国兄弟致意,就说我们一定充满敬畏,全心全意地爱。至于你的使节职能,请回去说,我们不会跟英国议和,决不会好言好语地停战,只会烧掉他们邻近的城镇,一直猛冲猛打到他们的约克城那边去:我们英俊的骑兵决不会休息,决不会让腐蚀的铁锈有时间吞噬他们轻松的嚼子和灵活的靴刺,决不会抛开他们连环铠甲的战袍,决不会把他们带有苏格兰粒状尘埃的棍棒按和平方式悬挂在他们的城墙上,决不会从他们紧扣着的茶色皮带上解下他们的利剑,直到你的国王喊道:"够了! 为了怜悯,饶了英国吧。"一路顺风,去告诉他,你是在这座城堡前面离开我们的,对他说你是从我们这里来的,甚至是在我们已经使它向我们投降的时候。

洛林　就此告辞,一定把你令人满意的问候转达给我的国王。(下)

大卫王　道格拉斯,再来谈谈我们原先的任务,看怎样来瓜分这笔可靠的战利品。

道格拉斯　我的主子,我只想要那位夫人,别的什么也不想。

大卫王　稍安毋躁,先生,先得让我来选择,我已把她预定下来了。

道格拉斯　嗯,那么让我享受她的珍宝吧,我的主子。

大卫王　那些都是她自己的,仍然属于她,继承她的那个人将连同那些珍宝一起占有。

〔一名苏格兰人作为信使匆上。

信使　陛下,我们正在山上捡拾战利品,向这边策马而来时,远远发现一大队人马。反射在铠板上的阳光照出了盔甲遍野,枪矛如林,在前进。陛下赶快考虑一下:轻轻松松行军四小时,最后的行列都会开到这个地方来了。

大卫王　快走,快走,这是英格兰国王!

道格拉斯　杰米,我的仆人,快给我的黑色骏马备鞍!

大卫王　你想打吗,道格拉斯,我们太弱了。

道格拉斯　我很知道这一点,陛下,所以我飞跑。

伯爵夫人　(现身上前)苏格兰的大人们,你们可愿歇下来饮一杯?

大卫王　她在嘲弄我们,道格拉斯,我受不了。

伯爵夫人　请问大人,占有夫人的是哪一位,占有她的珍宝的又是哪一位?我相信,大人们没有分到赃物,是决不会走开的。

大卫王　她听到信使讲话,也听到我们的话;而今援军到了,使她能够嘲弄我们。

〔另一名信使上。

信使二　拿起武器吧,大人!我们遭突袭了!

伯爵夫人　跟着法国特使去吧,陛下,去告诉他,你不敢骑马到约克去。就借口说,你的骏马跛了吧。

大卫王　她也听到那句话。真是糟透了!娘儿们,再见。虽然我不会停下来——

〔苏格兰人下。

伯爵夫人　这不是为了害怕,可你们还是逃走了。——哦,来得及时的援军,欢迎到我们家里来!那些不可一世的、吵吵嚷嚷、自吹自擂的苏格兰人,曾经在我的城墙面前发过誓,尽管来了这个国家的武装力量,他们都不会后退;可一听说有情况,一提到拿起武器,就吓得把脸一抹,顶着凛冽的东北风,从这里开了小差!

〔蒙塔古及其他人上。

哦,多么美妙的一天!瞧我的侄儿来了!

蒙塔古　婶婶可好?我们不是苏格兰人,你怎么关起城门不让你的朋友们进来?

伯爵夫人　我会欢迎你们的,侄儿,因为你们来得正好,把我的敌人从这儿赶跑了。

蒙塔古　国王亲自来到了这儿。下来吧,亲爱的婶婶,向陛下道贺吧。

伯爵夫人　我该怎样招待陛下,以表示我的本分和他的尊严?

(从城头下)

〔号角齐鸣。爱德华王,沃里克,阿尔托瓦及余人上。

爱德华王　怎么回事,我们还没放犬追猎,偷偷摸摸的狐狸们就跑光了?

沃里克　他们跑光了,陛下,可急躁的猎犬欢叫了一声,追踪而去。

〔索尔兹贝里伯爵夫人带随从上。

爱德华王　这是伯爵夫人,是不是,沃里克?

沃里克　陛下,暴君害怕她的美貌,便用毒风把她像五月花一样给糟蹋了,给枯萎了,掩盖了,蹂躏了。

爱德华王　难道她曾经比现在更漂亮吗,沃里克?

沃里克　我仁慈的王,她根本不漂亮了,不像她当年保持本色时我看见的那样,如果她的那个本色被她自己玷污了的话。

爱德华王　(旁白)多么奇怪的魅力藏在她的那双眼睛里,想它们当年一定比现在更其卓越不凡；她目前虽微见衰颓，仍有力量使我着迷的眼睛摆脱凛然的威风，而以溺爱的倾慕去注视她。

伯爵夫人 （下跪）我以比土地更低下的本分跪下来，我迟钝的膝盖代表我多情的心弯了下来，来证明我对于陛下的臣服，以一个臣民的无限谢意感谢陛下的光宠，是御驾亲临才把战争与危险从我门前驱走的。

爱德华王 夫人，平身。我为你带来了和平，尽管我这一来，却把战争惹上了身。

伯爵夫人 对你没有战争，陛下。苏格兰人走了，带着仇恨奔回苏格兰老家了。

爱德华王 免得我在这里萎靡于可耻的爱情，来吧，我们去追苏格兰人。——阿尔托瓦，走！

伯爵夫人 等一会儿，我仁慈的君主，停留一下，让一位伟大国王的权威光宠一下我的屋顶吧。我的丈夫在战火中，听到这件幸事，将会喜得捷报频传了。敬爱的陛下，请勿吝惜你的身份，到了城门口，就请进寒舍吧。

爱德华王 原谅我，伯爵夫人，我不想走得更近，今夜我梦见了叛逆，我害怕。

伯爵夫人 让丑恶的叛逆远离这个地方！

爱德华王 （旁白）离她的共谋的眼睛[15]不能更近了，它正把染毒的光芒射进我心中，是任何心智或医术都无从挽救的。现在，只有在日光下面，它才不至于用光刺瞎凡人的眼睛；因为这里有两个我的眼睛想看见的白昼星辰，比太阳更甚地从我这里偷走了我自己的光。沉思默想的欲望[16]啊！经不起推敲的单相思——沃里克，阿尔托瓦，上马，咱们走！

伯爵夫人 该说些什么才能让我的君主留下来呢？

爱德华王 这样一双会说话的眼睛，比动人的讲坛更能说服人，它还需要什么舌头呢？

伯爵夫人　别让你的风采像四月的太阳，奉承一下我们的地球又突然落山了。别让我们的外墙更幸运，希望你也使我们的内屋增增光。陛下，我们的房屋像一个乡村的情人，她的服装粗拙，态度直率而平凡，并未预示什么贵重价值，但她内心由于丰富的慷慨和潜藏的豪华而变得美丽；须知在埋有金矿的地方，土地不为自然的花毯所覆盖，也会显得贫瘠、枯槁、不肥美、不富饶而又干巴巴；而在土地表层草皮夸耀美观、芬芳与五颜六色的财富之处，从那儿挖掘下去，就会发现这样的结果，原来它们的豪华不过是从粪便与腐败之中生长出来的。但是，为了补足我的冗长的比较，这些粗糙的城墙根本不能证明里面的一切，它们不过是一件斗篷掩藏着内秀的豪华，免遭风吹雨打而已。愿陛下比我的话语更仁慈，能说服自己停下来跟我一起待一会儿。

爱德华王　既漂亮，又聪明！当智慧作为美的卫士守住大门之际，什么可笑的疑虑值得倾听呢？伯爵夫人，虽然我军务缠身，我侍候你的时候，它也会等待的。跟我来，大人们，我今晚在此做客。

（同下）

第二幕

第一场

地点　罗克斯巴勒。城堡花园。
　　〔洛德威克上。

洛德威克　我注意到,他的眼睛盯着她的眼睛,他的耳朵在啜饮她的妙舌的倾吐,而变换着的激情如无常的浮云随风飘荡,起伏在他的不安的脸颊上。瞧,她脸一红,他就显得苍白,仿佛她的脸颊由于某种魔力,从他脸上吸走了鲜红的血;她一变得苍白,他的脸颊则由于敬畏,随即披上了深红的装饰,但不像她那种艳若朝阳的鲜红,不过有如砖瓦之于珊瑚,活物之于死者而已。为什么他要那样仿造她的脸色呢?她脸红,是在神圣君王面前感到的温柔、谦卑的羞愧,而他脸红,则是身为国王而低眉顺眼,显得尴尬,不免感到失礼的羞愧;她脸色苍白,是匹妇面见国王的畏惧表现,而他显得苍白,则是身为伟大国王而沾花惹草,不免有所内疚的恐惧感。跟苏格兰人不再打仗了,我却担心,一场恶作剧的桃色事件将旷日持久地围攻英国。陛下来了,一个人独自漫步。(站在一旁)

　　〔爱德华王上。

爱德华王　自从我来到这儿,她长得更加漂亮了,她的声音一个字比一个字更加清亮,她的如珠妙语也更加流畅。谈到大卫和他的苏格兰人,她发挥了多么奇特的一篇宏论!她说,"他甚至这样说话",——然后用苏格兰人的措辞和腔调讲起低地土话来,但讲得比苏格兰人更好;"这个样子,"她说,然后自己回答自己,除了她自己,谁还能像她那样讲话呢?她在城头用上天守护神的纶音,向她的野蛮的仇敌,轻轻发出甘美的蔑视。她谈到和平时,我想她的舌头在向监狱指挥作战;谈到战争,则把凯撒从他的罗马墓穴中惊醒,来倾听她的长篇大论,把战争美化。智慧是愚蠢,除非在她的口中;美丽是诽谤,除非在她的娇容上;天下没有夏天,除非她面露喜色;也没有严冬,除非在她的轻蔑中。我不能责怪苏格兰人把她围困,因为她是我国至高无上的宝贝;但是,本来有如此充分而美妙的理由停留下来,他们却逃走了,就不能不喊他们为胆小鬼了。——是你吗,洛德威克?(洛德威克上前)给我拿墨水和纸来。

洛德威克　我就去拿,陛下。

爱德华王　请大人们继续下棋吧,我要独自走一走,想一想。

洛德威克　我就去说,陛下。(下)

爱德华王　这家伙精通诗文,性格活泼,嘴巴灵巧。我要把我的热情告诉他,命他用一块细麻布把它遮起来,好让美神之王由此得知她本人就是我所以憔悴的缘故。(洛德威克上)笔墨纸张齐备了吗,洛德威克?

洛德威克　齐备了,陛下。

爱德华王　那么到凉亭去,坐在我身旁,把它当作议事厅或者小密室,既然我们的思想内容是绿的,我们在这里倾吐衷肠、发泄郁积,这个秘密会址也应该是绿的。洛德威克,现在祈求某位金色缪斯,给你送来一支魔笔,可以为叹息留下真正的叹息,谈到忧伤能使你立刻呻吟起来;当你写到眼泪,请在字前字后嵌进如此甜美的挽歌,足以在鞑靼人的眼中掬出同情泪,并使冷酷无情的塞西亚人[17]柔肠寸断,只因诗人之笔具有如此动人的力量。那么,如果你是一位诗人,就请这样动笔吧,并用你的君王的爱情把自己丰富起来:因为如果优美和弦的弹奏能够迫使地狱的耳朵[18]倾听,诗人智慧的歌曲岂不更可诱惑和驰荡柔弱而仁慈的心灵?

洛德威克　我的笔调是对谁的呢?

爱德华王　对一个使美人蒙羞、为智者抹黑的人,她的本体是一个抽象或者一个缩影,包含着世上每一种普遍的美德。你必须找出一个比"美丽"更好的开头,为漂亮创造出一个比漂亮更漂亮的字眼,而你所要颂扬的每一种风致,都得达到颂扬所能达到的最高点;只要你不怕被说成谄媚,那么如果你的倾慕是十倍于颂词本身的价值,你所要颂扬的对象的价值则将超出一万个十倍。动笔吧,我要去沉思一会儿。别忘记写下,她的美色使我多么动情,多么愁苦,多么憔悴啊。

洛德威克　我是给一个女人写吗?

爱德华王　还有什么美色能够征服我,或者除了女人还有谁值得我们送上恋歌?怎么,难道你认为我在请你歌颂一匹马么?

洛德威克　她是什么社会身份,这是我非知道不可的,陛下。

爱德华王　是这样一种身份:如果她的等级好比一个宝座,那么我的则是她踏脚的脚凳:你可以从她的尊贵的比例来判定她的身份了。写下去吧,我且在沉思默想中来精读她:她的声音好比音乐,好比夜莺——每个夏季欢蹦乱跳的乡下情郎,当他的晒黑了的情人讲话时,便把她比作音乐;为什么我还要说到夜莺呢?夜莺歌唱私通的过失[19],用它来打比喻未免太挖苦人了;因为过失虽然是过失,却不愿这样被判断。倒不如说,德行宁愿被看作过失,过失宁愿被看作德行。她的头发远比蚕丝更柔软,好比一面讨好的镜子,使黄色琥珀显得更美丽。——"好比一面讨好的镜子",比得太早了;因为要描写她的眼睛,我该说,它们就像一块玻璃,抓住了阳光,把炽热的反光从那儿弹回到我的胸中,再在里面把我的心燃烧起来。哦,多么丰富而和谐的曲调使我的灵魂唱出了爱情这支即兴的素歌。——喂,洛德威克,你把墨水变成了金子吗?如果没有,就用大写字母来写我的情妇的名字,它会使你的稿纸光彩夺目。念吧,洛德威克,念吧,以你的诗歌所引起的甜美听觉填补我的耳朵的空洞吧。

洛德威克　我还没有为她的颂词打上句号呢。

爱德华王　她的颂词跟我的爱情一样,两者都是无限的,说不定都走向如此激烈的极端,甚至鄙视一个完结的句号。她的美貌只有我的爱慕才配得上:她的美貌比最美还更美,我的爱慕比最爱还更爱,比更爱还更爱;她的美歌颂起来,比按水滴来数大海还要多:不,比按沙粒来量大地还要多。那么,对于需要无穷无尽倾慕的对象,何必要说什么句号呢?念吧,让我们听听。

洛德威克　"比夜后[20]更其漂亮而贞洁,"——

爱德华王　这一句有两点错误,粗俗而露骨。你把她比作苍白的夜后,摆在黑暗中,似乎有光?当太阳抬起了头,她又是什么呢,不过像一支快灭的细烛,朦胧而死寂?我的情人却不顾正午的天眼,敢于露出真容,来同金色的太阳比亮。

洛德威克　另一个错误是什么呢,我的君主?

爱德华王　把这一句再念一遍。

洛德威克　"……更其漂亮而贞洁,"——

爱德华王　我没有叫你说什么贞洁,来检查她品德上的财富,因为我宁愿她被人追求,而不是保持贞操。去他妈的月光诗行!我一个字也不要;让我把她比作太阳吧:比如说,她的光华三倍于太阳,她的才艺赛太阳,她提供的赏心乐事多如太阳,她化解寒冬像太阳,她鼓舞初夏像太阳,她使凝视者眼花缭乱像太阳,把她这样比为太阳,就让她慷慨大方也像太阳吧,太阳对于生长起来的最卑微的野草,像对芬芳的玫瑰同样慈爱地微笑。——让我们瞧瞧那句月光诗行后面是什么。

169

洛德威克　"比夜后更其美丽而贞洁,……在忠实方面更大胆"——

爱德华王　忠实！比谁？

洛德威克　——"比朱迪丝[21]。"

爱德华王　胡说八道！等于接着塞进一把剑,好在我求爱时,砍掉我的脑袋。删掉,删掉,好洛德威克。让我们听下文吧。

洛德威克　就只写了这几行。

爱德华王　我还是感谢你,你写得并不坏,但写出来的比坏更糟,更糟。不,让将领去谈狂暴的战争,让战俘去谈黑暗的禁闭,病人最会讲死亡的痛苦,饿汉最会讲筵席的丰盛,冻僵的人最会讲火的好处,每种灾难最会讲它幸福的对立面。爱情是讲不好的,除非在情人的口舌中。把纸笔给我吧,我来写——(伯爵夫人上)轻一点！我的心灵的宝贝来了。——洛德威克,你不知道怎样策划一场战役；这些侧翼,这些边卫,这些方阵在劝你放弃这不完善的操练：你应当把这个放在这里,把另一个放在这里。

伯爵夫人　请宽恕我的冒失,我的三倍仁慈的君主：请把我到这儿来的打扰看作我的本分,我有责任来看看我的君主起居如何。

爱德华王　(对洛德威克)去吧,去策划那一场战役,按照我告诉你的方式。[22]

洛德威克　我就去。

伯爵夫人　看见陛下如此不快,我很难过。你的臣民该干点什么,才可把你阴沉的伴侣、昏暗的忧郁从你身边赶开呢？

爱德华王　哦,夫人,我很迟钝,不能给羞愧的原由撒上慰藉的花朵。自从我来到这里,伯爵夫人,我就被委屈了。

伯爵夫人　上帝不准许我屋内任何人对我的君主心怀恶意！三倍仁慈的国王,请把你不高兴的缘故告诉我。

爱德华王　我将怎样才能有所补偿呢？

伯爵夫人　陛下,我将尽我全部的女性力量来争取你的补偿。

爱德华王　如果你说话当真,我便松了一口气：请尽你的力量恢复我的欢乐吧,我要欢乐,伯爵夫人;否则不如死去。

伯爵夫人　我愿效劳,陛下。

爱德华王　请发誓你愿意,伯爵夫人。

伯爵夫人　凭天发誓,我愿意。

爱德华王　那么,请稍微站开点,告诉你自己,一个国王迷上你了:就说你有力量使他快乐,说你曾经发誓要在你的力量范围内给他一切快乐。就做这个吧,告诉我什么时候我才会快乐。

伯爵夫人　这个都做到了,我三倍敬畏的君主。我有能力给予的爱情分量,你已连同全部虔敬的恭顺一并有了:为了证明这一点,请随意使用我吧。

爱德华王　你听见我说,我迷上你了。

伯爵夫人　如果迷上我的美貌,你能拿就拿去吧,虽然算不了什么,我更十倍地轻视它;如果迷上了我的美德,你能拿就拿去吧,因为美德越给越大;随你迷上什么,我都能给,你都能拿去,能继承它们。

爱德华王　我愿享有的,是你的美貌。

伯爵夫人　哦,如果它是涂上去的胭脂花粉,我就把它揩掉,从我身上剥夺下来,再交你;但是,陛下,它是同我的生命焊接在一起的:要拿一件,就得把两件一起拿走,因为它好像一个卑微的影子,离不开我夏日生命的阳光。[23]

爱德华王　你可以把它借给我玩玩嘛。

伯爵夫人　我的心灵可以借出去,我的肉体还活着;同样,把我的肉体,我的灵魂的邸宅,借出去,还留住了我的灵魂。我的肉体是她的闺阁,她的宫廷,她的修道院,而她则是一个纯洁、神圣、一尘不染的天使。如果我把她的房屋借给了你,陛下,我就杀了我可怜的灵魂,我可怜的灵魂也就杀了我。

爱德华王　你不是发过誓,我要什么你就给我什么吗?

伯爵夫人　我是发过誓,陛下,只要你所要的是我能给的。

爱德华王　我不再想要你不会给的,我也不乞求,我宁愿购买。那就是说,买你的爱;为了买到你的爱,我将以高价交易,把我的爱偿付给你。

伯爵夫人 除非你的嘴唇真是神圣的,陛下,你这样说,将亵渎爱情这个圣洁的名称。你向我供奉的那种爱,你可不能给,因为罗马皇帝是把那件贡品赐给他的皇后的[24];你向我乞求的那种爱,我也不能给,因为撒拉是把那份敬意献给她的丈夫的。[25]剪掉或仿造你的戳记的人都该死,陛下:难道你神圣的本人愿意犯下背叛天主的滔天大罪,把他的图像压印在被禁止的金属上,忘却你的忠节和誓言吗?违反了婚姻的圣律,你就破坏了比你自身更伟大的荣誉。当国王的世系要比婚姻世系晚得多:你的祖先,宇宙间第一男子汉亚当,是由于上帝的恩宠而成为已婚男子,但是当国王却不是由他抹的圣油。破坏你的法令,即使它不是陛下亲手制订的,都得受到惩罚;侵犯由上帝亲口制订、由他亲手盖印的神圣律条,又该受到多大的惩罚呢!我的丈夫现在正在战场为王室服务,我知道我的君主出于对他的眷爱,不过想试验一下索尔兹贝里的妻子,看她会不会听信一个荡妇的故事;免得留下来惹出瓜田李下之嫌,我还是离开这里为妙,但不是离开陛下。(下)

爱德华王 是她的美貌因她的言词而神妙,还是她的言词成了她的美貌的随军教士?恰像风美化了帆,帆适应了看不见的风一样,她的言词增强了她的美貌,她的美貌适应了她的言词。哦唯愿我是一只采蜜的蜂,从这朵花长出德行的蜂房,而不是一只吸毒的嫉妒的蜘蛛,把我所采的蜜汁变成致命的毒液!宗教是严峻的,而美是柔和的;对于如此美丽的一个受监护人,她的监护人是太严格了。哦,她过去和现在对我都像空气一样!可不是吗,她就是空气,我一抱她,就抱住了空气——什么也没抓到,除了我自己。我一定要把她弄到手,我不能用理智和谴责把痴迷的爱情赶走。(沃里克上)她的父亲来了:我要跟他合作,在这个爱情战场上举起我的军旗。

沃里克　我的君主怎么如此忧愁？请原谅,我可否了解一下陛下的苦楚？如果老臣能努力解除它,将不会让陛下久久等候。

爱德华王　你献了一份亲切而自愿的礼物,那正是我急于向你乞求的。但是,哦你世故老人,谄媚的伟大培育者,你为什么拿黄金般的言词包装人们的舌头,却用重铅压住他们的行为,以致好事跟不上诺言呢？哦唯愿一个人控制住心灵的秘本,堵住放肆的舌头,当它要说出那些言不由衷的谎话的时候！

沃里克　凭我这一大把年纪,我决不会拖欠灿烂的黄金而拿出铅块。年龄是愤世嫉俗者,可不是马屁精。我再说一遍,如果我知道你的苦楚,并且它可因我而减轻,那么我宁愿自己受害,也要为陛下买到好处。

爱德华王　这些话是骗子们常标出的价格,他们从没偿付过他们话语的义务。你毫不踌躇地为你所说的一切赌咒发誓,但你一旦知道我的苦楚的真相,你又会把你胡嗄出来的话语重新吞掉,让我依然一筹莫展。

沃里克　凭天发誓,我决不食言,哪怕陛下命我撞上你的剑头死去。

爱德华王　要是我的苦楚无药可医,除非损害和破坏你的荣誉呢？

沃里克　如果只有那种损害于你有利,我也愿意损害我的利益。

爱德华王　你认为你能重新取消你的誓言吗？

沃里克　我不能,即使我能,我也不肯。

爱德华王　但如果你取消了,我将对你说什么呢？

沃里克　对任何发假誓的、破坏誓言的神圣保证的恶棍该说什么,就对我说什么吧。

爱德华王　你对一个破坏誓言的人会说什么呢？

沃里克　他既背叛了对上帝和人的信仰,就该沦为不齿于二者的狗屎堆。

爱德华王　暗示一个人破坏对人和对上帝的誓约,这是什么行为？

沃里克　是魔鬼的行为,不是人的行为。

爱德华王　你得为我完成一件魔鬼的行为，或者破坏你的誓言，或者取消爱情与你我之间义务的一切联系；所以，沃里克，如果你真是你自己，是你的话语和誓言的主人，那就去找你的女儿，缠着她，想方设法劝说她成为我的情妇和外室。我不想等着听你回答：要么你的誓言破坏她的誓言，要么让你的君主死去。（下）

沃里克　哦色迷心窍的国王！哦让人恶心的任务！他以上帝的名义使我发誓，去破坏一个以上帝的名义许下的誓约，我就只好说服自己来侮辱自己了。如果我用我的这只右手发誓，来砍掉这只右手，又将如之何？与其砸掉一个玩偶，还不如玷污它的好。但两者我都不肯干：我要遵守我的誓言，到我的女儿那里去，撤销我向她宣讲过的所有贞节；我要说，她得忘掉她的丈夫索尔兹贝里，如果她记得去搂抱国王的话；我要说，一个誓言很容易破坏掉，但给破坏了，却不容易得到宽恕；我要说，爱是真正的施舍，但施舍到这个地步，却不是真正的爱；我要说，他的伟大禁得起羞耻，他的王国却买不起这桩罪过；我要说，我的职责是劝说，但她如果同意，就与她的贞节对不上茬儿。（伯爵夫人上）瞧她来了！从来没有父亲肩负过如此坏的一个对付女儿的使命。

伯爵夫人　父亲大人，我曾请求母亲和同族们督促你，要向陛下遵守诺言，尽力使他快乐。

沃里克　（旁白）我将怎样着手这件缺德的差使呢？我决不可称她为孩子，因为哪有父亲以这样一种请求方式勾引自己的孩子的呢？那么，我可不可以用"索尔兹贝里太太"开头？不行，他是我的朋友，哪里有朋友这样损害友谊的呢？（对伯爵夫人）你既不是我的女儿，也不是我的亲密友人的妻子；我更不是沃里克，如你所认为，我不过是地府的一名代理人，把自己的灵魂安装在他的皮囊里，来向你转达国王的一个口信：伟大的英格兰国王爱上了你，他有权力夺取你的生命，也有权力夺取你的荣誉，看来还是同意拿你的荣誉，而不是你的生命，作赌注吧。荣誉往往失而复得，而生命则是一去不复返。太阳晒枯干草,却滋养青草;国王会玷污你,也会抬举你。诗人们都写道,伟大的阿喀琉斯的长矛[26]能治愈它所造成的创伤:寓意就是,伟大人物能够补救他们所干的一切坏事。狮子诚然以其血腥利爪而显威风,而当奴性恐惧在它脚下颤抖时,它却显得温和起来,反而使其猎手本色增光;国王将以他的光荣掩盖他的羞耻,那些想揭发你却看见他的人们将因凝望太阳而丧失目力。大海烟波浩淼,能消化邪恶,使之丧失效力,试问一滴毒液又如何为害于它呢?国王的伟大令名会减轻你的罪过,并给谴责的苦药赋予一种饴糖似的美味;此外,这件事未可厚非[27],不能扔下不做,做做也没有害处。这样,我代表国王陛下,以正当的训导装扮罪恶,并等待你对他的请求的回答。

伯爵夫人 不通人情的围攻!我真倒霉,躲脱了敌人的危险,又糟糕十倍地为朋友们所围困!难道他没有办法污染我贞洁的血液,便要腐化我的血液的创造者,成为他的卑鄙可耻的撮合者?当毒药包围了根部,难怪枝丫会受到传染;严母毒化了乳头,难怪麻风患儿会死去。那么,就发放一份犯罪的许可证吧,并把危险的放荡缰绳交给青年手里;抹掉严格的法律禁令吧,取消每项规定以耻辱对不贞、以苦行对犯罪的准则。不,我宁可死去,也不会同意在他的堕落的肉欲中扮演一个角色,如果他的不可一世的意志一定要这样做。

沃里克 怎么你说话像我希望你说的一样呢,注意我又要收回我的话了:一座体面的坟墓要比一个国王秽亵的密室更可敬;人越是伟大,他所干的事不论好坏,也越是伟大;一粒渺不足道的尘埃飞舞在阳光里,要比它的实体显得更伟大;最新鲜的夏日会最快地毒化它似乎吻到的令人恶心的腐尸;一柄巨斧所造成的伤害是深刻的;在圣地犯下的罪过要比它本身严重十倍;按指示所作的坏事,就是调唆犯罪;用金缕玉衣打扮一个猢狲,穿着的华丽只会给那畜生增添更多的嘲笑。在他的光荣和你的耻辱之间,女儿,我认为应有一个广阔的理智领域:毒药在金杯里显得最坏;黑夜由于电闪而更暗;溃烂的百合花比野草更臭;而每种迁就犯罪的光荣,都因其反面而三倍地可耻。所以,我在你的胸怀留下我的祝福,它将变成最沉重的诅咒,当你从荣誉的金色名字转入黑色的团伙,陷入玷污婚床的耻辱。

伯爵夫人　我会听从你;如果我转向那个念头,让我的肉体把我的灵魂沉入无底的深渊!

〔全体下。

第二场

地点　罗克斯巴勒。城堡一室。

〔从法国来的德比由一门上;奥德利偕一名鼓手由另一门上。

德比　三倍高贵的奥德利,幸会幸会!陛下和贵族大人们近况如何?

奥德利　我是整整半个月以前见过陛下,那时他派我去征募新兵,我完成了这个任务,把他们带到这儿来了,整整齐齐排列起来,供陛下检阅。德比大人,皇帝[28]那里有什么消息?

德比　恰如所愿:皇帝已为陛下提供了友好的援助,让我们的国王在他所有的国土和庞大领地当陆军中将。走吧,到法国广阔的边境去。

奥德利　陛下听见这些消息,不是会喜得跳起来吗?

德比　我还没来得及宣布它们。国王在他的密室里烦躁不安;不知为了什么,可他下命令,任何人不得打扰他,直到午餐以后。索尔兹贝里伯爵夫人,她的父亲沃里克、阿尔托瓦,大家都显得愁眉苦脸。

奥德利　无疑出了什么差错。

〔幕后喇叭声。

德比　喇叭响了:国王启驾了。

〔国王上。

奥德利　陛下来了。

德比　愿吾王万事如意!

爱德华王　咳,你要是个巫师才做得到!

德比　皇帝向陛下致意。(呈上信件)

爱德华王　(旁白)唯愿是伯爵夫人来的!

德比　还答应了陛下的请求。

爱德华王　(旁白)你撒谎。她没有答应,但我会要她答应。

奥德利　一切爱与忠义归于吾王!

爱德华王　除非那个人的,一切都是废话。——你带来什么消息?

奥德利　我遵照陛下的谕示,征集了马匹和步兵,并把他们带来了。

爱德华王　那就让那些步兵跟在马匹后面,按照我们的开拔令,马上起程吧。德比,我要马上了解伯爵夫人的想法。

德比　伯爵夫人的想法吗,陛下?

爱德华王　我是说皇帝。让我一个人待会儿。

奥德利　他的想法是什么?

德比　让他一个人生闷气去吧。

〔德比和奥德利同下。

爱德华王　心事重重,就由舌头露了出来:把皇帝说成了伯爵夫人;可又有什么不对呢?她就是我头上的元首,我要像一个奴才跪在她面前,察看她眉宇间的喜怒。(洛德威克上)是不是比克莉奥佩特拉和凯撒[29]配对更富于魅力?

洛德威克　今晚以前她就会回答你的,陛下。

〔幕后鼓声。

爱德华王　哪儿来的鼓声,敲起了进行曲,像打雷一样,把我胸中温柔的丘比特[30]吓了一大跳?可怜的羊皮!鼓手那么敲打它,它会痛骂的。去吧,去把那张打雷的羊皮鼓底揭下来,我要教它演奏

177

美妙少女心中的甜美诗行；我要用它作为写字纸，好把它从一面骂人的鼓变成一位女神和一位伟大国王之间的信使和传情人。去吧，去叫鼓手学着弹琵琶，否则把他吊死在他的皮鼓索上，因为我们认为，拿这样刺耳的轰响来扰乱乐园，是件野蛮的行为。滚吧！（洛德威克下）我吵起架来，可不需要武器，我的武器要以带有刺耳呻吟的低沉进行曲迎接敌人；我的眼睛就是我的箭矢，我的叹息可以用来作为一阵顺风，刮走我最甜美的大炮；唉，唉，她有太阳，就占了我的便宜，因为太阳就是她本人，从此诗人们便把放荡的战士[31]称为盲童；但是，爱情却有眼睛，可以引导他的脚步，直到过分被爱的荣宠晃得它们看不见。（洛德威克上）又怎么样了！

洛德威克　陛下，那狂敲进行曲的战鼓，是你三倍英勇的儿子、爱德华王子让敲的。

〔爱德华王子上。

爱德华王　我看见那孩子了。（洛德威克下）（旁白）哦，他妈妈的面孔就跟他的一模一样，正在纠正我堕落的欲望，在谴责我的心，在痛骂我的贼眉贼眼，一面向别处瞅，一面把她瞧个够；最卑鄙的盗窃也不能借口贫穷原谅自己。——孩子，有什么消息？

爱德华王子　父王，为了我们对法国有事，我聚合了我们英国血统最精选的青年；我们来到这里，接受陛下的指挥。

爱德华王　（旁白）我还在他身上看出，他妈妈的容貌给勾画出来了：他那双眼睛就是她的，动也不动地凝视着我，使我脸红，因为那些对它们不起的过失露馅儿了：欲望是一团火，而人像灯笼，甚至通过他们自身，显示了他们体内反复无常的情欲。滚开吧，三心二意的虚荣，放荡的丝穗！美丽不列颠的辽阔领土都被我征服了，难道我还主宰不了我自己的这座小公馆？给我一件永远不坏的钢甲，我能征服所有的国王；难道我就不能征服我自己，以致成为我的敌人的朋友吗？一定不可这样。——喂，孩子，前进，向前进！让我们的军旗在法国的天空高高飘扬！

〔洛德威克上。

洛德威克　陛下,伯爵夫人笑容满面地请求晋见。

爱德华王　哈,成了！她的一笑赎买了被俘的法国,把法国国王、王太子和贵族们都释放掉吧。——去吧,内德,离开我,去跟你的朋友们寻欢作乐吧。(爱德华王子下)(旁白)你妈妈黑不溜秋,你就像她,使我想起她多么丑。——去用你的手把伯爵夫人搀到这儿来,让她来驱散这些冻云吧,她能使天地美化起来！(洛德威克下)说起罪过来,砍杀贫民比在非婚床上拥抱希世宝典[32],可要大得多:从赤身裸体的亚当直到此时此刻,历来如此。(伯爵夫人由洛德威克陪上)去吧,洛德威克,把你的手伸进我的钱袋里去;去玩吧,花吧,给吧,闹吧,扔吧;想干啥就干啥吧,你且走开一会儿,让我待在这儿。(洛德威克下)现在,我灵魂的要伴,你可来了,是来向我对你的美妙爱情所提的请求,不止说声"可以"这个纶音般的答词吧。

伯爵夫人　我的父亲以他的祝福命令——

爱德华王　命令你答应我。

伯爵夫人　是的,陛下,答应你当然的权利。

爱德华王　而且是,亲爱的,以公道报公道,以爱报爱。

伯爵夫人　然后就是以怨报怨,永远以恨报恨了。但是,既然我看见你是如此铁心,尽管我不愿意,我已享有丈夫的爱,陛下更有崇高的身份,你却毫无顾忌,吓得我别无考虑,只好委曲求全,不愿意也得强迫自己说"愿意",只要陛下清除了你的爱和我的爱之间的障碍。

爱德华王　说说看,美丽的伯爵夫人,凭天发誓,我一定清除。

伯爵夫人　那就是他们的生命,堵在我们的爱情之间,我恨不得把它们掐死,我的君主。

爱德华王　谁的生命呢,夫人？

179

伯爵夫人　我三倍爱慕的陛下,就是你的王后和索尔兹贝里,我的明媒正配的丈夫,他们活着就有权要求我们的爱,我们不能给予,就只有让他们死掉。

爱德华王　这个反建议可不合法啊。

伯爵夫人　你的情欲也不合法。如果法律妨碍你执行这一个,就让它禁止你试图另一个吧。我不认为你会像你说的那样爱我,除非你实现了你的誓言。

爱德华王　别再说了,你的丈夫和王后都得死去。你远比希罗更漂亮,没长胡子的利安德也没有我强壮:他为了爱泅过一条平缓的河,我可要泅过一条血的赫利斯彭,抵达我的希罗所在的塞斯托斯[33]。

伯爵夫人　不,你将做得更多;你还得拿他们的鲜血流成那条河,那些把我们的爱分开,却把我的丈夫和你的妻子连在一起的鲜血。

爱德华王　你的美貌使他们罪有应得,提供了他们该死的证据;我作为他们的法官,就可根据这个裁决,宣判他们死刑。

伯爵夫人　(旁白)哦发伪誓的美人!更其腐化的法官!一旦面临我们头顶的星室法庭[34],末日审判就要求交代这罪恶的阴谋,我们两人将为此而发抖。

爱德华王　我的美人说什么?她下决心了吗?

伯爵夫人　下决心毁灭,所以才这样:伟大的国王,遵守你的诺言,我才是你的。站在那儿别动:我稍微离开你一点——瞧我怎样把自己交给你手里。(突然转向他,露出两柄匕首)我身旁这里挂着我的婚刀[35]:你拿一把,用它杀你的王后,照我的办法学着到她躺的地方去找她[36];我将用另一把去处决我的爱,它现在正熟睡在我心里。等他们都死了,我才同意和你相爱。别动,好色的国王,别阻拦我:我的决心比你的阻拦更敏捷,你怎么也救不了我;你一动,我就刺;所以,站着别动,听我安排你来选择:(跪下)要么发誓放弃你最邪恶的求爱,从此不再纠缠我;要么,老天在上,这把尖刀就会用你要玷污的、我可怜的贞洁的血,来污染你的土地。发誓吧,爱德华,否则我就刺下去,死在你的眼前。

爱德华王　我发誓,甚至以我现在有力量为我自己羞愧的力量发誓,从此决不再开口说任何近乎求爱的话。起来吧,真正的英国夫人,我们岛国为你而自豪,可能超过当年罗马人为多少文人歌颂不完的被强暴的贞女[37]而自豪。起来吧,让我的错误成为你的荣誉,千秋万代也不减色。我已从这个荒唐梦中醒过来了。——沃里克,我的儿子,德比,阿尔托瓦,和奥德利,英勇的武士们,这会儿你们都在哪儿?(众人上)沃里克,我封你为北方的摄政:——你,威尔士亲王[38],还有奥德利,一直赶到海边去;赶到纽哈芬去;待在那儿等我;——我本人,阿尔托瓦,和德比将游历弗兰德斯,问候一下我们在那里的朋友,并请求他们的援助。今夜我还来不及透露我对于一位忠实情人的愚蠢的围攻;因为在太阳辉耀东方天空以前,我们将用军乐惊醒她。

〔全体下。

第三幕

第一场

地点　弗兰德斯。法国军营。

〔法国约翰王,其二子,诺曼底的查理和腓力,和洛林公爵上。

约翰王　就在这里,让我们安营扎寨,等待我们的千帆海军平安抵达,直到他们从海上为我们的敌人做好一顿早餐。——洛林,爱德华准备得怎么样了?你可曾听说,他为这次远征筹措了足够的军需?

洛林　抛开不必要的逢迎奉承,也不花时间闲聊细说,显然到处沸沸扬扬,陛下,说他的防御固若金汤。他的臣民踊跃参战,仿佛准备迎接一次凯旋。

查理王子　英国惯于心怀不满,那些嗜血的闹事的卡蒂利列们,败家子们,以及一心只想改变、更迭政权的家伙们;难道他们在自己内部都可能那么忠诚吗?

洛林　像我以前向你禀告过的那样,除了苏格兰人[39],几乎人人都庄严声明,决不让剑入鞘,宣布停战。

约翰王　哦,这还可以寄托一点希望;可是,另一方面,想想爱德华王在尼特兰德[40],在那些好酒贪杯的享乐主义者、那些给浓啤酒灌得起泡的荷兰佬中间,结交了怎样一些朋友,他们不论到哪儿都狂喝痛饮,实在让我不少生气;此外,我们还听说,皇帝参加进来了,以他自己的名义授予他指挥权。但是,谁人数越多,荣誉越大,谁就会获胜。除了国内的军力,我们还有一些朋友:凶狠的波兰人,好战的丹麦人,波希米亚和西西里国王[41],都成了我们的同盟者,我想,他们正在快步开到这里来。(幕后鼓声)别嚷嚷,我听见了他们的鼓乐,我猜他们就要到了。

〔波希米亚王带丹麦人上,一名波兰将领带其他士兵,若干莫斯科人从另一方上。

波希米亚王　法兰西的约翰王,我们的盟友和邻居,朋友有难,我带领我国军队来援助你哪。

波兰将领　从土耳其人害怕的莫斯科,从高尚的波兰,勇士们的保姆,我带领这些随从们来为你打仗哪,他们都甘心为你的事业大显身手。

约翰王　欢迎,波希米亚王,欢迎大家!你们这番伟大的情意,我不会忘记。除了从我们的国库里,你们可以得到按克朗[42]计的丰厚的报酬外,还有一个浮躁的国家大模大样地来了,打败了它更可以得到三倍的收获。现在,我满怀希望,十分高兴:在海上,我们强大到有如阿伽门农[43]的军队在特洛伊港;在陆地,我们可以同薛西斯[44]较量实力,他的士兵口渴了能够喝干江河。而盲目、冒失的内德则会像查理曼大帝的神马[45]一样,妄图攫取我们的王冠,要是不被海浪所吞没,那么一上岸就会给砍成肉酱。

〔一名水兵上。

水兵　陛下,我正忙于守望任务时,在海岸不远处发现了爱德华王的傲慢的舰队,我远远望见它们,开头仿佛一片枯萎的松林,等靠近了,便露出了它们显赫的气派,它们用彩绸制成的飘扬的舰旗,好比一片百花齐放的草原,装饰着大地赤裸的胸膛:它们的行列井然有序,威风凛凛,形成一个新月形的包围圈;而在旗舰的上桅上,像它所率领的侍女,英国和法国的纹章合并在一起,公平地按照纹章学画在盾牌一角上;它们就这样乘风破浪,向这里全速开过来了。

约翰王　他竟胆敢来收割鸢尾花[46]吗?我倒希望,同时从那里采集到蜂蜜,他后来带着蜘蛛光临,就得从叶子吸取致命的毒液。我们的海军在哪儿?它们准备怎样飞抵抗这些飞来的乌鸦?

水兵　它们已经得到斥候带来的情报,无不义愤填膺,立即起锚开动,正当空腹的苍鹰飞扑而来,想满足它那饿得要命的胃时,它们便都乘风扬帆前进了。

约翰王　这是你报信的酬劳。(给钱)回到你的船上去吧,如果你躲脱战火的血腥打击,经受这场战斗还活着,那就再来吧,让我们听听当时的战况。——(水兵下)这时分,大人们,最好我们分散到几个地方去,免得他们乘机登陆:首先是你,大人,请带领你的波希米亚部队,到低地去打几仗;我的长子,诺曼底公爵,和这支莫斯科援军一起,从另一条路爬到高地去;我的次子,腓力,和我将在这里,在中间位置,在你们二位之间,驻扎下来。大人们,去吧,去照料你们的任务:你们代表法兰西,一个美丽而庞大的帝国。(查理太子,洛林,波希米亚王及其他部队下)现在告诉我,腓力,你对英国人的挑战怎么看?

腓力王子　我说,陛下,不管爱德华要求什么,他都拿不出清清楚楚的一个家谱,需知是你占有了王冠,这可是一切法律最可靠的一点;如果不是这样,那么趁他还没得势,我愿流尽我的鲜血,把那些七零八落的暴发户赶回家去。

约翰王　说得好,小腓力!叫人拿面包和酒来,我们吃点东西,慰劳一下我们的胃,好更严厉地迎击我们的敌人。

〔搬进一张餐桌等等。约翰王和腓力王子就座。远处鏖战声可闻。

海上见真章儿的一天来到了。战斗吧,法国人,战斗吧!像在洞里保卫幼崽的熊一样战斗吧。愤怒的复仇女神,掌稳幸福的舵柄,用你激烈战斗的硝烟,让英国舰队溃散下沉吧。

〔枪炮声可闻。

腓力王子　哦父王,这些轰鸣的炮声像甜美的音乐消化着我的食物!

约翰王　孩子,你听,为一个王国的主权而战,是多么惊天动地的恐怖啊:大地摇晃起来,便颤抖得晕头转向;空中的流弹准备发泄膨胀心胸的仇恨,便以电闪的强度甚至打碎、吓倒了一个个国王。(吹响退却号)退却号吹响了;不知哪一方倒了霉。哦,如果是法国,那么亲切的幸运女神,请转身吧,你一转身,就会刮起顺风来,我们的将士好利用晴朗的天气击败对方,对方也好溜之大吉。(水手上)瞧他一脸死相!我不得不担心了——说吧,今天的荣誉属于谁?等你缓过这口气,请把这次溃败的悲惨经过讲一讲。

水兵　遵命,陛下。我仁慈的君主,法国已经打败了,自命不凡的爱德华在欢庆胜利。那些铁石心肠的海军官兵,我上次向陛下报告的时候,双方都已怒气冲冲,充满希望和恐惧,匆匆忙忙赶去对峙起来,终于交上了火,他们的旗舰使我们的旗舰挨了许多炮弹;另外的舰只由此看出,这两艘旗舰肯定会制造进一步的破坏,便也像火龙一样傲然翱翔起来;这样一交锋,从它们烟雾腾腾的船体内部,送出了许多残忍的死亡使节。于是,白昼开始变成阴惨的黑夜,黑暗包围着活人,像包围新近的死者一样。朋友们都来不及告别,即使来得及,那骇人听闻的噪音让每人觉得对方仿佛又聋又哑。大海变成紫红色,海面充满从伤口流出的血液,快得像它喷涌的水分渗进被射穿的船板的缝隙。这里飞起一个从身躯斩落的头颅;那儿是砍断的手臂和腿部被抛得老高,仿佛一阵旋风刮起夏日的尘埃,并把它撒向半空中。然后,你可以看见摇摇晃晃的船只断裂开来,颠簸着沉入了无情的波涛,直到它们的顶端再也看不见。所有手段都尝试过了,既为了保卫自己,也为了伤害别人;现在,关于勇敢和恐惧、果断和懦怯的效果,我们可以生动地描述如下:一方为了扬名而战,另一方则是迫不得已而迎战。

"无敌号",那英勇的兵舰,干得很漂亮;布伦的"黑蛇号"干得同样漂亮,出海的船只没有一艘赶得上它。但是,一切枉费工夫:太阳、气流和潮水都倾向了我们的敌方,我们不得不给他们让路;于是,他们登陆了。我的故事也讲完了:我们终于失败了,他们打赢了。

约翰王　那么什么也别停顿,马上把我们几支部队拉到一起,叫他们再接再厉,别让他们走得太远——喂,好腓力,我们动身去吧:这个水兵的话刺穿了为父的心。

〔全体下。

第二场

地点　匹卡蒂。克雷西附近战场。

〔两个法国人、一个妇人和两个小孩上;另一个法国公民和他们相遇。

第三个法国人　幸会,幸会,先生们。有什么新闻吗?为什么你们载着这些家什?怎么,是结账日到了,你们要搬家,才带着大包小包?

第一个法国人　唉,什么结账日,只怕是"送葬日"呢。你没听见新闻满天飞吗?

第三个法国人　什么新闻呢?

第二个法国人　法国海军完蛋了,英国军队上岸了。

第三个法国人　那又怎么样?

第一个法国人　你还说,那又怎么样?哼,灾祸和毁灭就在眼前,还不赶快逃走吗?

第三个法国人　放心吧,伙计:他们离这儿还远着呢;我保证,他们要想深入内地,还得付出代价的。

第一个法国人　唉,蚱蜢在冬天到来之前,总会逍遥自在一番,可等严寒掐断它无忧无虑的脑袋,它再想补救就太迟了。一瞧天要下雨,最好马上准备一件蓑衣,否则粗心大意,觉得它不会下,说不定会淋成落汤鸡。我们责任在身,拖家带口,还跟着一大帮左邻右舍,不得不及时为他们和我们自己瞻前顾后,免得临时想自救也来不及。

第三个法国人　看来你认为注定要失败,你的国家就要投降了。

第二个法国人　那可说不准;最好还是作最坏的打算。

第三个法国人　你们要打才是,可不应该像些私生子,把你的双亲抛弃在灾难里啊。

第一个法国人　啐,那些已经拿起武器的人,比起我们一小撮敌人来,可是成千上万的可怕人物;何况到处还在正正当当地发牢骚:爱德华是我们先王的姊妹的儿子,约翰·伐洛瓦可隔了三个亲等[47]。

妇人　此外,还流传着一个预言,是一个当过修士的人传出来的,他的神谕多次应验过;现在他又说了:"马上就会发生,一头狮子[48]在西方跳了起来,将从这里把法国的国花抢走。"我告诉你们,这些话,还有这类猜测,让许多法国人心寒透了。

〔第四个法国人匆上。

第四个法国人　快跑吧,同胞们,法国公民们,欣欣向荣的和平,幸福生活的根本,已经被抛弃了,从这个国土给撵走了;取而代之的是不得不抢劫和摧毁的战争,像乌鸦一样蹲在你的屋顶上;屠杀和灾祸在你们的街头昂首阔步,所到之处就是肆无忌惮的浩劫,现在我还看得见它在我所出生的美丽山乡肆虐的痕迹;极目一望,就可看见五座城池着火了,麦田和葡萄园烧得像火炉;风中的烟雾稍微吹开一点,我同样可以看出,可怜的居民虽然逃脱了火焰,却有无数个栽在士兵们的矛头上。这些可怕的惩罚代理人踏着拍子走来了,从三路来完成他们的悲剧的行程:从右方来了那攻无不克的国王,从左方来了他的急躁的无法无天的儿子,在中央则是我们民族的服饰华丽的主人;他们虽然都还遥远,却正协力共谋在所到之处留下一片废墟。公民们,你们要是聪明一点,就请快跑吧,到远处去找栖身之地吧;要是待在这儿,你们的妻子将会受辱,你们的财富将会在你们泪眼面前被瓜分掉。快躲起来吧,暴风雨就要来了。去吧,去吧!我想我听见了他们的鼓声。哦倒霉的法兰西,我真担心你会覆灭;你的荣耀在晃动,像一堵摇摇欲坠的墙。

〔全体下。

第三场

地点　匹卡蒂。克雷西附近战场。

〔爱德华王,带兵的德比伯爵,和戈本·德·格雷上。

爱德华王　靠那个法国人老练的引导,我们才找到这条索莫河的浅滩,知道登陆的窍门:他现在在哪儿呢?

戈本　我在这儿,大人。

爱德华王　你叫什么名字?告诉我。

戈本　我叫戈本·德·格雷,如果阁下高兴的话。

爱德华王　戈本,为了你所提供的服务,我准备释放你,给你自由;为了回报你,除了这点好处,你还可以得到五百金马克[49]。——不知是怎么回事,我早就应当碰见我的儿子,我现在衷心希望看见他。

〔阿尔托瓦上。

阿尔托瓦　好消息,陛下:王子就要到了,跟他一起来的,还有奥德利勋爵和别的一些人,自从登陆以来,我们一直没有碰见他们。

〔鼓声。爱德华王子,奥德利勋爵和士兵们上。

爱德华王　欢迎,漂亮的王子!你登上法国海岸以来,可是一路顺风?

爱德华王子　感谢上天保佑,真是一帆风顺。他们几个最坚固的城市,如阿弗鲁、洛、克罗泰和卡兰蒂涅[50],都给我们攻下了,别的一些被打得乱七八糟,给抛在我们身后,简直是一片路断人稀的废墟。凡是肯投降的人们,我们都仁慈地加以宽恕。至于轻蔑拒绝我们所提和平的人们,一律严惩不贷。

爱德华王　唉,法兰西,你为什么如此固执,竟然拒绝你的朋友们亲切的拥抱呢?我们曾经多么慷慨地认为,会抚摸到你的胸脯,会把我们的脚放在你温柔的土地上,想不到你桀骜不驯,目中无人,像一匹顽劣而易惊的小马驹,跳到一旁,用你的后跟踢我们。——告诉我,内德,在你整个征战过程中,可曾见到那个窃国篡权的法国国王?

爱德华王子　见到过,父王,不到两小时以前,他带领十万人马,在河岸这一边,我在那一边;我原担心他会用大军切断我们这支小部队;想不到他发觉我们来了,却撤退到克雷西平原去了,从他摆好的阵势看,好像他马上就想跟我们打一仗。

爱德华王　不胜欢迎:这正是我们求之不得的。

　　〔鼓声。约翰王,诺曼底公爵和洛林,波希米亚王,小腓力王子,和士兵们上。

约翰王　爱德华,要知道约翰我,法兰西真正的国王,一想到你竟然侵占我的国土,在你的残暴进军中屠杀我忠顺的臣民,毁坏我的城镇,就恨不得朝你脸上直吐唾沫;接着还由于你傲慢的入侵,要痛斥你一顿:首先,我谴责你是个亡命之徒,偷偷摸摸的海盗,一个穷小子,或者身无立锥之地,或者住在五谷不生的荒野,完全靠小偷小摸为生;其次,既然你违背了你的信仰,破坏了跟我所订的盟约和神圣协议,我就把你当作一个不老实的恶毒的坏蛋;最后,我虽不屑于与一个比我低三下四的人对抗,但考虑到你一心渴求金银,你的苦劳与其说让人爱,不如说让人怕,为了满足你这两方面的欲望，我来到这里，随身带有大量的财宝、珍珠和金币。因此，别再去摧残弱者，而是拿起武器，和拿起武器的大打一场，也好让大家瞧瞧，你除了小偷小摸，还能够光明正大地赢得这些战利品。

爱德华王　如果说胆汁或苦艾有什么美味，那么你的问候便像蜜一样甜；可是前者并没有这样的性质，后者更是莫大的讽刺。我却知道怎样来看待你这无聊的奚落：如果你说这一大堆，是想挫败我的令名，或者模糊我的出身的信誉，那么要知道你的犬吠狼嗥根本伤不了人；如果暗中想讨好世人，并用娼妓的做作手段来粉饰你邪恶而丑陋的目标，那么要相信虚有其表总归会褪色，你令人作呕的缺点总归会暴露；如果你这样做，是为了激怒我，就像有人说我不过是胆小怕事，或者粗心大意，冷酷无情，需要狠狠刺一下，那么请你想想，我在海上是多么稳健；自我登陆以来，我没有夺取一个城镇，也没有深入到海岸线以远，此后一直睡得安安稳稳；但是，如果我没有从事别的活动，那么，伐洛瓦，请想一下，我会不会有意小小地打一仗，不是为了战利品，而是为了你头上戴着的王冠；我发誓要得到它，否则你我总有一个要跌进坟墓里去。

爱德华王子　别在这里讨我们的对骂或者仇恨的诅咒。让躲在空洞河畔的爬行毒蛇用它们的舌头刺人吧，我们有无情的刀剑，用来为我们和我们的事务答辩。但是，请父王允许，让我说得痛快点：既然你喉咙里蛮横的毒汁尽是可耻的臭名昭著的谎言，而我们的所谓争吵又确实是公正的，那么我们今天相遇，就此结束战斗吧；愿我们双方或者成功而兴旺，或者受到不幸的诅咒，落得永远蒙羞。

爱德华王　那是再也用不着怀疑的。我知道他的良知会证明我的公道。——所以，伐洛瓦，请你说吧，你是愿在镰刀插进麦秆以前投降呢，还是让着燃的怒火变成火焰？

约翰王　爱德华，我知道你在法国有过什么公道，在我卑屈地放弃王冠以前，这片旷野将要血流成河，我们满眼所见将是一座屠宰坊。

爱德华王子　唉,这恰好证明你是一个暴君:根本不是你的王国的父亲、国王或牧人,而是一个亲手对它掏肠挖肚的人,像一只渴虎,在喝它的血。

奥德利　法国的贵族大人们,你们为什么还要跟随他,这个对你们如此草菅人命的人?

查理皇太子　除了他们那位天生的君主,他们应当跟随谁呢,老浑蛋?

爱德华王子　你骂他,是因为时间在他脸上刻下了深深的皱纹吗?要知道这些饱经风霜的严肃学者,像挺拔的橡树一样,当旋风很快把幼树摇得直晃,他却站着动也不动。

德比　在这之前,你的父系中除了你本人,还有哪一个当过国王呢?[51]可爱德华的伟大血统,就母方而论,五百年来却一直掌握着权杖。那么,判断一下吧,阴谋家们,按出身来说,究竟哪一位是天生的君主呢,是这一位还是那一位?

腓力王子　父王,摆开阵势吧,别再跟他们闲扯了。这些英国佬想用废话消磨时间,一到夜晚就会溜之大吉。

约翰王　大人们和亲爱的臣民们,现在是一试身手的时候了。我的朋友们,请简单地想一想:你们为之战斗的,是你们天然的国王;你们所抵抗的,是个外国佬;你们为之战斗的国王仁慈地统治着,用温和的笼头驾驭你们;你们所抵抗的那个人,如果得了势,马上就会登基成为暴君,奴役你们,用高压手段削减并限制你们最美好的自由。那么,为了捍卫你们的国家和你们的王,让你们心中崇高的勇气配合你们许许多多能干的双手吧,我们会很快赶走这些亡命之徒;这个爱德华是个什么东西,不过是个饕餮者,一个软弱而好色的淫棍,前些时还几乎为爱而死。我问你们,他的漂亮的卫队又算得了什么?不过是些断了脊梁骨的家伙,把他们的羽绒床搬走,他们马上就会瘫痪下来,仿佛是些给骑累了的老马。法国人啊,可别让他们成为你们的主子,用奴役的枷锁囚禁你们。

全体法国人　国王万岁![52]上帝保佑法国的约翰王!

约翰王　现在就请在这片克雷西平原上摆开阵势:爱德华,你要是敢,就开始打吧。

〔约翰王、他的随从和士兵全下。

爱德华王　我们马上会跟你交手的,法国的约翰:——英国的贵族大人们,今天让我们下定决心,或者摆脱我们可耻的罪过,或者清白无辜地被埋葬掉。——内德,因为这一仗是你在正规战场打的第一仗,按照古代的军事惯例,本应授予你骑士的标记,我们庄严地赐给你武器。那么,传令官,让勤务兵给王子,我的儿子,拿一套坚固的装备来。

〔花腔演奏。四名传令官捧进一副铠甲,一顶头盔,一柄长矛和一面盾牌。第一名传令官把铠甲呈交给爱德华王,他再把它披在他儿子身上。

不兰他日奈王朝的爱德华[53],我以上帝的名义,用这件铠甲护住你的胸膛,好把你高贵的坚韧的心脏以燧石般无比刚毅的精神包围起来,决不让卑劣的情操窜入:勇敢地战斗吧,要无往而不克!——跟他去吧,大人们,还要给他带来荣誉。

德比　(从第二名传令官手中接过头盔)不兰他日奈王朝的爱德华,威尔士亲王,我把这顶头盔戴在你头上,用它来围护你的脑袋,愿你的太阳穴还由战神之手装饰起胜利的桂冠:勇敢地战斗吧,要无往而不克!

奥德利　(从第三名传令官手中接过长矛)不兰他日奈王朝的爱德华,威尔士亲王,请用你男子汉的手握住这柄长矛;用它作为一支黄铜般坚硬的巨笔,在法国引出血腥的谋略,把你的武功印在光荣簿上:勇敢地战斗吧,要无往而不克!

阿尔托瓦　(从第四名传令官手中接过盾牌)不兰他日奈王朝的爱德华,威尔士亲王,拿住这个小圆盾,把它挂在你的手臂上,愿它像帕修斯的盾[54],让你的敌人一看见它,就吓得目瞪口呆,变成粗陋死亡的不省人事的形象:勇敢地战斗吧,要无往而不克!

爱德华王　现在除了你迟迟尚未显示、直到在战场上才赢得的骑士风度，什么也不缺少了。

爱德华王子　仁慈的父王，热心的贵族大人们，你们赠给我的这番荣誉，无异于老雅各向儿子们祝福的话语[55]，以令人欣慰的吉兆，激发了并鼓舞了我很少显露的青春膂力。你们这些神圣的礼物，如果有朝一日我亵渎了它们，或者不是为了荣耀我的上帝而使用它们，不是用来保护孤儿和贫民，不是为了有助于英格兰的安宁，那么就让我的肢体麻木，我的双手瘫痪吧！让我的心脏凋残吧！让我像一株枯树，永远成为耻辱的图像！

爱德华王　那么，我们的硬仗就这样安排：率领前沿部队，内德，是你的任务；为了更其美化他的英武精神，奥德利，我们要用你的庄重来调节它，以便勇气与经验合而为一，你的运筹帷幄无与伦比；至于大队人马，将由我亲自领导；德比，请到主力后卫去。就这样严整军容，列阵以待，让我们上马，愿上帝助我成功！

〔全体下。

第四场

地点　匹卡蒂。克雷西附近战场。

〔一片惊惶。许多法国人飞跑而上；后面追奔着爱德华王子和英国士兵。然后，约翰王和洛林公爵上。

约翰王　洛林，你说说，我们的人为什么要逃呢，我们的人数可比我们的敌人多得多啊？

洛林　是热那亚的部队[56]，陛下。他们都从巴黎来，走得人困马乏，不愿突然上阵，在前线还没站住脚，马上就撤退，这样就使别的部队也灰心丧气，跟着逃之夭夭，为了抢先逃到安全地带，挤成一团，挤死的比被敌人杀死的多一千倍。

约翰王　哦真倒霉！让我们试一试,看能不能叫他们停下来。
〔全体下。

第五场

地点　匹卡蒂。克雷西附近战场。
〔鼓声。爱德华王和奥德利上。

爱德华王　奥德利大人,我的儿子在追赶敌军,且把我们的队伍撤到这座小山头去,让我们在这儿喘口气吧。
奥德利　遵命,陛下。
爱德华王　公平判决的上苍,他的深谋远虑对于我们浅陋的见识,实在不可思议,我们不得不这样歌颂你的神功,今天它已经指出了人间的正道,并使邪恶者终于搬起石头砸了自己的脚。
〔阿尔托瓦上。
阿尔托瓦　快救人,爱德华王！快救你的儿子！
爱德华王　救人吗,阿尔托瓦？怎么,他被俘了,还是被打下马来？
阿尔托瓦　都不是,陛下,而是他正在追赶法军,想不到他们回过头来,把他紧紧围住了;现在他可逃不脱了,除非陛下马上去营救。
爱德华王　啧,啧！让他打吧:我们今天给了他武器,他正在为一个骑士称号苦干呢,伙计。
〔德比上。
德比　陛下,快去,快去救王子！他实在凶多吉少。
爱德华王　如果他有勇气挽回颓势,他就会赢得天大的荣誉;如果不能,又有什么办法呢？要说伴我们安度晚年,我们的儿子可不止一个。
〔奥德利上。
奥德利　声誉卓著的爱德华,请允许我率领我的士卒,去把令郎从被杀的危险中拯救出来:法国佬设下种种圈套,像河畔的蚂蚁,麇集在他周围,而他像狮子一样,给缠在他们袭击的罗网中,疯狂地撕着,咬着那织成的圈套;可是一切白费,他没法解脱自己。

爱德华王 奥德利,这倒很好;我不会派人去救他,违者处死。这是命运注定的日子,要用那些危险的思想磨练他的勇气;要是他逃得脱,活到内斯特[57]那样一把年纪,就会使他永远享有这份功勋。

德比 哦,他可活不到能看见那些日子。

爱德华王 咳,他的墓志铭就是永垂不朽的颂词。

奥德利 可是,仁慈的陛下,他的鲜血本可以挽救,偏让它溅出来,这未免太任性了吧。

爱德华王 别再嚷嚷,你们谁也说不准,别人的援救究竟管用不管用。说不定他已经被杀或者被俘:一只猎鹰在飞翔中如果给耀花了眼,此后就会变得难以驯服了。如果爱德华由我们出手解救出来,将来遇到危险,他仍然会指望我们;但要是他自己解救自己,他便会愉愉快快地征服死亡和恐惧,此后再也不怕它们的压力,简直把它们视若婴儿或者俘获的奴隶。

奥德利 (旁白)哦残忍的父亲!——那么,一路平安,爱德华!

德比 一路平安,可爱的亲王,骑士精神的希望!

阿尔托瓦 哦我愿拿我的生命来为他向死神赎身!

〔退却号吹响。

爱德华王 且慢,我想听见了号角在吹凄凉的退却号。我希望,跟他一道去的人并没有死光,总有几个会带消息回来,不管是好是坏。

〔花腔吹奏。爱德华王子凯旋而上,手握破碎的长矛;他的剑和稀烂的铠甲在他身前由人拿着,波希米亚王的尸体裹在军旗中。人们跑上前去拥抱他。

奥德利 赏心悦目的壮观!胜利的爱德华还活着!

德比 欢迎,勇敢的亲王!

爱德华王 欢迎,不兰他日奈!

爱德华王子　（跪下，吻父手）首先，我体面地完成了我的本分，重新以衷心的谢意问候各位大人。现在，请看，我在经历了冬日的艰辛和喧腾大海上的痛苦航程，目击了充满战争的噬人旋涡和坚硬岩石之后，终于把我的货物带到了所向往的港口，我夏日的希望，我的苦役之甜蜜的奖赏；我在这里以卑微的敬意呈献出这份贡品，我的刀剑甚至是在死亡门前采摘下来的第一枚果实，父王，它就是我所杀的波希米亚王，他的成千上万的士兵曾经盘踞在我周围，拿他们沉重的阔剑接连不停地砍在我被打得稀烂的头盔上，就像砍一座铁砧一样；但是，大理石般的勇气仍然支撑得住；而当我的疲惫的双臂由于再三挥击，便像不停劳动的、需要砍倒许多橡树的樵夫的斧头，开始摇摇晃晃了，这时我立即记起你给我的赠言和我的热诚的誓约：于是我身上重新产生了新的勇气，以至一怒之下，如九牛二虎般杀出一条血路，把大批敌军赶得逃之夭夭。你瞧，爱德华就这样亲手实现了你的要求，我希望，也完成了一个骑士的任务。

爱德华王　是的，你配有一个骑士的称号，内德。那么，请拿着你的剑——（他的剑原由一个士兵拿着；国王接过去，并封他为骑士）它仍因战死在你手上的那些人的鲜血而热气腾腾，站起来吧，爱德华亲王，忠实可靠的武装骑士。今天你使我喜出望外，证明你是国王的合适的继承人。

爱德华王子　仁慈的父王，这是敌军在这次作战中全部阵亡者的一份清单：十一位尊贵亲王，八十位男爵，一百二十位骑士和三万名普通士兵；我们的人牺牲了一千名。

爱德华王　赞美上帝！——现在，法国的约翰，我希望你知道，爱德华王可不是荒淫的浪子，不是害相思病的孬种，他的将士也不是什么老马。——可那胆小怕事的国王朝哪条路上逃走了？

爱德华王子　朝普瓦捷，尊贵的父亲和儿子们在一起。

爱德华王　内德，你和奥德利还得去追他们；我本人和德比马上到加利斯[58]，去包围那个港口城镇。要看结果如何：且出击吧，猎物在跑，紧紧跟上。这是什么图像？

爱德华王子　（指着军旗）陛下，是一只用自己的弯喙啄伤自己胸脯的鹈鹕，她拿从心中流出的血滴哺养她窠里的雏儿[59]；箴言是 Sic et vos："你也应当这样。"

〔全体下。

第四幕

第一场

地点　布列塔尼。英国军营。

〔蒙德福勋爵[60]手持小王冠上；索尔兹贝里伯爵同上。

蒙德福　我的索尔兹贝里大人，既然你帮助我杀掉我的敌人布洛瓦的查理爵士[61]，使我又一次安居布列塔尼公国，那么，为了你的国王和你的仁慈的支援，我决心效忠于陛下：为了表示这点诚意，请接受这顶小王冠[62]，把它连同我的誓言一并转交给他，我永远是爱德华的忠实的朋友。

索尔兹贝里　我接受它，蒙德福：我希望，不久的将来，法兰西整个领土都将向他的攻无不克的巨手投降。（蒙德福下）现在，我要是知道怎样安全到达，很高兴在加利斯与陛下相晤，我通过书信获悉，他意图将他的部队调到那儿去。一定是这样：这条策略很管用。——嗨，谁在里面？把维利叶给我带上来。（维利叶上）维利叶，你知道，你是我的俘虏，只要我愿意，你可以拿十万法郎来赎身，否则我还得把你关下去；不过也可以这样：如果你愿意，只花一小笔代价，就可以走人，那就是，给我弄一张诺曼底公爵查理的护照，我好自由地通过他所统治的地区，去向加利斯求助；我想，你会很容易地弄到它，因为我常听你说，他和你一度同过学；那么,你一定可以恢复自由了。你意下如何?可愿意做这笔买卖?[63]

维利叶　我愿意,大人,可我得跟他谈谈。

索尔兹贝里　唔,你可以去谈;上马吧,赶紧去。不过,你走之前,要用你的信用发誓,你如不能完成我的愿望,就得回来再当我的俘虏;一定要这样,为我作足够的保证。

维利叶　我同意这个条件,大人,我一定老老实实做到这一点。

索尔兹贝里　一路顺风,维利叶。(维利叶下)就这样考验一次法国人的信用吧。

〔全体下。

第二场

地点　匹卡蒂。加莱城下的英国军营。

〔爱德华王和德比带兵上。

爱德华王　既然他们拒绝我们提出的条约,不肯开城让我们进去,我们就得四面挖上壕沟,不让任何粮食或供应来救援这个可恶的城镇;我们的刀剑不到之处,就让饥荒去战斗吧。

德比　答应来的援军曾经使他们满不在乎,现在从另一条路撤退了:这将让他们为他们的顽固意志后悔不迭了。(六个萎靡的法国人上)这些可怜的破烂的苦力是些什么人,陛下?

爱德华王　问问他们吧;好像他们是加利斯人。

德比　你们这副绝望和悲伤的倒霉相!你们是些什么人?是活人,还是从坟墓里爬出来、在地面游荡的鬼魂?

萎靡的法国人　不是鬼魂,大人,是还有一口气的活人,但比长眠的死人更糟糕:我们是落难的贫苦居民,长久生病,病病歪歪,站不住脚;现在,因为没有用了,镇长便把我们撵了出来,免得浪费粮食。

爱德华王　无疑这是一桩慈善行为,值得赞美!那么,你们想怎样过生活呢?我们是你们的敌人:在这种情况下,我们也只好把你们置于刀剑之下,既然我们提出停战,遭到了你们拒绝。

萎靡的法国人　如果阁下不肯另有赐予,我们宁愿死,我们视死如生。

爱德华王　可怜的蠢货,真是冤枉受罪!德比,去救济他们一下,叫人把口粮分给他们,另外每人各给五克朗。(德比和法国人同下)狮子不屑伤害投降的猎物,爱德华的剑必须在倔强不服的家伙身上尝尝血味。(珀西勋爵上)珀西勋爵,欢迎欢迎!英格兰有什么新闻?

珀西　陛下,王后向你致意,我从她和摄政官[64]那里带来了胜利的佳音:苏格兰的大卫最近武装来犯,大概以为陛下不在境内,他会很快得逞,亏得各位贵族大人的有效勤务和王后本人的千辛万苦,她有孕在身,仍每天参加战斗,终于把大卫击败了,降服了,俘获了。

爱德华王　珀西,为了你的佳音,我衷心向你道谢。是哪一位显贵在战场上俘获他的呢?

珀西　是一位乡绅,他名叫约翰·科普兰;尽管王后一直恳求,他却拒绝向任何人交出他的战利品,除非交给陛下本人:王后为此很不高兴。

爱德华王　好吧,我们就派一位王使,传唤科普兰立即前来;他得将那个俘虏国王一并带来。

珀西　陛下,王后本人此刻已在海上,一有顺风,她打算在加利斯登陆来谒见你。

爱德华王　欢迎王后;我将在沙滩上安营扎寨,等候她的来临。

〔一位法国将领上。

法国将领　伟大的国王,加莱的议员们开会决议,自愿宣布将城镇和城堡献给陛下,只要陛下同意保全他们的生命和财产。

爱德华王　他们居然自愿宣布!说不定他们还可以指挥、处置、选举和统治,如果他们愿意的话。不,先生,告诉他们,既然他们拒绝了我们最初宣布的仁政,现在他们就得不到它了,尽管他们想要;除了火与剑,我什么也不接受,除非在两天之内,城内六名最殷实的商人除了穿件麻布衬衫,几乎赤身裸体来到这儿,每人颈子上挂一根绞索,五体投地地向我投降,要罚要绞,随我高兴:你就这样去通报他们那些主子吧。

〔爱德华王,珀西,和士兵们全体下。

法国将领　什么话!这简直是依靠一根断拐棍。要不是我们给劝服了,我们的约翰王就会带兵来解救这个城镇,我们就不会非接受这种挑战不可;可现在时机错过了,再也无法挽回,让几个人去倒霉,总比全城覆灭要好些。(下)

第三场

地点　普瓦捷。普瓦捷附近战场。法国军营:诺曼底公爵的营帐。

〔诺曼底的查理和维利叶上。

查理亲王　维利叶,我真不懂,你怎么会为我们的一个死敌来求我。

维利叶　不是为了他,我仁慈的阁下,我所以这样热心地为他说话,只为了清偿我的赎金。

查理亲王　你的赎金,伙计!你怎么要这样说?你不是自由的吗?一切按照我们对于敌人的优势所发生的机遇,不是都加以利用了吗?

维利叶　不,阁下,除非那些机遇是公正的;因为利益必须和荣誉结合在一起,否则我们的行为就是可耻的。且不谈这些错综复杂的障碍,阁下究竟是同意还是不同意?

查理亲王　维利叶,我不同意,我也不能这样做;索里兹贝里可不能随意申请一张护照。

维利叶　咳,我就知道会是这个结果,阁下:我只得回到我从那儿出来的监狱里去。

查理亲王　回去?我希望你别回去。从捕鸟者的罗网里逃脱出来的鸟儿,哪一个会不当心再次被绊住呢?好不容易跨过危险鸿沟的人,哪一个会糊里糊涂,粗心大意,重新让自己陷于危险呢?

维利叶　唉,可我有誓言,阁下,我凭良心是不能违反的,否则一个王国也不会把我从这儿拖走。

查理亲王　你的誓言?哼,你非遵守不可,可你不也发过誓,要效忠于你的亲王吗?

维利叶　他堂堂正正命令我做的一切,我都会忠实执行;但是,劝说我或者威胁我,不去履行我亲口答应的誓约,却是非法的,我一定不服从。

查理亲王　哼,一个人去杀人,却不违反对敌人的诺言,难道是合法的吗?

维利叶　战争一旦宣布,我们就去杀人,只要我们是为了反对邪恶,阁下,无疑这是法律允许的;但是,对于誓言,我们却必须深思熟虑;一旦我们发了誓,即使我们为之而死,也不能破坏;所以,阁下,我情愿回到监狱去,仿佛飞升到天国一样。(欲下)

查理亲王　且慢,我的维利叶!你的高尚的见解永远值得钦佩。你的请求不会再拖延:把纸给我,我来签名;从前我把你作为维利叶来爱,今后我将把你当作我自己来拥抱。留下吧,永远享受你的亲王的宠信。

维利叶　我向阁下表示谦卑的谢意。我得赶快走,先把这份护照送给伯爵,然后再来随侍左右。

查理亲王　就这样办,维利叶;一旦查理有事,愿他的士兵个个都像维利叶一样,不管他胜负如何。

〔维利叶下。约翰王上。

约翰王　喂,查理,拿起武器吧;爱德华中计了,威尔士亲王落到我们手里了,我们包围了他;他逃不掉了。

查理亲王　但陛下今天就要打吗?

约翰王　怎么不打,孩子?他连八千壮丁都没有,我们至少有六万。

查理亲王　仁慈的父王,我有一本预言书,是在克雷西战场上,那里一位年老的隐士送我的,上面写着我们在这场残酷的战争中,将会遇到怎样的结果。(念)"飞鸟使你的大军震颤,燧石飞扬把阵脚打乱,须知他并非佯装假扮,只因可怕的凶日已经不远;终归你会迈步前进,进到英国一如你的敌人在法国国境。"[65]

约翰王　按照这个预言,我们似乎吉星高照,因为石头从不会飞起来打乱阵脚,飞鸟也不会使武装战士动摇,看来我们不至于失败;或者说,法国可能失败,但最后他既答应我们会把他撵走,并且去劫掠他们的国家,像他们劫掠过我们一样,像这样报复一下,那损失就似乎小多了。但一切都是无聊的幻想、玩笑和梦呓;一旦我们确定绊住了儿子,我们总会想办法逮住父亲的。

〔全体下。

第四场

地点　普瓦捷。普瓦捷附近战场。英国军营。

〔爱德华亲王,奥德利及其他人上。

爱德华王子　奥德利,死神的双臂抱住我们了,除了死,我们一点指望也没有,为了甜蜜的生命,得付出酸苦的定金了。在克雷西战场上,我们战火的烟云曾经堵塞过那些法国佬的嘴巴,把他们分割成几块,而今他们的百万大军掩蔽起来,仿佛遮住了美丽的燃烧的太阳,除了阴沉的黑暗和万物死寂的夜晚什么也看不见的恐怖,没有给我们留下任何希望。

奥德利　他们这样突然大规模地迅速挺进,好亲王,实在是很奇怪。法王藏在我们前面的山谷里,占尽了天时地利,他的先遣队比我们的全军还强;他的儿子,那个自负不凡的诺曼底公爵,在我们右边山头布满了闪亮的锁金甲,那座高山现在看来就像一个银烛台或者王冠上一颗宝珠,上面的大旗、小旗和新添的尖角旗为了炫耀而迎风招展;我们左边藏着法王的小儿子腓力,他在另一座山上摆下了阵势,只见所有高举的镀金矛头,好似挺拔的金树,尖角旗好似叶子,它们古代纹章的图案用五颜六色描画出来,好似各种各样的果实,使这座山变成赫斯帕瑞狄兹姊妹[66]的果园。我们后面也是一座山,它巍然高耸,宛如一轮半月,只开放一条路,把我们包围在里面;在我们背后,存放着致命的石弓,那里的战役是由粗野的沙蒂雍指挥的。于是,出现这样的形势:可供我们逃遁的山谷,由法王封锁住;两旁的高山由他的儿子们控制着;而山后则是沙蒂雍安排下来的某种死亡。

爱德华王子　死亡的名义比它的实际要强大得多:你把这股力量分成几部分,就使它更其强大。像这许多沙粒,只要我的双手能捧住,也不过是一捧沙而已;那么,全世界的沙,姑且称它为一股力量,很容易抓住,也可以很快扔掉;要我一粒沙一粒沙来数它们,那个数目便会把我的记忆搞得狼狈不堪,上万上亿也数不尽,实在是一项艰苦的工作,但是简单说来,它也不过只是一项。这些排队、连队和团队,在我们前面后面,在我们左右两旁,也不过只是一股力量;我们来说一个人,他的手、脚、脑袋各有各的膂力,但也不过是一同发挥作用的膂力而已,唔,是的,所有这许多,奥德利,也不过是一种,我们称之为一个人的膂力。他有很远的路要走,只能以英里计;如果让他数步子,那可吓坏了他;构成一场洪水的水滴是无限的,但你知道,我们管它只称为一场雨。只有一个法兰西,一个法兰西国王,法国没有更多的国王;这个国王也只有一个国王的强大军团;我们也有一个:那么,别在乎那些鸡零狗碎,一对一才是公平的均等。(一名由约翰王派来的传令官上)有什么信息,传令官?说简单些。

传令官 法兰西国王,我的陛下和君主,派我向他的敌人、威尔士亲王[67]致意:如果你派出一百个名人,贵族、骑士、乡绅和英国绅士,连同你本人,一起跪在他的脚下,他会马上卷起他染血的军旗,让赎金赎回被没收的生命;如果不,今天就得流出比从前埋在我们的布列塔尼土地上的更多的英国血液。对于他所提出的慈悲措施,你将如何回答?

爱德华王子 只有覆盖法国的这片上天,才有使我屈服祈祷的慈悲;要我向一个人祈求慈悲,这样卑贱的话语不会出自我的口,上帝不容!回去告诉那个国王,我的舌头是钢铁做的,它得在他这个懦夫的头盔上祈求我的慈悲;告诉他,我的军旗跟他的一样红,我的士兵一样英勇,我们英国的武装一样强壮:回去把我的蔑视扔在他脸上。

传令官 我走。(下)

〔另一名传令官上。

爱德华王子 你带来什么信息?

传令官 诺曼底公爵,我的主公,可怜你年幼无知而又危机四伏,派我给你送来一匹四肢灵活的小马,你骑上去,它就飞快地跑,因此他劝你赶快开溜逃掉,否则死神发誓,一定让你死去。

爱德华王子 把这匹畜生带回去,还给那个把它送来的畜生!告诉他,我不能骑一个懦夫的马;让他今天自己去骑这匹劣马吧,因为我要用血把我的马浑身染透,用双倍的血涂饰我的踢马刺,我还要逮住他。就这样告诉那个神气十足的小子,叫他快滚。

〔传令官下。另一名传令官上。

传令官 威尔士的爱德华:腓力,法国最强大的基督徒国王的次子,看见你的寿命行将告罄,他满怀慈悲心肠和基督徒的爱,叫我把这本载满祈祷文的经书送到你手上来;为了你残剩的生存时刻,请你用它来反省一下，为了你上天的长远旅程，武装一下你的灵魂。我已经完成他的吩咐，就要回去了。

爱德华王子　腓力的传令官，请为我向你的主公致意：他送我的一切好东西，我都能收下；可你不知道，那个鲁莽的小伙子竟然送我这本书，却亏待了他自己。说不定他没有这本书，就不会祈祷；我想他决不是个即席祷告的牧师；那么，就把这本日用祈祷书还给他吧，以便他在患难中有点用处。此外，他并不知道我的罪过的性质，因此也不知道什么祷词于我有益。夜晚以前，他的祷告可能是，祈求上帝把它放在我的心里去听他的祈祷。就这样告诉那个被朝廷宠坏的家伙，走吧。[68]

传令官　我走。（下）

爱德华王子　他们的力量和人数使他们何等自信！——现在，奥德利，让你的那些银翅响起来吧，且让时间的那些奶白的信使在这危险的时间显示你的时间的学识吧[69]。你很忙，并为许多争吵而烦恼，过去的谋略用铁笔写在你的体面的脸上：你在这场灾难中是个已婚的男子，但是危险却向我这个害羞的少女求爱。请教我该如何对付危难的时刻。

奥德利　去死对于一切人像活着一样普通：我们选择了一个，同时追逐着另一个；因为从我们开始生活的瞬间起，我们就在追逐死亡的时刻：我们先发芽，后开花，然后结子；然后我们立刻凋落，正如影子跟随身躯，我们跟随着死亡。那么，如果我们追逐死亡，我们为什么惧怕它呢？如果我们惧怕它，我们为什么要跟随它呢？如果我们真正惧怕，我们又怎么能躲开它呢？如果我们真正惧怕，我们不过是用惧怕帮助我们所惧怕的东西更快地抓住我们；如果我们不怕，那么任何坚决的努力都不能推翻我们的命运的限制：因为无论是成熟还是腐烂，我们都会落下来，如果我们抽中了毁灭的彩票。

爱德华王子　啊，好老头，你这番话给我披上了千万层铠甲。啊，你把生命说成怎样一个白痴,它竟去追求它所惧怕的东西;屠杀成性的死亡的特大胜利又是何等丢丑啊,既然它无往不克的箭矢所射中的一切生命都在追求它,而它并不追求它们。我不愿花一便士来买一个生命,也不愿花半便士来躲避可怕的死亡,既然生存不过是寻求死亡,而死去不过是新生命的开端。上帝愿意是什么时刻,就让什么时刻来临吧,是生是死我毫不在乎。

〔全体下。

第五场

地点　普瓦捷。普瓦捷附近战场。法国军营。
　　〔约翰王和查理亲王上。

约翰王　一片突如其来的黑暗蒙蔽了天空,风吓得躲进了洞穴,叶子动也不动,世界哑静下来,鸟儿不再歌唱,漫游的溪流不再像平时那样向堤岸潺潺致意;沉默在倾听某种奇迹,预料上苍会说出某种预言。这一阵沉默是从哪儿、是由谁发出来的,查理?

查理亲王　我们的士兵都目瞪口呆,面面相觑,没有一个人讲话;张口结舌的恐怖造成一个夜半时刻,所有醒着的地带都是无语的睡眠。

约翰王　可是刚才,华丽的太阳还豪迈地从它黄金的车辆望着世界,突然间却把自己隐藏起来,现在下界却像一座坟墓,黑暗,死寂,沉默,不安。(一片鸦噪)听呀!是怎样一阵要命的叫喊?

查理亲王　我的腓力兄弟来了。

约翰王　人人心惊胆颤。(腓力王子上)你的脸色预示了你会说出怎样可怕的话。

腓力王子　飞来一大群!一大群!

约翰王　胆小鬼,什么一大群!你撒谎,根本没有什么一大群。

207

腓力王子　飞来一大群！

约翰王　振奋一下你那畏畏缩缩的精神，讲讲印在你脸上那种吓死人的恐惧内容，到底是怎么回事？

腓力王子　一大群丑恶的乌鸦[70]，哇哇盘旋在我们士兵的头上，排成三角形和有棱有角的四方形，恰似我们作战的方阵。它们一来，就突然起了这场大雾，把太阳这天空之花都隐没了，正午间就给这动摇的沮丧的世界带来一个反常的黑夜：总而言之，我们的士兵们都放下了武器，一个个变成了石像，冷淡而苍白，彼此凝望着。

约翰王　（旁白）唉，我记起了那个预言，可我决不恐惧。——回去吧，把那些脆弱的心灵振作起来。告诉他们，那些乌鸦看见他们全副武装，那么多壮士对付几个饿鬼，不过是来趁火打劫，攫食他们所杀的尸体的；我们看见一匹马倒下要死，虽然还没死，贪吃的鸟类都会停在那儿守候它断气；这些乌鸦也是这样，它们看见那些就快死去的英国佬的尸体，也会飞来飞去；如果它们向我们聒噪，那不过是等待我们把那些敌人杀掉好喂它们。去吧，去鼓舞我们的士兵，吹起号来，立即戳穿这场愚蠢的小骗局。

〔腓力王子下。另一阵喧闹。索尔兹贝里由一名法国将领带上。

法国将领　请瞧，陛下，这名骑士和四十多名士兵，大部分被杀了和逃掉了，他们原来竭力想冲破我们的防线，去同那个被围困的亲王会合。请陛下随意处置他吧。

约翰王　去吧，士兵，马上把他的尸体挂在你看见的另一根树枝上，让它也丢丢脸；因为我认为，一株法国树也不屑于充当一名英国小偷的绞颈架。

索尔兹贝里　诺曼底勋爵，我可有你的通行证，保证我安全通过这片国土。

查理亲王　维利叶为你弄的，是吗？

索尔兹贝里　是的。

查理亲王　那么它通用,你可以自由通过。

约翰王　哼,自由地到绞颈架去挨吊吧,没有谁否认也没有谁留难。滚吧!

查理亲王　我希望陛下不要这样羞辱我,不要粉碎我的军章的功效。既然他提到了我的决不食言的令名,显示了我作为亲王所签署的笔迹,那么宁可不让我当亲王,也不要破坏一个亲王坚定不移的诺言。我请求你,让他平安地过去吧。

约翰王　你和你的诺言都得听我的支配:你能允诺什么,是我不能破坏的呢?违抗你的父亲,还是违抗你自己,这两样哪一样是更大的丑行?你的诺言可能力不从心,任何人的诺言莫不如此;任何人即使竭力遵守他的诺言,也未必不会破坏它。失信在于心灵的同意,如果你本人不同意而破坏了它,那就不能指责你失信。——去吊死他吧,因为你的同意与否取决于我,我的强制抵得上你的宽恕。

查理亲王　什么,我难道不是一个言而有信的士兵吗?那么,再见吧武器,谁愿打仗就让他们去打吧。即使没有一个监督者在旁,会说我不该扔掉我的东西,难道我就不能把我的武装带从我腰间解下来吗?的的确确,假如威尔士亲王爱德华遵守他用高贵的手写下的诺言,让你所有的骑士通过他父亲的国土,那位王爷为了宠幸他的尚武的儿子,不仅会让他们平安地通过,而且还会丰盛地宴请他们和他们的随从。

约翰王　你在援引先例吗?那就这样吧。——说说看,英国人,你是什么爵位?

索尔兹贝里　在英国是一位伯爵,虽然在这里是一名俘虏,认识我的人都管我叫索尔兹贝里。

约翰王　那么,索尔兹贝里,说说你要往哪儿去。

索尔兹贝里　到加利斯去,我的陛下爱德华王在那儿。

约翰王　到加莱去吗,索尔兹贝里?那就动身到加莱去吧,叫你的国王准备一座高贵的坟墓,好埋葬他的王子黑鬼爱德华。你从这个地方向西走,大约离这儿两里路,有一座高山,似乎看不见顶,因为总揽一切的天空把它的峰巅藏在它蔚蓝色的怀抱里;在它的高峰上,如果你的脚能达到,且向下面的低谷回顾一下(直到最近它还很低微,可现在却以武装而自豪),再从那儿瞧瞧倒霉的威尔士亲王,被一道铁箍给紧紧箍住了。然后,快马加鞭赶到加莱去,就说亲王还没有被杀,但却给窒息住了;告诉你的国王,这还不是他的全部灾难,因为我在他没想到之前还会光顾他的。去吧,快走!我们的子弹即使没有击中敌人,它们的烟雾也会把他呛死。

〔全体下。

第六场

地点　普瓦捷。战场一部分。

〔警报。爱德华王子和阿尔托瓦上。

阿尔托瓦　殿下好吗?你没给打中吧?
爱德华王子　没有,亲爱的阿尔托瓦,可给烟雾噎得要死,才挪到一旁喘口气,吸点新鲜空气。
阿尔托瓦　先歇一下再上吧。惊慌失措的法国佬盯着那群乌鸦吓得不得了;要是我们的箭袋装满了箭杆,殿下今天又会大显身手了。哦,更多更多的箭,上帝!我们正需要。
爱德华王子　勇敢些,阿尔托瓦!既然长羽毛的飞鸟在我们一边作战,长羽毛的箭杆又有什么了不起。我们何必要打,要流汗,要这样折腾呢,既然破口大骂的乌鸦把我们的对手骂了个痛快?起来,起来,阿尔托瓦!大地本身就武装着火星四溅的燧石;命令我们的弓箭手拉满他们彩色的弓,把石弹射出去。[71]去吧,阿尔托瓦,去吧!我的心灵有预感,我们今天一定会打赢。

〔全体下。

第七场

地点　场景同前。

〔警报。约翰王上。

约翰王　我们的大军还没动手,先就惊慌失措,灰心丧气,心神错乱。突如其来的恐怖事物向我们全军传遍了一阵冰冷的惊愕,每次小小的失利使得心惊胆战的人们纷纷逃跑。至于我本人,同他们的钝铅相比,我的精神本来坚如钢铁;但一想到那个预言,想到我们故乡的石头竟然从英国人手里扔向了我们[72],便发现自己也受到了软弱恐惧的意外袭击。

〔查理亲王上。

查理亲王　快走吧,父王,快走!法国人在杀法国人了!一些继续战斗的在狠揍一些逃跑的;我们的战鼓只会让人泄气,我们的号角只会吹可耻的退却号;士气只是怕死的恐惧情绪,胆小鬼们给自己吓得一塌糊涂。

〔腓力王子上。

腓力王子　抠掉我的眼珠吧,免得瞧见今天的耻辱!一只手臂打垮一支军队;一个可怜的大卫用一块石头挫败了二十个身强力壮的歌利亚[73]:大约二十个赤身裸体的饿鬼用些小小的燧石赶跑了一大股全副武装的壮士。

约翰王　上帝该死!他们给我扔石弹,把我们杀光了;至少有四万名恶长老今天把四十名瘦奴隶用石头砸死了。[74]

查理亲王　哦唯愿我是个异国人!今天可让法国人丢够了丑,全世界都要嘘我们,嘲笑我们。

约翰王　怎么，再没有希望了吗？
腓力王子　除了死，没有任何希望来埋葬我们的耻辱。
约翰王　重新向我靠拢：只要活人的二十分之一，就足以打退一小撮虚弱的敌人。
查理亲王　那么，再下命令吧：如果老天爷不反对，我们今天不会失败。
约翰王　前进！去吧！
〔全体下。

第八场

地点　场景同前。
〔警报。奥德利，受伤，由两名乡绅所营救，上。

第一位乡绅　大人觉得好点吗？
奥德利　甚至像一个常人一样，参加了这场血腥的宴会。
第二位乡绅　希望大人的伤口不太严重。
奥德利　严重也没关系：总账已经结清，最坏的下场也不过是个要死的人。好朋友，请代我向爱德华亲王说，我以血染的英勇风采向他致敬；我将微笑着告诉他，这块张开的创伤是他的奥德利的戎马生涯的最后收获。
〔吹响退却号。全体下。

第九场

地点　波瓦托。英国军营。
〔爱德华王子率领他的士兵和若干法国士兵凯旋而上，人人展示着军旗；约翰王和查理亲王作为俘虏上。

爱德华王子　得啦，前不久还属于法国的约翰，你现在虽然还在法国，可你的染血的军旗成了我的战利品了；而你，诺曼底自吹自擂的查理，今天曾经送我一匹马让我逃走，现在可成了我的仁慈统治下的臣民。呸，大人们！瞧英国小伙子们，年轻得还没长胡子，就在你们王国的中心，以一当二十，把你们打得落花流水，这难道不是奇耻大辱吗？

约翰王　征服我们的，是你的幸运，不是你的力量。

爱德华王子　俗话说得好，上天助正义。（阿尔托瓦带腓力王子上）看哪，看哪！阿尔托瓦把他带来了，他从前给我的灵魂进过忠告。——欢迎，阿尔托瓦；欢迎，腓力：现在你和我，究竟是哪个需要祈祷呢？现在恰巧在你身上证实了这句谚语：早晴必有晚阴。（喇叭长鸣。奥德利由两位乡绅引上）快说，发生了什么可怕的丧气事儿？天哪，多少成千上万的法国军人在奥德利的脸上划下了死亡的标记？你以漫不经心的微笑追求死亡，那么高兴地望着你的坟墓，仿佛你醉心于你的末日，那么请说明白，是什么饥饿的刀剑掠夺了你的脸，从我忠实的灵魂砍掉一个真正的朋友？

奥德利　哦亲王，你亲切的悼词之于我，宛如一阵悲伤的丧钟之于一个垂死的人。

爱德华王子　亲爱的奥德利，如果我的舌头给你送终，我的双臂就是你的坟墓了。我该干些什么，才可赢得你的生命，或者为你的死亡复仇？如果你想喝被俘国王们的血，或者王血是滋补的，那就拿王血来祝贺健康吧，我为你干杯。如果荣誉可以免你一死，那么今天不朽的荣誉全部属于你，奥德利，活下去吧。

奥德利　无往不胜的亲王——你果真如此，就请注意，凯撒正是俘虏了一个国王而名闻遐迩的[75]——如果我能遏制住暗淡的死亡，直到我看见我的陛下，你的父王，我的灵魂将心甘情愿地把我的肉体这座城堡，这件鳞伤的贡品，奉献给黑暗、终结、尘土和蛆虫。

爱德华王子　振作起来，勇士！你的灵魂豪放自尊，决不屑于为小小挫折而放弃它的城池,但也可能被一个法国人的钝剑夺走它尘世的配偶[76]。瞧吧,为了补偿你的生命,我将在英国国土给你三千马克的年俸。

奥德利　为了偿还我所欠的债务,我接受你的馈赠:这两位乡绅冒着九死一生的危险,把我从法国人手里救了出来:你给我的一切,我将转赠给他们;既然你爱我,亲王,就请恩准我的遗嘱中的这笔遗赠吧。

爱德华王子　德高望重的奥德利,活下去吧,我将拿出双倍的赏赐,一份给这两位,一份给你。但无论你是活着还是死去,你给他们和他们的家属的一切,将永远归他们所有。喂,先生们,我愿看见我的朋友躺在一张舒适的担架上;然后,我们以凯旋的步伐,意气风发地向加利斯前进,去晋谒我的父王,并把我的战利品——美丽的法兰西的国王一起带去。

〔全体下。

第五幕

第一场

地点　匹加蒂。加莱城下的英国军营。
〔爱德华王,菲利帕王后,德比,士兵上。

爱德华王　别,别再,菲利帕王后,安静点。除非科普兰能够辩白他的过失,他将看不到我们的好脸色。现在,对这个傲慢、顽抗的城镇,士兵们,进攻啊！我不再被他们的虚伪拖延欺骗了;都拔出刀剑来,去获取你们的战利品。
〔吹冲锋号。六位加莱市民着单衫,赤足,颈带绞索上。
全体市民　发发慈悲,爱德华王！发发慈悲,仁慈的陛下！
爱德华王　卑鄙的恶棍！你们现在请求停战吗？我的耳朵听不见你们徒劳的叫喊。击鼓吧,击警鼓！(警鼓声)抽出令敌胆寒的刀剑！
市民甲　哦,高贵的亲王,可怜可怜这座城镇,请听听我们的声音,伟大的国王！我们祈求实现陛下所许的诺言;两天的缓刑期还没有过完,我们心甘情愿前来承受磨人的死亡或者你所高兴的刑罚,但求诚惶诚恐的民众得救。
爱德华王　我的诺言么？是的,我确实许诺过;但我要求最主要的市民、最有价值的头面人物来投降。你们也许不过是低三下四的仆役，或者海边几个凶恶的盗贼，给逮住了，法律即将加以处决，虽然我们还不至于那么严厉。不，不，你们不能对我们作非分的妄想。

市民乙 可敬畏的陛下，现在日薄西山，照着我们破衣烂衫，惨不忍睹，可当初我们个个都有头有脸，辉煌的朝霞曾为我们的出行喝彩致敬；我要说了假话，就让我们的命运落在万恶的魔鬼手中。

爱德华王 如果是这样，就让我们的协议生效吧：我们将和平占领这座城市；除了你们自己，你们没有什么可后悔的，但是正如皇家法庭所颁布的，你们的尸体将围着城墙给拖曳着示众，然后尝尝肢解罪犯的铡刀：今天是你们的末日。——去吧，士兵们，立即执行。

菲利帕王后 啊，对这些投降的人更宽大些吧！建立和平是件盛事壮举，国王们给人以生命和安全，就最接近上帝了。你既然有意成为法兰西的王，那就让她的人民活着称你为王吧；因为刀剑砍倒的一切，或者战火摧毁的一切，对我们每个人不会有任何光彩可言。

爱德华王 虽然经验教导我们，所有弊端恶习大部分被控制时，和平的安宁会带来最大的欢乐，这一点是真实的，但是，还必须知道，我们既能凭借刀剑征服别人，也应当可以主宰自己的情感；因此，我答应你的请求，菲利帕，你说服了我。让这些人活着夸耀仁政也好；而暴政，你就自己吓唬自己去吧。

市民乙 陛下万岁！愿你的王朝繁荣昌盛！

爱德华王 去吧，离开这儿；回到城里去；如果这份仁慈值得你们爱戴，那么学着把爱德华尊为你的王吧。（市民们下）现在可以听听我们各处的军务，在严冬过完之前，我们要把我们的驻防部队安排一下。——是谁来了？

〔科普兰和大卫王上。〕

德比 是科普兰和苏格兰王大卫[77]。

爱德华王　是那个飞扬跋扈到不肯把他的俘虏交给王后的北方乡绅吗？

科普兰　陛下,我的确是个北方乡绅,可既不飞扬,也不跋扈,我相信。

爱德华王　那么,是什么使你如此顽固,以致违抗我们王后的欲望呢？

科普兰　决不是任性违抗,伟大的陛下,而是我的功劳和战士的公共准则;我是单枪匹马一个人擒住这个国王的,像一个士兵那样,我不愿丧失我所赢得的哪怕一点点功勋;而且,科普兰是直接奉陛下之命来到法国,低声下气地脱下了他的胜利的无边圆帽[78]。威严的陛下,请接受我的货物的关税[79],我勤劳双手的丰富贡品,它早就应当呈献上来,如果陛下曾经驻跸该处。

菲利帕王后　可是,科普兰,你曾经嘲笑过国王的命令,忽视我们以他的名义所承担的委托。

科普兰　我尊敬他的名义,但更尊敬他的本人。他的名义仍会使我忠心耿耿,但对他本人我愿跪了下来。

爱德华王　我请求你,菲利帕,让不快过去。这个人令我高兴,我欢喜听他的话:因为一个人想做大事,却又丧失事后的光荣,他又是个什么人呢？万流归海,科普兰的信仰同样归于他的王。——那么,跪下吧;再站起来,爱德华王的骑士:为了支持你的地位,我慷慨地赏赐你和你的部属每年五百马克。(索尔兹贝里上)欢迎,索尔兹贝里伯爵,英国有什么消息？

索尔兹贝里　这个,伟大的国王:这个国家我们已经赢得了;那地方的摄政,查理·德·蒙德福[80],向陛下呈献这顶小王冠,发誓向陛下表示忠诚。

爱德华王　我们感谢你的功劳,英勇的伯爵;请认领我们的恩宠,我们欠你的。

索尔兹贝里　陛下,这是佳音;现在,我必须重发悲调,来歌唱不幸的事故。

爱德华王　什么,我们的部队在普瓦捷吃了败仗？还是我的儿子遇上

　　　　太多的麻烦？

索尔兹贝里　是他遇上了麻烦，陛下；当我带领区区另外四十名能干的武士，拿着盖有法国皇太子官印的通行证，从那条道经过，发现他已经被围困，一队骑兵半路向我们突袭，把我们作为俘虏送到国王那里；那国王得意扬扬，急于报复，下令立即砍掉我们大家的脑袋；要不是那公爵比他的发怒的父王更富于荣誉感，及时把我们拯救出来，我们肯定已经死掉；但我们临走之前，他却说，"向你们的国王致意，叫他为他的儿子准备一场葬礼：今天我们的刀剑要砍断他的生命线[81]；他还来不及想到，我们就会去找他，向他回敬他所造成的那些不愉快。"听他说完，我们就离开了，不敢回答一声：我们的心已死去，我们的脸色仓皇而惨白，走着走着，终于爬上了一座小山，从那儿亲眼观察一下局势，我们原先忧心忡忡，现在沉重的心情却更增加了三倍；因为那儿，陛下，哦那儿，我们发现在山谷下面，躺满了双方将士的尸体。法国人已把他们的战壕修成一个环形，每道防栅的开阔前沿布满了黄铜大炮；那儿是一支万马奔腾的大军，方阵形的长矛有两倍以上；石弓和致命的标枪乱飞。而在中央，宛如天涯海角之内的一个小点，好像海面鼓起的一个泡沫，松树林里一根小树棍，或者紧紧绑在桩子上的一头熊，驰名天下的爱德华就站在那里，还在预料那些法国狗什么时候会一口咬住他的肉体。[82]说时迟，那时快，招致死亡的丧钟敲响了：大炮放起来了，以震颤的嗓音摇撼着他们所在的那座山，然后喇叭的尖叫声响彻天际；双方交火了，我们再也分不清敌友，黑暗的混乱如此错综复杂，我们叹息着把泪眼转向一旁，像化为烟雾的火药一样黝黑。就这样，我担心，我实在不该讲了爱德华阵亡这个最不合时宜的消息。

菲利帕王后　天哪，这就是我到法国来所受到的欢迎吗？这就是我应与我的爱子相晤的时刻所预期享有的安慰吗？亲爱的内德，我真希望你的母亲在海上就给免除了这致命的悲伤。[83]

爱德华王　别伤心,菲利帕;眼泪不能把他喊回来,如果他从那儿被带走了。缓解一下,像我这样,温柔的王后;他希望以猛烈的、闻所未闻的、悲惨的报复,叫我为我的儿子准备葬礼,我会照办的;但是,法国所有的贵族都得成为送丧者,都得哭出血泪来,直到他们空虚的血管干枯为止。他的棺台的支架得用他们的骨骼来做,掩盖他的泥土得是他们城市的灰烬,他的丧钟得是垂死者们的哀嚎,而代替他坟头的蜡烛的,得是我们悲悼我们英雄儿子的亡故的时刻,由一百五十座城堡燃起的烈焰。

〔幕后奏起一阵花腔之后,一名信使上。

信使　大喜大喜,陛下,请登御座!雄伟的令人敬畏的威尔士亲王,血腥战神的伟大侍从,法国人的恐怖,他的国家的声望,像一位罗马贵族凯旋归来了;在他的马镫旁,法国的约翰王,连同他的儿子,作为俘虏被捆绑着,低声下气地徒步走来了,他手拿着自己的王冠,要戴到你的头上,宣称你为王了。

爱德华王　把丧旗撕下来!菲利帕,揩干你的眼睛。——吹起喇叭!欢迎不兰他日奈王朝的主人[84]归来!

〔一阵宏大的花腔。爱德华王子,连同作为俘虏的约翰王和腓力王子、奥德利和阿尔托瓦上。

正如久失而复得的事物,我的儿子就这样令他的父亲心花怒放,我的心灵至今还为他困惑不已。

菲利帕王后　就让这作为一种象征来表达我的快乐,我的内心感情不容我讲话。(吻他)

爱德华王子　我仁慈的父王,请接受这件礼物,(呈上法国王冠)这件征服的花环和战争的奖赏,是我们冒极大的生命危险才得到的,今天以前它可是无价之宝。请陛下安享你应得的权利吧,我就此向你奉献这些俘虏,我们这场争战的主要原因。

爱德华王　哈哈,法国的约翰,我看你很守诺言:你答应在我们来不及想的时候来看我们,你果真做到了;但是,如果你开头就像现在这样做,有多少安居乐业的城镇会完完整整地存在下去,可不幸都变成断瓦残垣了?你本来可以挽救多少人的生命,可不幸他们都过早地沉入坟墓了?

约翰王　爱德华,别列举那些不可挽回的事情;告诉我,你想得到什么样的赎金?

爱德华王　你的赎金么,你到来世总会知道的;不过,你先得过海到英国去,去看看它会提供什么样的款待;无论发生什么,总不会像我们到法国以来的处境那样坏。

约翰王　倒霉的人!这个下场我原被预告过[85],可我误解了预言家的话。

爱德华王子　父啊,你的仁慈曾经是爱德华最坚固的盾牌,现在他向你作出这样的祈祷——(在祷告声中下跪)既然你过去乐于选择我作为你显示力量的工具,唯愿你将允许,在那个小岛上诞生和成长的更多王子王孙,仍可凭借同样的胜利而名闻天下![86]至于我本人,我所负的血淋淋的创伤,我在战场上警戒过的困倦的夜晚,我经常从事的危险的战斗,向我提出的可怕的威胁,暑热寒冷及其他种种不快,但愿我现在能二十倍地重复这一切,以便后世读到我的温柔青春的痛苦交往,会因此被鼓动起如此坚毅的决心,不仅是法兰西的领土,同样还有西班牙、土耳其以及其他国家,一旦引起美丽英格兰合理的忿怒,都会在你面前颤栗而退却。

爱德华王　英国王公大人们,我们这里宣布一次稍息,一次痛苦武斗的间歇:把你们的刀剑插回鞘里,活动一下你们疲倦的肢体,检点一下你们的战利品;在这个海港城市休息一两天之后,上帝允许的话,我们就乘船回英国去;我相信我们,三个国王、两个亲王和一个王后,将在一个幸运的时刻平安到达。

〔全体下。

(全剧终)

第二部分注释

〔1〕 爱德华王,即本剧主角爱德华三世(1312—1377),爱德华二世之子,在位五十年(1327—1377)。一三三〇年起摆脱其母伊莎贝拉的控制,独立执政。一三三三年和一三四六年两次打败苏格兰。一三三七年开始与法国进行"百年战争",在斯路易斯击败法国舰队(1340);继而与其子"黑王子"进攻法国本土,在克雷西(1346)、加莱(1347)、普瓦捷(1356)等地大获全胜;按布列塔尼条约,攫取卢瓦尔省以南的法国大半国土。同时,由于数次黑死病蔓延(1348,1361,1368),全国经济转趋凋敝。一三六九年重向法国开战,到一三七五年失去除加莱、波尔多、巴约讷、布雷斯特等地以外的法国领土。晚年移政于其四子约翰·冈特,"黑王子"之弟,即兰开斯特公爵。罗伯特·阿尔托瓦,法王腓力六世的姻亲,因索取阿尔托瓦伯爵领地继承权,与法王反目成仇。一三三四年前往英国离间英法关系,导致一三三七年由爱德华三世发动的"百年战争"。

〔2〕 "花花公子腓力",即法王腓力四世,又称"美男子腓力"(1268—1314)。爱德华三世的外祖父。"三个儿子",即刘易斯十世、腓力五世和查理四世,依次登位为法王和纳瓦拉国王。

〔3〕 伊莎贝尔,即伊莎贝拉,法王腓力四世之女(1292—1358),爱德华三世之母。一三〇八年嫁英王爱德华二世,因不堪虐待,于一三二五年返法,旋与其情夫马奇伯爵罗杰·德·莫蒂默举兵攻英,废黜爱德华二世,立其子爱德华三世,并与莫蒂默共同摄政。一三三〇年与莫蒂默一同被囚禁,莫被处决后被迫隐居。晚年加入女修会。

〔4〕 伐洛瓦王室,法国一王室(1328—1589),从腓力六世(1328即位)到亨利三世(1589逝世)历二百六十一年,王冠后转入波旁王室之手。

〔5〕 洛林公爵,指古老法兰克公国的领主,下属梅斯、土尔、凡尔登三个主

221

教区。

〔6〕 法王约翰，即约翰二世，绰号"好人约翰"（1319—1364），腓力六世之子。一三五六年，"百年战争"期间，为爱德华三世所败，被俘；滞英期间，国内由其子查理五世摄政；一三六○年按布列塔尼条约付赎金获释；一三六四年因无力筹办全部赎金，重返英国，客死异域。

〔7〕 吉燕，又译"圭亚那"，古代法国西南部一省，或称"阿基坦"。法王约翰以此作为"礼品"赠与姻亲爱德华三世，被后者拒绝，并引发战争；战后为爱德华三世之子威尔士亲王所接管（参阅第五幕末尾注文）；一四五三年重归法国。

〔8〕 鹰为鸟类之王。"鹰巢"暗喻王位。

〔9〕 传说夜莺为了夜间保持清醒，以便唱歌求偶，常挺胸扑向尖刺。

〔10〕 按照西方贵族风习，扔下手套即表示要求或同意决斗。

〔11〕 索尔兹贝里伯爵，系中世纪后期英国显赫家族，萨默塞特大地主蒙塔古的德洛戈的后裔。此处指威廉·蒙塔古（1328—1397），曾帮助爱德华三世摆脱其母控制，1337年被封为索尔兹贝里伯爵；1346年参加爱德华三世进攻克雷西、普瓦捷等战役。其妻伯爵夫人在后场称之为"侄儿"的，是与伯爵同名的威廉·蒙塔古爵士。

〔12〕 布列塔尼，即"不列颠"的罗马称法。

〔13〕 "卑鄙的大卫"，指苏格兰国王大卫二世（1324—1371）。一三二八年四岁时，与爱德华三世之妹乔安娜成婚；一三二九年即位，被流放与监禁达十八年之久；一三三四年流亡法国，受法王腓力六世优遇，并参加后者对爱德华三世的战争；一三四六年被俘；一三五七年以交纳赎金为条件获释。内德，即爱德华的昵称。此处指爱德华三世之子"黑王子"。

〔14〕 海瑙尔特伯爵，指神圣罗马帝国西端、里尔以南、阿尔托瓦以东一片领土的领主。该地现为比利时西南部一省，法语作"埃诺"。"丈人"（或"继父"）似系玩笑式尊称。

〔15〕 "共谋的眼睛"，即勾引异性的眼睛。后文的"白昼星辰"也是指那双"眼睛"，它们已把"我"刺瞎了。

〔16〕 "沉思默想的欲望"，通过矛盾修饰法，表明为了获得欲望目标（指伯爵夫人）而不得不思前想后的矛盾心理。

〔17〕 塞西亚系黑海与里海间东北部一古地名，该地居民好战，善射。

〔18〕 "地狱的耳朵"，指希腊神话中色雷斯音乐家俄耳甫斯能以竖琴迷醉

剧海悲喜

树木与野兽,曾下地狱说服冥王准其接引其亡妻欧律狄克还阳的故事。

〔19〕 "夜莺歌唱私通的过失",指希腊神话中雅典国王之女菲洛米拉被其姊普罗克尼之夫、色雷斯国王特鲁斯强暴,并被扯出舌头来,后由众神将她变成夜莺、将其姊变成燕子的故事。

〔20〕 "夜后",指月神。

〔21〕 朱迪丝,犹太抵抗巴比伦战争中斩杀敌将的女英雄。

〔22〕 前文爱德华三世说到洛德威克不懂"策划战役",系实指;此处命令他去"策划战役",系指撰写情诗,以便"围攻"伯爵夫人。

〔23〕 意即她的生命已是夏日,并非青春年少,其美貌故而产生"影子",无从"剥夺"。

〔24〕 "罗马皇帝",此处暗喻国王,即爱德华三世。参阅《新约·马太福音》第二十二章第十七至二十一节:"……该撒的物当归给该撒,神的物当归给神。"伯爵夫人以这个暗喻警告爱德华三世。

〔25〕 撒拉,系犹太民族祖先亚伯拉罕的妻子。"……古时仰赖神的圣洁妇人,正是以此为妆饰,顺服自己的丈夫,就如撒拉听从亚伯拉罕,称他为主。"(《新约·彼得前书》第3章)所谓"妆饰",即前文说的"里面存着长久温柔安静的心"。

〔26〕 阿喀琉斯是古希腊特洛伊战争中最伟大的英雄。据说他的长矛如在它所伤的伤口擦一下,即可将这伤口治愈。"阿喀琉斯的长矛",即具有杀伤和治疗两种性能的武器。

〔27〕 因为性交是人类得以存续的唯一手段,故云"未可厚非"。

〔28〕 "皇帝"指神圣罗马帝国的皇帝;按本剧剧情推断,当为由德意志国王兼任的"皇帝"路易四世。"陛下"则指英王爱德华三世。

〔29〕 克莉奥佩特拉,古埃及七女王的通称。最著名的是克莉奥佩特拉七世(公元前69—前30),先后为罗马将军凯撒和安东尼的情妇。与屋大维战,兵败,以蝮蛇自尽。

〔30〕 丘比特,爱神,形象为美童,背生双翼,手持弓箭。

〔31〕 "放荡的战士",即指丘比特。

〔32〕 "希世宝典",借喻"伯爵夫人",意谓其全身汇聚一切希世珍宝。

〔33〕 希罗,希腊美神阿芙罗狄特的女祭司。据说其情人利安德每夜泅过赫利斯彭海峡与之幽会。一夜,利安德溺毙,希罗痛不欲生,投水自尽。"赫利斯彭"即达达尼尔海峡。

〔34〕 星室法庭，英国十四五世纪设于宫殿内的法庭，以滥刑专断著称。此处借喻天庭。

〔35〕 "婚刀"，新娘随身携带的家用小刀。

〔36〕 "她躺的地方"，指爱德华三世的心中。

〔37〕 原文为"被强暴的珍宝"，实指罗马一贞女鲁克丽丝，她被第七任亦即最后一任罗马国王塔尔昆尼乌斯·苏帕伯斯（公元前534—前510）之子强暴后自尽。此事激发民愤，导致昏君被勃鲁图斯撵出罗马。除莎士比亚的《鲁克丽丝受辱记》外，该故事还见于其他作者笔下，如威廉·佩因特的《快乐的宫殿》，其中并收有爱德华三世和伯爵夫人的这段轶事。

〔38〕 威尔士亲王，即爱德华王子。爱德华王以这个正式爵名称呼他的儿子，表示他此时的心理变化。

〔39〕 卡蒂利列（公元前109—前62），反对元老院的罗马阴谋家，西塞罗曾公开演说加以揭露。"苏格兰人"，指大卫王，参阅前注。

〔40〕 尼特兰德，今指荷兰，此处指弗兰德斯，尼特兰德一部分。

〔41〕 波希米亚国王，指"盲人约翰"，阵亡于克雷西战役；西西里国王，指彼得王，弗里德里克三世之子。

〔42〕 克朗，印有王冠的硬币，欧洲某些国家的货币单位。

〔43〕 阿伽门农，古希腊进攻特洛伊的主帅；剧中用作类比，应指爱德华三世，而约翰王以此自称，适得其反。

〔44〕 薛西斯，波斯国王（公元前485—前465），大流士一世之子，进攻希腊，打败斯巴达人，最后海战，全军溃退本土。剧中约翰王以此自比，是又一次反向吹嘘。

〔45〕 "查理曼大帝的神马"，据中世纪传奇，查理曼有一匹迅如追风的神马，一人骑它时大小如凡马，多人骑则随需要而变大，后被赐予其部下骁将林纳多。此处"内德"应为爱德华三世，约翰喻他为那匹神马，系讽刺他轻率、鲁莽。

〔46〕 鸢尾花，法国国花。

〔47〕 亲等，法律名词，表示亲属关系远近之等级。约翰·伐洛瓦（即约翰二世，1350—1364在位）和爱德华三世的外祖父腓力四世（1285—1314在位）相隔三个亲等，即腓力五世（1316—1322在位）、查尔士四世（1322—1328）和腓力六世（1328—1350）。

〔48〕 狮为百兽之王，此处暗喻爱德华三世。

〔49〕 金马克，中世纪欧洲大陆货币，通常为八盎司。

〔50〕 阿弗鲁……卡兰蒂涅，法国西北部城市。

〔51〕 就伐洛瓦王室而言，此话不确，因为该王室是从约翰王的父亲腓力六世开始的。

〔52〕 原文为法语。

〔53〕 不兰他日奈王朝，又名"金雀花王朝"，包括十二世纪亨利二世即位至十五世纪理查三世去世这段历史时期，统治英国本土和法国西部三百余年。爱德华三世及其子"黑王子"正逢该王朝盛世。

〔54〕 "帕修斯的盾"，希腊神话中的著名英雄帕修斯，杀死蛇发女妖美杜莎后，把她的头颅割下来，放在他的盾牌上；任何人一见到这面盾牌，便会变成石头。

〔55〕 "老雅各向儿子们祝福的话语"，见《旧约·创世记》第四十九章。

〔56〕 热那亚，意大利主要港口。据法国百年战争编年史，当时有一万五千名热那亚石弓手参战，不战而退。

〔57〕 内斯特，希腊神话中皮罗斯国老王，特洛伊战争中的英雄，以口才、智慧与长寿著称。

〔58〕 普瓦捷、加莱和前文中的克雷西，是英军在法国境内作战的三个著名战场。"加利斯"是"加莱"的英语发音。

〔59〕 鹈鹕以血哺雏，曾屡见于莎剧，如《哈姆莱特》(第四幕第五场)、《理查二世》(第二幕第一场)。此处出现这个图像，似可与爱德华三世刚才的"残忍"表现相对照。

〔60〕 蒙德福勋爵，即蒙德福伯爵，原名约翰，蒙德福(布列塔尼一部分)的女继承人约兰达和布列塔尼公爵阿瑟二世之子。与爱德华三世联盟，从布洛瓦的查理爵士索回布列塔尼公国全部领土。

〔61〕 布洛瓦的查理，又称"沙蒂雍的查理"(1319—1364)，自一三四一年起称"布列塔尼公爵"，曾与约翰·蒙德福为布列塔尼公国继承权开战；因与爱德华三世相涉，被囚于伦敦塔九年。

〔62〕 小王冠，仅适于公爵爵位的王冠。蒙德福将它献给爱德华三世，表示臣仆对于封建主的忠诚。

〔63〕 维利叶：这段轶事系据弗瓦撒的百年战争编年史改编，其中索尔兹贝里伯爵原为曼尼·高蒂叶爵士；维利叶系假名，原为无名骑士。

〔64〕 摄政官，指沃里克。爱德华三世曾封他为"北方的摄政"，见第二幕第

225

二场末段。

〔65〕 预言都是模棱两可的。约翰王果然进入英国,不过是作为俘虏。

〔66〕 赫斯帕瑞狄兹姊妹,即希腊神话中看守金苹果园的四姊妹。她们依仗一条永不睡眠的巨龙保卫园中的金苹果,赫库利斯却凭神力夺取了其中几枚。奥德利用这个典故来描述英军在普瓦捷的战斗环境,系暗喻爱德华亲王像赫库利斯一样神勇。

〔67〕 威尔士亲王,即爱德华王子,"黑王子"。

〔68〕 以上三位信使轮番向爱德华亲王传达讽嘲性的信息和爱德华的回答,可参阅《亨利五世》(第一幕第二场)中法国皇太子向年轻的亨利王赠送网球和亨利王的回答。

〔69〕 "银翅"含义模糊,或指盔甲,或指奥德利由于白发而显示的经验、智慧与口才。全句连用三个"时间":第一个指年纪("奶白的信使"指白发),第二个指时刻,第三个指经验或世故。

〔70〕 乌鸦在世界各地表示凶兆,预告死亡。它们追随部队,据说是为了抢食尸体。参阅《麦克白》(第一幕第五场):"报告邓肯走进我这堡门来送死的乌鸦,它的叫声是嘶哑的。"

〔71〕 英军把箭射完了,便拾起脚下的卵石作子弹打击法军,由此应验了前幕查理亲王所念的预言。

〔72〕 法军本善于石弓,想不到英军反以其道还治其人之身,愈加使约翰王恐惧。

〔73〕 歌利亚,非利士勇士,被大卫用机弦甩石击毙,见《旧约·撒母耳记上》第十七章。

〔74〕 可能借用《经外书》中苏珊娜被恶长老诬控而被判死刑的典故。

〔75〕 被凯撒俘获处死的国王,或指庞贝大帝之长子格纳乌斯·庞贝·马格鲁斯(公元前75—前45),其父兵败逃往埃及被暗害后,他在亚德里亚海域继续与凯撒作战,在蒙达被俘并被处死。

〔76〕 (灵魂的)"尘世的配偶",指肉体。

〔77〕 苏格兰大卫王被带到法国,并非史实。参阅《亨利五世》(第一幕第二场)的类似说法,是为了"拿帝王们做俘虏,来替爱德华增光,好使她(英格兰)的史册连篇累牍载满着歌颂"。

〔78〕 无边圆帽,苏格兰男子所常戴。

〔79〕 "货物的关税",指他带到法国来的俘虏。

〔80〕 应为"约翰·德·蒙德福"。

〔81〕 "生命线",据西方古代传说,三位命运女神分别负责纺织、决定长短和剪断每个凡人的生命线。

〔82〕 使狗逗熊,是养熊者常玩的把戏。

〔83〕 菲利帕王后希望自己在海上淹毙,以免活着听见这个"噩耗"。

〔84〕 "不兰他日奈王朝的主人",指爱德华王子,他以其英勇行为证明,他是这个自亨利二世开始的英国光荣王朝的合格成员。

〔85〕 指前幕约翰王所误解的那个暧昧性预言。

〔86〕 "父啊"、"你"似应指天神、造物主;"爱德华"指他自己,也可指爱德华三世。"小岛"指英国本土。这一段是爱德华王子为未来英国的扩张武功而祈祷。此后,他作为爱德华三世长子,被封为(法国西南部)阿基坦与加斯可涅亲王,并从其父接管法国南部所有英国领地;六年和平后,远征西班牙,染恶疾于一三七一年返英,次年交出阿基坦与加斯可涅爵位,一三七六年病逝,其子继承爱德华三世王位,是为查理二世。

两位贵亲戚

莎士比亚

剧中人物

忒修斯　雅典君主
希波吕忒　阿玛宗族女王,忒修斯的新娘
伊米莉娅　又称埃米莉,希波吕忒的妹妹
皮里图斯　忒修斯的朋友
巴拉蒙
阿奇特　　两位贵族亲戚,表兄弟,底比斯国王克瑞翁的外甥
海门　司婚姻之神
歌童一名
阿蒂修斯　雅典一军人
三位王后　底比斯被围攻期间阵亡的诸王的孀妇
瓦莱琉斯　一底比斯人
传令官一名
伊米莉娅的女侍
一位雅典绅士
信使多名
六位骑士　三位伴随阿奇特,三位伴随巴拉蒙
仆役一名
管理忒修斯的监狱的看守一名
监狱看守的女儿
监狱看守的兄弟

监狱看守女儿的求婚者
监狱看守的两位朋友
医生一名
六个乡下人　一个作狒狒打扮
吉拉尔德　教师
内尔　一村姑
另外四村姑　弗莉茨,马德琳,卢斯,巴巴拉
蒂莫西　手鼓手
宁芙、随从、侍女多人,刽子手,警卫

开场白

〔喇叭奏花腔。开场白演员上。

开场白演员： 新戏与处女何其相似：
二者只须完美无疵，
总不乏问津的主顾，
所费不赀也不在乎。
一出佳剧欣逢佳期，
亦将羞答答拜堂行礼，
战兢兢唯恐丧失童贞，
岂非闺女出嫁作新人：
经过神圣结合和初夜的张皇，
虽不似夫婿劳顿，亦不失旧日端庄。
唯愿我们的戏文也是这样，一点不假，
它有一位高尚的作者，一位文雅
而饱学的诗人，无上美名早已传遍
波河与银色特伦特河之间。
本剧故事出自乔叟，名流之翘楚，[1]
是他使之流芳直至永久。
如果它的高贵品质我们保不住，
这孩儿最初听到的就是一声嘘，

更将震撼那位老先生的遗骸,
令他在九泉之下大喊大叫,"哦快快
把那家伙的糟糠粗秕从我身上簸掉,
他败坏了我的声誉,使我的名著落到
比唱本《罗宾汉》[2]还不如!"我们正怕
这一点,因为要向他高攀,说句老实话,
未免太狂妄,努力一辈子也觉不够,
驽钝如我辈,在这深水中浮游,
几乎喘不过气来。恳请看官伸长
援助之手,我们必将抢风掉向
设法自救。务乞诸位垂顾
这些戏文,虽不及前辈之技艺,亦不负
两小时的苦辛。保证他的遗骸安眠,
看官满意。万一我们连一点点
清淡时刻都维持不住,那才后悔莫及:
我们亏损惨重,只好关张大吉。

〔喇叭奏花腔。下。

第一幕

第一场

地点　雅典一神庙前。

〔音乐。海门持点燃火炬上,前有一白袍男童,边唱歌边撒花朵。海门身后,是一散披长发的宁芙[3],戴麦穗花环。其后是忒修斯[4],两旁是另二名头戴麦穗花冠的宁芙。再后是希波吕忒[5],新娘,由皮里图斯[6]和另一人引导着,后者持花环,戴在同样披长发的新娘头上。伊米莉娅牵新娘衣裾后随。最后是阿蒂修斯及其他随从。

歌童　（行进中歌唱）

　　　　　　玫瑰玫瑰,刺儿掐光,
　　　　　　不仅气息芬芳,
　　　　　　　而且色彩鲜艳;
　　　　　　石竹石竹,香气清淡,
　　　　　　　雏菊不香,雅趣盎然,
　　　　　　　　麝香草真个甜;

　　　　　　樱草花,春神初生子,
　　　　　　快乐阳春的信使,

>   还有朦胧小蓝铃；
> 野樱草，在摇篮，
> 金盏花，在坟园，
>   飞燕草真齐整；
>
> 自然之子皆芳香，
> 躺在新人双脚旁，
> （撒花）
>   感官蒙赐福。
> 空中天使一批批，
> 歌喉宛转羽衣丽，
>   流连不肯去。
>
> 食腐乌鸦，造谣布谷，
> 报凶老鸱，白头红嘴乌，
>   还有喜鹊叫喳喳，
> 别在新人屋顶唱不休，
> 更别帮他们闹别扭，
>   赶快飞走吧。

〔三位服丧王后挂深色面纱戴王冠上。王后甲跪在忒修斯脚下；王后乙跪在希波吕忒脚下；王后丙跪在伊米莉娅面前。

王后甲　（向忒修斯）为了慈悲心肠和名门高风的缘故，请垂听并关注我的申诉。

王后乙　（向希波吕忒）看在令堂的面上，并为了你的子宫能如愿多育宁馨儿，请垂听并关注我的申诉。

王后丙　（向伊米莉娅）为了朱庇特使之荣幸登上你的婚床的那个人的爱情，为了纯洁的童贞，请为我们和我们的苦难充当辩护人吧。

这件善举定会将你所有记录在案的罪孽从冥间那本记过簿上勾销掉。

忒修斯　（向王后甲）伤心的夫人，请起。

希波吕忒　（向王后乙）请起身。

伊米莉娅　（向王后丙）别向我下跪。任何受难的妇女，只要我能帮助，我都义不容辞。

忒修斯　（向王后甲）你们的要求是什么？你为大伙儿说一下。

王后甲　（仍跪着）我们是三位王后，我们的君王都牺牲在残忍的克瑞翁的盛怒之下；他们正在底比斯污秽的旷野忍受着渡鸦的巨喙、鸢鸟的利爪和老鸹的尖嘴的啄食[7]。他不允许我们去焚化他们的遗骸，去把他们的骨灰盛进瓮里，也不允许我们把那些腐烂尸体从神圣福玻斯[8]的慧眼之下移走，而让我们的被害君王的秽气污染四方的气流。哦发发慈悲吧，公爵陛下！你大地的净化者，请抽出你为世界行善的令人敬畏的利剑；把我们故王的遗骸归还我们吧，我们好把它们安葬；请以无限的仁慈关怀一下：我们戴着冠冕的头颅上无片瓦遮盖，除了狮子、熊罴及万物所共有的苍穹。

忒修斯　请别跪了。我给你讲得入了迷，才听任你的膝头吃了亏。我听说了你们故君的命运，感到如此悲伤，不由得引起为他们报仇雪恨的愿望。卡帕尼乌斯[9]是你的君主：他娶你的那一天，正值我今天结婚的同一季节，我是在战神马尔斯的祭坛旁遇见你的新郎的。你那时真漂亮，朱诺的披风也不及你的长发漂亮，披在她身上也不见得更华美。你的麦穗花环那时既没掉粒，也没枯萎；幸运让脸颊现出酒窝向你微笑；我们的亲戚赫剌克勒斯[10]，那时为你的美目所制服，竟放下了他的大棒。他跌倒在他的尼密亚狮的毛皮上，发誓说他连肌腱都融化了。哦忧伤和时光，可怕的销磨者，你将吞噬一切！

王后甲　（仍跪着）我希望某个天神，某个天神把他的慈悲投入你的大男子气概,再将力量注进去,好推动你成为我们的殡葬承办人。

忒修斯　哦别再跪了,未亡人:(王后甲起身)要跪还是向戴头盔的贝隆娜[11]跪下吧,并为我,你的士兵,祝福吧。我已心烦意乱了。
(转身)

王后乙　(仍跪着)尊敬的希波吕忒,最令人恐惧的阿玛宗族女战士,你杀死了獠牙如镰刀的野猪,你以又白又壮的手臂几乎使男性成为你们女性的俘虏,但是这个男性,你的夫君,他生来就以天性最初赋予的夫纲维护伦常,却使你缩回到你正将冲决的懿范以内,既压制了你的精力,又压制了你的性情;同样能以怜悯平衡严峻的女战士,我知道你对他有比他对你大得多的力量,你拥有他的膂力,还拥有他的爱情,他是你无论说什么都忠实执行的奴仆;亲爱的淑女典型,请转告他,我们正为炽烈的战火所烤灼,只有在他的利剑的阴影下才感到一点清凉。求他把他的庇荫伸向我们的头顶吧。请用一个女人的声调、像我们三个中任何一个这样的女人的声调说话吧。尽情痛哭,直到欲哭无泪。陪我们下一跪吧:不过膝盖点地的时间不能长过一只被撕断脑袋的鸽子的动作。告诉他,如果他在那处处凝血的战场躺着发胀,向太阳龇牙咧嘴,冲着月亮冷笑,你会怎么办。

希波吕忒　可怜的夫人,别再说了。我正要到他那儿去,欣然和你们一道,把这项善举进行到底,我实在再愿意不过了。我的夫君深深为你们的苦难所打动。让他考虑一下吧。我马上就说。

〔王后乙起身。

王后丙　(仍向伊米莉娅跪着)哦我的诉状原是以冰冷的形式写成,却为灼热的忧伤融化成泪滴了;足见无从表达的悲痛是更其令人难受的。

伊米莉娅　请站起来:你的忧伤写在你的脸颊上。

王后丙　哦忧伤,你在那儿是读不出我的忧伤的;它在这儿,在我的眼睛里,通过我的泪水,你可以看见我的双眼,宛如清澈河流里起皱的卵石。(起身)小姐,小姐,唉唉! ——要想知道大地所有的宝藏,还得深入大地的中心;要想钓取我的最小一条鱼,就给钓丝系上铅坠儿,往我心底去钓吧。哦,原谅我:困境绝地虽说磨炼一些人的心智,却把我变成了一个傻子。

伊米莉娅　求你什么也别说,求你了。淋在雨里,却感觉不到也看不见雨的人,是不会知道什么叫作干和湿的。如果你是某位画家的素描初稿,我就会把你买下来,好琢磨如何描绘一种致命的悲伤,这真是一次刻骨铭心的实物示教啊。但是,唉,我们是天然的同性姊妹,你的忧伤如此强烈地打动了我,也一定会在我姊夫心中引起回响,哪怕它是石头做的,也会把它温热到产生怜悯。请放心吧。

忒修斯　到神庙里去。神圣的婚礼一点也不能马虎。

王后甲　哦,这次庆典会比你的请愿者们的战争持续得更久,花费也更大。记住你的令名如洪钟鸣响在世人耳中:你做事从来迅速而不草率;你的最初念头胜似别人的冥思苦想;你的预谋胜似他们的行动。但是,天哪,你的行动比鱼鹰捕鱼还要快,还没挨着就把它们逮住了。想想吧,亲爱的君主,想想我们被害的君王躺在什么床上啊。

王后乙　我们的夫君根本没有床榻,我们睡得多么凄凉。

王后丙　根本没有适合死者的床榻。那些厌倦今生今世的光明而拿绳索、利刃、毒酒、悬崖对自己充当死神最可怕的代理人的人们,慈悲为怀的人类也会给他们一抔黄土。

王后甲　我们的夫君却躺在烈日之下发胀起疱,他们在世可都是贤良的君王啊。

忒修斯　那倒不假,我会给你们的故君墓葬,从而使你们得到安慰;但要做到,还须跟克瑞翁较量一番。

王后甲　要较量随时都得准备着。现在就要行动起来,明天热力就消失了。那时徒劳的苦役只好白流一通汗水了;现在他十分自负,

239

> 做梦也想不到,我们正站在你的威势面前,用泪水漂洗我们神圣的祈求,以便把诉状说清楚。

王后乙　现在你就可以去捉他,他给胜利灌醉了。

王后丙　他的军队好吃懒做。

忒修斯　阿蒂修斯,你最懂得为这次行动挑选适当的人手,组织最精锐的部队,决定执行任务的人数,那就快去征用我们最优良的装备吧;同时我们还要迅速完成我们的终身大事,实现向命运挑战的婚约。

王后甲　(向另二后)未亡人们,牵起手来;让我们给我们的忧伤当寡妇吧;拖延使我们的希望日益渺茫了。

三王后　一路平安。

王后乙　我们来得不凑巧;可忧伤何时才能像未受折磨的见识,为最成功的请愿选择最适当的时刻呢?

忒修斯　嘿,可敬的夫人们,我要去参加的这个仪式,比任何战事更伟大;比起我过去完成的、将来要应付的一切战斗来,它对我有更重大的意义。

王后甲　这越发说明,我们的申诉一定会受到轻忽。当她的双臂能够拴住朱庇特,不让他去参加诸神大会,就一定会靠认可的月光把你搂抱——哦,当她的樱桃小口将其芳香涂在你善于品味的双唇上时,你何尝想到腐烂了的国王或者哭肿了脸的王后呢?你怎么会关心你没有感觉到的东西,你所感觉的一切怕只能让战神马尔斯一脚踢开他的战鼓吧?哦你只要和她同床一夜,其中每小时都要你拿一百小时作抵押,除了婚宴盼咐你做的一切,你一定把什么都忘得一干二净。

希波吕忒　(向忒修斯)虽然你未必会那么忘乎所以,虽然我遗憾自己当了这样一个请愿者——我依然认为,如果我不舍弃会产生更深切渴望的欢乐,去医治夫人们亟须立即治疗的过度伤痛,我就会身受她们的谴责。(跪下)因此,夫君,我这里试图提出我的祈求,你认为它们有点说服力也罢,判决它们永远沉默也罢,务请推迟我们正在进行的这件大事,把你的盾牌挂在胸前,挂在那永归我所有的颈项上,我愿慷慨地把它借出去,为那些可怜的王后效效劳。

三王后　（向伊米莉娅）哦帮帮忙吧,我们的大事迫切需要你一跪。

伊米莉娅　（向忒修斯跪下）我姐姐的祈求那样坚决,那样迅速而又出乎天性,如果你不以同样的态度接受它,从今以后我就不敢向你要求任何什么了,也没有勇气去找一个丈夫了。

忒修斯　请站起来。（众起身）我正在央求自己去做你们跪着要我做的事情。——皮里图斯,请将新娘引去,去向诸神祈祷成功和凯旋;预定的婚礼不能省略任何细节。——王后们,跟着你们的战士来吧。（向阿蒂修斯）按照从前的吩咐,你去吧,带领你能征集到的人马,到奥里斯河畔和我们会合,我们会在那儿组成一支大军,足以从事一项更其宏伟的事业。（阿蒂修斯下）（向希波吕忒）既然我们的话题是十万火急,就让我在你的红唇上印下这个吻,亲爱的,把它作为我的标记。（向参加婚礼的人群）你们都走吧,我要目送你们离去。（向伊米莉娅）再见,我美丽的妹妹。——皮里图斯,把喜宴办丰盛些,一小时也不要省掉。

皮里图斯　阁下,我会紧跟你的脚步。等到你凯旋,喜宴才会大放光彩。

忒修斯　老兄,我指令你不要离开雅典一步。不等你们办完这场筵席,我们就会回来的。我求你千万别节省。——再一次向大家告别。

〔希波吕忒、伊米莉娅、皮里图斯及随从人员下,向神庙走去。

王后甲　看来你仍然保持很好的口碑。

王后乙　并且赢得了与战神马尔斯相当的神明身份——

王后丙　即使你是凡人,不能超过战神,却能使情欲服从神明的荣誉;据说,神明们自己也在这种情欲的奴役下呻吟呢。

忒修斯　我们既然是人,就应当像人一样做;如果耽于肉欲,我们就会丧失人的称号。振作起来吧，夫人们。现在让我们去争取你们的安慰。

〔喇叭奏花腔。众下。

第二场

地点　底比斯。王宫。

〔巴拉蒙和阿奇特上。

阿奇特　论交情比论血缘更亲密的、亲爱的巴拉蒙，还没有因年齿渐长而变得凉薄的、我最亲近的表兄，让我们离开底比斯这座城和城里的各种诱惑吧，免得我们青春的光彩进一步遭到污染。我们生活在这里，不论是保持节制还是纵欲，都是很可耻的；因为如不顺应潮流游去，就难免有灭顶之灾，至少也是寸步难移，而要随波逐流，我们又会遇上旋涡，不是跟着转就是淹死；即使挣扎出来，也不过是苟延残喘，疲惫不堪。

巴拉蒙　你的忠告可以用实例来证明。当初我们上学校，走在底比斯街道上，会看见多么不可思议的破败景象！疮痍满目，废甲遍地，这就是好战分子的收获，他把荣誉和金锭作为他用武的目标，虽然打赢了，可一样也没弄到手；现在他被他为之一战的和平扔在一旁，战神的祭坛如此被藐视，谁还会向它上供呢？我一看见这景象，内心就会流血，唯愿伟大的朱诺重发她古老的醋劲[12]，让士兵别闲着，和平也好为了暴食而清泻[13]，重新起用她的慈悲心肠，现在它还很硬，比争斗或战争可能更凶狠。

阿奇特　你说走调儿了吧？在底比斯的盘陀路上，除了士兵，你就见不到什么破败景象么？你刚才说什么来着，仿佛你遇见过各种疮痍。难道除了不被重视的士兵，你就不觉得有什么值得你同情么？

巴拉蒙　当然有,我哪儿见到疮痍都会同情,但最可怜的还是满身大汗从事光荣劳动的人们,他们为了凉快一下,给浇了一身冰水。

阿奇特　我刚才说的不是这个。这可是在底比斯不受尊重的美德。我说的是底比斯,我们住在这里,又想保持我们的节操,是多么危险啊;这里每一种邪恶都有一个漂亮的外表;每一件虚有其表的善行都是一种确凿的邪恶;在这里,要不是跟他们一模一样,就会成为异己分子,而和他们沉瀣一气,又会变成十足的魔鬼。

巴拉蒙　除非我们担心猴子会来辅导,我们总有能力控制我们的生活方式。何必要仿效别人的步法呢,那在忠于自身的地方是不受欢迎的?何必要爱好别人的说话方式呢,既然我以自己的方式可以让人听得明明白白;何况我说的还是真话?为什么我要受到高尚品格的约束,非去追随那个追随他的裁缝的人不可呢,说不定到头来被追随者又去赶新浪头了?再给我说说,为什么我的理发匠就该倒霉,连带我可怜的下巴也跟着倒霉,只因它刚巧没有剪成某个红人的样式?可有什么法规命令我的佩剑不得挂在髋部,而应吊在手上晃来晃去呢,或者街道还并不脏,就得装模作样地踮脚走路呢?要么我是驾辕的领头马,我可不是什么驽马亦步亦趋。这些轻伤小痛还用不着车前草来敷;撕裂我的胸怀直到心头的是——

阿奇特　我们的舅父克瑞翁。

巴拉蒙　就是他,一个无法无天的暴君,他的胜利使神灵不受敬畏,使邪恶确信天下没有什么是它的威力所不及;几乎使宗教信仰化为狂热,一味神化变幻莫测的机遇;他把别人所能完成的一切全归之于自己的勇气和威风;他命令人们上火线,打赢了仗,利益和光荣全属于他;他是个不怕为非作歹却不敢行善的人。让我身上跟他有亲缘的血液给蚂蟥吸光吧!让那些蚂蟥带着那种腐朽品质一起溃烂,从我身上落下去!

阿奇特　心明眼亮的表兄,让我们离开他的朝廷吧,免得我们分担他那昭著的臭名;因为我们的牛奶总少不了牧场的味道,我们要就卑鄙无耻,要就犯上作乱——除非品质上和他沆瀣一气,我们在血缘上不是他的亲戚。

巴拉蒙　说得再对不过了。我想,他的耻辱的回音已经震聋上天正义的耳朵。寡妇们的哭喊重又退回到她们的喉咙,诸神并没有(瓦莱琉斯上)成为理所当然的听众。——瓦莱琉斯!

瓦莱琉斯　国王传你们;不过脚步放慢点,等他的脾气发完了再去。他正大发雷霆,连福玻斯撅折鞭柄,对拉日轮的天马大叫大喊[14],和他比起来也不过是低声细语。

巴拉蒙　他一贯大惊小怪。又是什么事惹着他啦?

瓦莱琉斯　那个吓一下就让人心惊胆颤的忒修斯,向他提出了致命的挑战,宣布要把底比斯夷为废墟;马上就要来兑现他的愤怒的诺言了。

阿奇特　让他来吧。要不是他身上的神明使我们害怕[15],他可一点也吓不倒我们。不过谁要是确信自己是在干坏事,因而行动上不免踌躇不前,那么这个人的才干便只有他平日的三分之一,我们每个人大抵都是这样。

巴拉蒙　这个问题不必穷究了。我们现在是为底比斯而战,不是为克瑞翁。但是对他保持中立也未免丢脸;和他作对又是背叛;所以,我们必须和他站在一起,听凭命运安排,它注定了我们一生,直到最后时刻。

阿奇特　只好这样了。据说这场战争正在进行中,是不是? 要不,某项条件谈不拢,也会打起来吧?

瓦莱琉斯　已经打起来了,挑战者一到,政府就下动员令了。

巴拉蒙　让我们到国王那儿去,他的敌人干犯了国家的荣誉,虽说他只代表那种荣誉的四分之一;我们冒险流出的血液,即使不过是为了我们的健康,那也不算白费,毋宁是作为代价付出来。但是,天哪,打起来了就会身不由己,不知到底会造成怎样的破坏啊?

阿奇特　让结局,那个从不犯错误的仲裁者,告诉我们吧,那时我们就会知道一切,让我们听从我们命运的召唤吧。

〔众下。

第三场

地点　雅典城门前。

〔皮里图斯、希波吕忒、伊米莉娅上。

皮里图斯　再不远送了。
希波吕忒　再见,阁下。再次向我们伟大的君主表示祝愿,我对他的胜利不会有任何胆怯的怀疑;但我希望他的兵力多多益善,以便必要时好对付不祥的命运。赶快到他那儿去吧,优秀的将帅不厌兵多将广。
皮里图斯　虽然我知道他的海洋并不需要我的涓滴,但涓滴还得到那儿稍尽绵薄。(向伊米莉娅)我亲爱的姑娘,愿上天向最婉顺的人儿身上注入最美好的感情,高高供在你宝贵的心头!
伊米莉娅　多谢,阁下。请代我向我们显赫的兄长致意,我将为他的神速进军向伟大的贝隆娜祈祷;既然在我们尘世,任何申请要得到理解,就不能没有贡品,我将向她奉献我听说她所中意的一切。我们的心在他的部队里,在他的营帐里。
希波吕忒　在他的胸怀里。我们曾经是军人,我们不会哭泣,即使我们的朋友戴上头盔,或者准备出海,或者谈到婴儿被刺穿在长矛上,或者谈到有些妇女杀掉她们的幼儿,然后哭泣,然后用泪水把它们煮熟,然后吃掉。那么,如果你待下来想看我们中间有没有这样的老娘们,我们会把你永远扣留在这里。
皮里图斯　我去打这场仗,一定给你们带来和平,那时和平再用不着乞求了。(下)
伊米莉娅　他多渴望追随他的朋友啊。自从忒修斯离去以来,他的打猎、赛马虽然也要求认真和技巧，他却都干得马马虎虎，刚刚及格，根本不计较什么得失；但是，他手里应付一件事，脑子里却在指挥另一件事，他一心二用，能够同时照顾两件截然不同的事情。我们伟大的君主离去以来，你可曾观察过他？

希波吕忒　认真细致地观察过；而且为此很欢喜他。他们两人曾经寄住在许多又危险又贫困的角落里，跟威胁与匮乏斗争过；他们曾经驾着小艇，划过激流险滩，它们咆哮汹涌的波涛至少是令人心惊胆颤的；他们还一同在死神的巢穴作过战；但是，命运每次都让他们平安过关。他们友谊的纽带是那么真诚，那么长久，是由那么灵巧的一根手指结扎、编织、缠绕起来的，可能有点磨损，但决不会裂断。我想，忒修斯要是把他的内心感情分作两半，公平对待每一方，恐怕他自己也说不明白，他究竟最爱谁。

伊米莉娅　毫无疑问，总有他最爱的一个，要说这个不是你，就太没道理可讲了。我也经历过这样的时刻，我结交了一个耍伴，你们打仗去了，她却进了坟墓，使这个眠床引以为荣，还告别了月神[16]，分手时月神显得苍白，那时我们都只有十一岁。

希波吕忒　她是弗拉雯娜吧。

伊米莉娅　是的。你说到皮里图斯和忒修斯的友情：这种友情更有基础，更成熟，更有牢固的见识支撑住，他们互相需要可以说浇灌了他们缠在一起的友情根须；可我和她（一谈起来我就会叹气）是两个不懂事的小家伙，就像土、风、水、火这些元素一样，不知什么叫爱，也不知为什么要爱，只不过为爱而爱，倒因此产生了神奇的效果，我们的灵魂竟这样互相影响。她欢喜的一切，我都跟着称赞，她不欢喜的，我就鄙弃，从不察看一下。我往往采一朵花，放在胸前（哦那时刚刚发身，花儿正好搁住），她也想得不得了，终于也采了一朵，同样放在那天真的摇篮里，让它们在那里像凤凰一样，死在芳香之中[17]。我头上没有一样装饰不是她的花样，她的情趣（她随便穿戴点什么，都是很漂亮），我都仿效着，作为我最认真的打扮。我的耳朵要是偷听到什么新曲子,或者偶然哼出一支自编的小调,嚯,她的心神就会在上面流连忘返(毋宁还要加以发挥),连在睡梦中都唱个不停。这种练习(每个笨蛋都知道,这是作为古老激情的假冒品而流行开来的[18])的结果就是,少女之间的真诚情爱可能胜过异性之间的性爱。

希波吕忒　你简直喘不过气来,像这样一句赶一句,不过是说你(像弗拉雯娜姑娘一样)决不会去爱任何叫作男子的人。

伊米莉娅　我相信我不会。

希波吕忒　哎呀,傻妹妹,我可不相信你会做到这一点(虽然我知道你相信你自己),正如我不会信任一个病人的胃口,它即使再怎么想吃也提不起兴致来。但是,妹妹,你要知道,我要是成熟到能够接受你的劝导,你讲了这么多,早就足以把我拖开十分高贵的忒修斯的拥抱了,可我现在还要进屋,为他的幸运下跪祈祷,我深信我们比他的皮里图斯更能占据他心中的高位。

伊米莉娅　我不反对你的信念,但我继续坚持我自己的。

〔众下。

第四场

地点　底比斯城前的战场。尸骸遍地。

〔小木号。幕后战斗;退却号;花腔。忒修斯率众凯旋而上。三王后迎接,五体投地。

王后甲　愿你吉星高照。

王后乙　愿天地永远与你为友。

王后丙　凡降临在你身上的一切幸福,我都高呼"阿门"!

忒修斯　大公无私的众神啊,你们从高耸入云的上界俯视我们芸芸众生,看见谁有过失,当即予以惩处。快去查询你们故君的遗骸吧,以三倍的礼仪给他们荣耀；他们昂贵的葬礼由我们承担费用，不得出一点差错。我们会派人来照料你们的体面，矫正我们仓促留下的每桩不周之处。那么，再见，愿你们多蒙上天垂青！（众王后下。传令官上；随从人员以二担架抬巴拉蒙和阿奇特上）那两人是谁？

传令官　从装备来判断，他们都很高贵。有的底比斯人说，他们是两姊妹的儿子，国王的外甥。

忒修斯　以战神的头盔发誓，我在战场上见过他们，就像两头浑身涂满猎物鲜血的狮子，从惶恐的部队中间杀了出来。我一直盯着他们；因为他们是值得天神一顾的目标。我问过他们的名字，那俘虏告诉我什么来着？

传令官　容禀，他们叫阿奇特和巴拉蒙。

忒修斯　对的，是他们，他们两个。他们还没死吧？

传令官　可也算不上活着；要是他们一受伤就给逮住，说不定已经复元了。不过他们还在呼吸，还可以称作为"人"。

忒修斯　那就把他们像人一样对待吧。这种人的酒渣都胜似别人的酒浆千万倍。把我们的外科大夫都请来抢救他们，放手使用我们最有效的镇痛香膏，不要吝惜；他们的生命对于我们比底比斯更有价值。本来我宁愿他们死去，也不愿他们摆脱这种狼狈状况，显得生气勃勃，健康而自由；但是，我们四万倍地愿意他们给我们当俘虏，而不是死去。快把他们从我们这里的亲切空气[19]中抬走吧，这种空气对他们并不亲切，像人对人一样地照顾他们吧；为了我们的缘故，还要多出一点力，因为我已经体验过种种恐怖、愤怒、朋友的吩咐、爱情的挑逗、热情奋发、情妇的虐待、对自由的向往、一阵狂热、疯癫，还设置过一个没有上列外力强制、单凭天性驱使是无法到达的目标，因为意志的软弱会压倒理智的力量[20]。为了我们的爱情和伟大阿波罗的慈悲[21]，让我们最优秀的医生提供他们最高明的医术吧。——带队进城，在那儿收拾残局，我们好在部队前面赶回雅典。

〔花腔。众下。

第五场

地点　同前战场的另一部分。

　　〔音乐。众王后率侍从,伴随三位故君的灵柩,在送葬的肃穆气氛中上……

〔歌曲〕　　把骨灰瓮和薰香拿走,
　　　　　　烟雾和叹息遮暗了白昼;
　　　　我们的悲伤看来比死亡更致命;
　　　　　　香膏,和香料,和哀痛的面目,
　　　　　　神圣的小瓶里装满了泪珠,
　　　　旷野空中激荡着哭喊一声声!

　　　　都来吧,一切悲哀而又庄重的景观,
　　　　　　它们是慧眼欢乐的仇怨!
　　　　我们什么也不召唤除了灾难:
　　　　　　我们什么也不召唤……

王后丙　这送葬的小路通向你老家的墓园:愿欢乐回到你身边!愿你安眠!

王后乙　这条路通向你的家园。

王后甲　这条路通向你的家园。上天让一千条歧路通向一个确定的结局。

王后丙　这世界是一个迷途纵横的城市,死亡是市场让人人在此相遇。

　　　　〔分别退场。

第二幕

第一场

地点　雅典。一座花园,背景为一监狱。
〔监狱看守和求婚者上。

看守　我在世可省不出多少钱;当然会丢几个给你们,可也不多。唉,我管的这座监狱,虽说是关押大人物的,可他们很少光顾:这真是麻哈鱼一条没到手,倒先捞了大批小杂鱼。人家都说我混得不错,这种传闻怎么能当真?我要真像他们说的那样就好了。哎唷,手头这点钱,不管有多少,我一旦死了,不都是我女儿的吗?

求婚者　先生,您给多少是多少,我决不会多要。我还一定遵守诺言,给您女儿分财产。

看守　好了,这件事等婚礼办了再谈。可她满口答应了你吗?(看守的女儿拿着铺地的灯心草上)只要她答应,我可没话说。

求婚者　她答应了,先生。瞧她来了。

看守　你的朋友和我刚巧提到你,谈的老话题。现在不谈了;等宫廷里忙过了,我们马上就来了结这件事。眼下要小心照看那两个囚犯。我告诉你们,他们都是王孙公子呢。

女儿　这些灯心草是给他们房间铺地的。他们给关起来,真可惜;他们要是跑掉了,那一样可惜。我想,他们会有耐性,使任何苦难害臊的。监狱本身会以他们为荣,他们在囚室里会创造一个属于他们自己的世界。

看守　都说他们是一对十足的男子汉。

女儿　凭良心说,我认为这个说法把他们看扁了,他们可比一般男子汉要高出一大截呢。

看守　听说他们在战场上是唯一肯动真格的。

女儿　可不是,很可能,因为他们作为受难者都是高尚的,硬是化囚禁为自由,化悲惨为欢乐,把折磨变成可以开玩笑的玩物。真不知道他们成了胜利者,会是个什么样子,一定老是那么高尚。

看守　是那样吗?

女儿　我觉得他们根本没有想到自己在坐牢,正如我不会认为自己在统治雅典一样。他们胃口很好,满面春风,谈天说地,就是一句不提自己的监禁和灾难。有时候其中一个会发出半声叹息,仿佛殉节赴义一样,另一个立即报之以亲切的责备,我真恨不得自己也叹息一下,好挨这样一顿骂,或者至少作为一个叹息者,好得到安慰。

求婚者　我从没见过他们。

看守　公爵本人夜晚还悄悄来过,(巴拉蒙和阿奇特出现在舞台上层窗口[22])别人也来过。究竟是什么缘故,我可不知道。瞧,他们就在那儿。阿奇特在朝外望呢。

女儿　不,先生,不,那是巴拉蒙。阿奇特要矮些——(指着阿奇特)你可以看到他的身子一部分。

看守　去你的,别那么指指点点。他们不愿意望我们。别让他们瞅着了。

女儿　瞅着他们真开心。主啊,男人怎么有这么大差别!

〔看守、求婚者和看守女儿同下。

251

第二场

  地点 同前场。
    〔巴拉蒙和阿奇特身着镣铐上(舞台上层,监狱一囚室)。

巴拉蒙 你好,高贵的表弟?
阿奇特 你好,先生?
巴拉蒙 唔,壮得可以嘲笑苦难,还经得起战争的风险。我可担心,我们永远要当囚犯了,表弟。
阿奇特 这话我相信,我已经耐心地把下半生留了下来,准备交给那个厄运。
巴拉蒙 哦阿奇特表弟,现在底比斯在哪儿?我们高贵的祖国在哪儿?我们的朋友和亲人又在哪儿?我们再也见不着那一切安慰了,再也看不到像扬帆远航的巨舰那样的、挂满情人们的彩色纪念品、争取参加荣誉竞技的强壮小伙子了;那时我们和他们一起出发,像一阵东风,把他们都抛到身后去,有如懒散的云朵,而巴拉蒙和阿奇特,即使随便摆动一下腿,就超过了人们的称赞,他们来不及祝愿我们荣获锦标,我们就已经夺得了它们。哦我们再也不会像荣誉的孪生子,运用我们的武器,感受胯下的烈马像骄傲的海洋一样颠簸。我们的利剑(要没给红眼战神佩戴过才好),现在从我们身边给收走了,年深日久一定会生锈,就只好装点那些仇恨我们的神道的庙宇了。这双手就再也不能把它们像闪电一样拔出来,冲锋陷阵,摧毁敌军了。
阿奇特 是呀,巴拉蒙,那些希望跟我们一起给关在这儿了。我们待在这儿,我们青春的魅力一定会像早临的春天一样萎谢。我们一定会给关到垂垂老矣,最令人伤心的是,巴拉蒙,我们都还没有结婚哪。决不会有个钟情的妻子,带着千百个小爱神,搂着我们的脖子狂吻了；我们不会有后代，晚年不会有儿孙承欢膝下，更不会把他们当小鹰一样，教他们勇敢地凝望着光亮的武器[23]，说"记住你们的父辈是什么人，去征服敌人吧"！眼睛漂亮的姑娘们一定会为我们的放逐而哭泣，会在她们的歌曲里诅咒永远盲目的命运女神，直到她羞愧地看出她给青春与天性做了怎样一件错事。这就是我们的整个世界：我们在这里，除了两人互相认识，什么也不知道，除了诉说我们的灾祸的钟声，什么也听不见；葡萄树还会生长，我们再也见不着它了；夏天还会来，连同它的一切乐趣，可冷得要命的冬天会在这儿长住不去。

巴拉蒙　说得太对了，阿奇特。我们再也不能嗾唤我们那些以回声震撼深山老林的底比斯猎狗了；再也不能向发怒的野猪挥舞我们尖利的投枪，尽管它给我们千锤百炼的飞镖击中，像一只帕提亚人的箭[24]从我们的豪兴之下逃走。我们两人身上的全副武艺（高贵胸襟的食物和营养）会在这儿消磨殆尽；最后我们将作为忧伤与愚昧的产物死去，这是对于荣誉的一大诅咒。

阿奇特　可是，表兄，即使从这些苦难的底层，从命运使我们身受的一切之中，我也看见有两件足以自慰的事，纯粹是诸神的两点赐福，如果他们高兴的话——一是让我们保持一种勇敢的耐性，二是让我们两人一起享受忧伤。只要巴拉蒙和我在一起，如果我认为这是我们的囚牢，那就让我死去吧。

巴拉蒙　当然啰，表弟，我们的命运给搓在一起，这才是主要的福分。千真万确，两个高贵躯体里面的两个灵魂，假定在蒙受莫测事故的折磨，只要它们生长在一起，就决不会沉没；姑且说有可能，他们也一定不会。只有甘愿屈从命运的人，才会像睡眠一样容易死去，而且一了百了。

阿奇特　我们充分利用一下这个人人憎恨的地方，好吗？

巴拉蒙　怎么利用呢，好性子的表弟？

阿奇特　让我们把这座监狱设想成神圣的庇护所，免得我们受到坏人的腐蚀。我们还年轻，渴望走上荣誉的正路，而行动自由与交游广泛，是纯洁心灵的毒药，很可能像女人一样缠着我们离开那些正路。除了靠想象力创造一点幸福，我们还有什么幸福可言呢？我们像这样给关在一起，彼此就是一座挖不尽的矿山；我们彼此是配偶，不断产生新的爱；我们彼此是父亲，是朋友，是相知；我们合起来就是家庭：我是你的后嗣，你是我的后嗣，这个地方就是我们的继承物。任何严酷的压迫者都不敢把它从我们这里拿走；这里只要一点点耐性，我们就可以长久相爱地活下去。任何暴食暴饮找不到我们头上；战争之手伤不了这里什么人，海洋也吞噬不了他们的青春。假如我们自由了，你我的妻子，或者事务，可能合法地把我们分开，争吵会耗尽我们的精力，恶人的忌妒会离间我们的交情；表兄，我还可能病倒在你从不知道的什么地方，甚至就此死去，你也来不及高抬贵手关闭我的眼睑，或者为我向诸神祈祷。如果我们离开了这里，会有千百次机会把我们两人分开。

巴拉蒙　我感谢你，阿奇特表弟，你使我几乎迷上了我的囚禁生活。生活在监狱外面，不论什么地方，该是多么不幸啊！我想，那会像一头牲口。我觉得这个小庭院更令人满意，所有那些引诱人们追求虚荣的赏心乐事，我都看透了，我可以告诉世人，都不过是华而不实的幻影，随着时光老人一去不复返。从前在克瑞翁的朝廷里，罪恶就是正义，贪婪与无知就是伟人们的德行，我们那时又曾经是什么样子呢？阿奇特表弟，要不是诸神垂爱，为我们找到这块地方，我们早就像他们，那些邪恶的老人，一样死去了，没有人为他们哭丧，他们的墓志铭就是众人的诅咒。还要我说下去吗？

阿奇特　我愿意你一直说下去。

巴拉蒙　你就听着吧。有没有这样的先例，两个相爱的人比我们还更其相爱，阿奇特？

阿奇特　肯定不会有。

巴拉蒙　我不认为我们有朝一日会丧失友谊。

阿奇特　我们至死也不会,(伊米莉娅及其女侍〔在下层〕上。巴拉蒙看见她,沉默不语)死后我们的灵魂一定被领到那些永远相爱的人们中间去。说下去,先生。

伊米莉娅　(向其女侍)这座花园处处令人赏心悦目。这是什么花?

女侍　它叫纳克索斯[25],小姐。

伊米莉娅　这当然是个漂亮小伙子,可也是个爱上自己的傻瓜。难道姑娘们还不够么?

阿奇特　(向巴拉蒙)请说下去。

巴拉蒙　好的。

伊米莉娅　(向女侍)还是她们个个狠心肠?

女侍　对这样漂亮的小伙子,她们的心肠狠不起来。

伊米莉娅　你大概也狠不起来。

女侍　我想我也一样,小姐。

伊米莉娅　这才是个好妞儿!不过还得留心你的好意。

女侍　怎么呢,小姐?

伊米莉娅　男人都是些鲁莽家伙。

阿奇特　你还说下去吗,表兄?

伊米莉娅　你会不会用丝线绣这样的花,妞儿?

女侍　会。

伊米莉娅　我想要一件绣满这种花的长袍,还有这些花:这是一种中看的颜色,绣在裙子上不也很出众吗,妞儿?

女侍　美极了,小姐。

阿奇特　(向巴拉蒙)表兄,表兄,你怎么啦,先生?喂,巴拉蒙!

巴拉蒙　到现在我才觉得自己在坐牢,阿奇特。

阿奇特　哎呀,怎么回事,伙计?

巴拉蒙　瞧吧,惊叹吧!(阿奇特看见伊米莉娅)天哪,她是一个女神。

阿奇特　哈!

巴拉蒙　五体投地吧;她是一个女神,阿奇特。

伊米莉娅　（向女侍）所有的花朵中,我认为玫瑰花最好。

女侍　为什么呢,文雅的小姐?

伊米莉娅　她是姑娘的象征;西风[26]向她温存求爱时,她开放得何等端庄,以她童贞的羞赧映红了太阳!可当粗暴而急躁的北风向她刮来,那时她却像贞操本身一样,将她的美貌重新收藏在蓓蕾里,让它去找低贱的野蔷薇。

女侍　可是,好小姐,有时她未免端庄得过分,结果因此而凋谢。一个姑娘即使再讲廉耻,也不欢喜拿她来做榜样。

伊米莉娅　你真下流。

阿奇特　（向巴拉蒙）她漂亮得出奇。

巴拉蒙　她是硕果仅存的美人。

伊米莉娅　太阳老高了,我们进屋去吧。把这些花拿好,我们要看看,艺术能够怎样接近它们的颜色。我开心极了,现在就能笑。

女侍　我相信,我能躺下来[27]。

伊米莉娅　随身还带一个吧?

女侍　那是我们约好了的,小姐。

伊米莉娅　好吧,赞成。（和女侍同下）

巴拉蒙　你对这位美人怎么看?

阿奇特　是个尤物。

巴拉蒙　只是一个尤物吗?

阿奇特　是的,是个天下无双的美人。

巴拉蒙　一个男子会不会如痴如醉地爱她呢?

阿奇特　你怎么样我说不上来;可我真是这样。我这双该死的眼睛!现在我才感到镣铐的累赘了。

巴拉蒙　那么你爱上她了?

阿奇特　谁会不呢?

巴拉蒙　而且想得到她?

阿奇特　胜过想得到自由。

巴拉蒙　是我先看见她的。

阿奇特　那算不了什么。

巴拉蒙　可那很重要。

阿奇特　我也看见了她。

巴拉蒙　是的,但你不可以爱她。

阿奇特　我才不愿像你那样崇拜她,把她当作超凡脱俗的女神;我把她当作女人来爱,来享受。因此我们两人都可以爱。

巴拉蒙　你根本不可以爱。

阿奇特　根本不可以爱! 谁能拒绝我?

巴拉蒙　是我最先看见她;是我最先用眼睛占有她身上向世人显示的所有美色。如果你爱上了她,或者图谋毁灭我的愿望,那么,阿奇特,你就是个背信弃义者,是个像你对她的占有权一样虚伪的家伙。一旦你想打她的主意,我就会断绝我们之间的友谊、血缘和全部联系。

阿奇特　是的,我爱她,即使把阿奇特一家人的性命都押上去,我也要爱她;我用我的灵魂爱她;如果那样会失去你,那也只好告别了,巴拉蒙。我再说一遍,我爱她,而且在爱她的时候坚持认为,我跟任何巴拉蒙一样,或者跟任何活着的人之子一样,是个高尚的自由的情人,对她的美貌具有同样正当的权利。

巴拉蒙　我曾经称你为朋友吧?

阿奇特　是的,你还发现我也够朋友。为什么你这样生气呢? 让我冷静地同你商量一下:难道我不是你的血液、你的灵魂的一部分么? 你曾经告诉我,我就是巴拉蒙,你就是阿奇特。

巴拉蒙　是的。

阿奇特　难道我不会有我的朋友体验过的那些欢乐、忧愁、愤怒、恐惧等等情感么?

巴拉蒙　你可能会有。

阿奇特　那么,为什么你表现得那么狡猾,那么古怪,独自一个人爱

257

着,不像一位高贵的亲戚呢?老实说,你认为我连让她瞧一眼都不配么?

巴拉蒙　我不这样认为;可你要是追求那一眼,一定要她来瞧你,那就不正当了。

阿奇特　因为另一个人先看见敌人,我就得静静站着,抛弃自己的荣誉,而不向前冲锋么?

巴拉蒙　是的,如果敌人只有一个。

阿奇特　可要是那一个宁愿同我交手呢?

巴拉蒙　那也得要他这样说了,你才可以自由行动;否则,如果你去追求她,那就像仇恨祖国而遭受唾骂的人,是个臭名昭著的恶棍了。

阿奇特　你疯了吧。

巴拉蒙　我不得不疯,除非你为人正派,阿奇特,这对我大有关系;我疯起来,要是威胁到你,把你杀掉,那也是合情合理的。

阿奇特　呸,先生!你太孩子气了。我要爱她,我不得不爱,我应当爱,而且我敢爱——这一切可是合理合法的。

巴拉蒙　哦真希望,真希望你这个虚伪的家伙和你的朋友有这样的幸运,能得到一小时的自由,我们手里各自握着一柄利剑,我会很快教训你,从别人那里偷窃情感是怎么回事!你干这件事,比扒手还卑劣。要是你再把脑袋从这扇窗口伸出去,我凭着这点骨气,一定把你活活钉死在上面!

阿奇特　你不敢,傻瓜,你也不能够,你虚弱得很。把我的头伸出去?我会把我的身子扔出去呢。下次我见到她,会跳到花园里去,(看守〔在舞台上层〕上)投到她怀里去,气死你。

巴拉蒙　别讲了;看守来了。只要我活着,总会拿手铐把你的脑袋砸开花。

阿奇特　你砸吧。

看守　请原谅,先生们。

巴拉蒙　贵干,可敬的看守?

看守　阿奇特老爷,你得马上到公爵那儿去;缘故我还不知道。

阿奇特　随时可以走,看守。

看守　巴拉蒙王爷,我得把你漂亮的表弟暂时从你身边带走。(和阿奇特同下)

巴拉蒙　什么时候你高兴,连我的性命你也会带走的。为什么叫他去呢?可能是叫他去和她成亲吧;他英俊有为,说不定公爵注意到他的门阀和身份。可他很不老实!怎么一个朋友会靠不住呢?如果让他弄到那么高贵又那么漂亮一位太太,那么老实人就再也别去恋爱了。我只想再见一次这个美人儿。有福的花园啊,果实和花朵更有福呢,她明媚的眼睛照着你们,你们可真风华正茂呢!不管今后我一生命运如何,我情愿变成那里一棵小树,一棵繁花盛开的小杏树!这样我才好舒展开来,把我放肆的胳膊伸进她的窗户里去,我才好给她送去可供神灵佐餐的鲜果;只要她尝一尝,青春和欢乐就会在她身上成倍增长;如果她还不够十全十美,我会使她在本性上近似神灵,让神灵也敬畏她;(看守〔在舞台上层〕上)那时,我相信她会爱我的。怎么了,看守,阿奇特上哪儿啦?

看守　给流放了。皮里图斯亲王为他求到了自由;但他得拿生命发誓,再也不踏进这个王国一步。

巴拉蒙　(旁白)他是个有福的人!他又会看见底比斯,会号召勇敢的年轻人拿起武器,他叫他们冲锋,他们就会像烈火一样扑向前去。阿奇特一定会交上好运,要是他敢于成为一位杰出的情人,还敢在战场上为她打一仗的话;如果他失去了她,他必定是个冷淡的懦夫。如果他是高贵的阿奇特,他一举一动会多么勇敢,去赢得她的欢心——法门成千上万!假如我自由了,我也会干出种种英勇的伟业,让这位小姐,这个忸怩害羞的处女,鼓起勇气来,设法把我抢走。

看守　大人,对你我还奉命——

巴拉蒙　把我处决？

看守　不是,是要把大人从这个地方挪动一下;这儿窗户开得太大了。

巴拉蒙　让他们见鬼去,他们对我存心不良!还不如把我杀了。

看守　我杀了你,再去上绞架!

巴拉蒙　凭天日发誓,我要手里有把剑,就会杀掉你。

看守　那为什么呢,大人?

巴拉蒙　你不断送些不值一提的、鸡毛蒜皮式的消息来,你不配活。我可不走。

看守　你一定得走,大人。

巴拉蒙　我还能够看见花园吗?

看守　不能够。

巴拉蒙　那我下了决心,我可不走。

看守　那我不得不强迫你了;还因为你是危险人物,我得给你再加一副镣铐。

巴拉蒙　那就加吧,好看守。我会把它们摇晃得让你们睡不成觉,我会给你们跳一通新式的摩里斯舞[28]。我非走不可么?

看守　别无办法。

巴拉蒙　（旁白）再见了,亲切的窗户。愿狂风永不伤害你!哦我的小姐,如果你感觉过什么是悲伤,就请想象一下我多么痛苦!——好吧;来把我埋掉吧。

〔巴拉蒙和看守同下。

第三场

地点　雅典附近乡村。

〔阿奇特上。

阿奇特　从王国流放么?这可是我非感谢他们不可的一件恩典,一种慈悲;可是再也没有机会自由欣赏那张我愿为之一死的脸庞了——哦这可是一桩深谋远虑的刑罚,一次难以想象的死亡!即使我又老又坏,我所有的罪过也不可能把这样一种报复揽到自己身上来。巴拉蒙!你现在可占先了;你留下来,每天早晨可以看见她那明媚的眼睛冲着你的窗口闪耀,给你注入生命力;你可以饱餐一位高贵美人的秀色,那是大自然从未超过也永不会超过的秀色。仁慈的诸神啊!巴拉蒙是何等幸福!十有八九,他会上前跟她讲话,如果她既美丽又温柔,我知道她就属于他了;他有一条驯服风暴并使顽石点头的舌头。不论发生什么,最糟也不过一死:我决不离开这个王国。我知道我自己不过是一堆废墟,已经无可修整。我一走,他就会得到她。我决定改头换面来完成我自己,否则结束我的命运。我会看见她,会挨近她,或者死掉:无论什么结果,我都高兴。

〔四乡民上,前面一人手持花环。阿奇特站在一旁。

乡民甲　哥儿们,我会去的,一定。

乡民乙　我也会去。

乡民丙　我也去。

乡民丁　那就一起走吧,伙计们!不过挨一顿尅罢了。今儿让犁头歇一天,明儿用马尾巴搔搔痒就行了。

乡民甲　我相信,会让我老婆恨得像火鸡似的。反正是那么回事,我受得了,让她嘀咕去。

乡民乙　明儿晚上爬到她船上去,给她仓里装得满满的,不就又好了吗?

乡民丙　可不是,只要把根教鞭给她捏住,你就会看见她怎样取得一次新教训,做个乖婆娘。我们都按照安排来庆祝五月节么?

乡民丁　按照安排?有什么不行的?

乡民丙　阿卡斯会去的。

乡民乙　还有森诺瓦,还有莱卡斯,他们三个在绿树下跳舞,什么小伙子也赶不上；你们可知道，还有什么娘们吗，哈？可你们认为，那位挑肥拣瘦的教师会守信用吗？要晓得，样样都得他来干。

乡民丙　他要是不来，就得吃下一本角帖书[29]。去他娘的！他跟制革匠女儿摽得太紧，不会错过这次机会不来的；她还得看看公爵，她还得跳舞呢。

乡民丁　我们也会使劲跳吧？

乡民乙　雅典全城小伙子都赶不上我们，我一会儿在这儿，一会儿在那儿，到我们镇上去，一会儿又跳回来了。哈，伙计们，为我们织工鼓掌叫好哇！[30]

乡民甲　这舞得在林子里跳。

乡民丁　不见得吧！

乡民乙　肯定要在林子里跳；我们这里有学问的人这样说的——他本人就要在那里代表我们，把公爵极其巧妙地奉承一番。他在林子里才了不起，把他弄到平原上来，他的学问就吃不开了。

乡民丙　我们就要看比赛了，接着每个人来对付我们！好伙计，趁那些小姐太太还没看见我们，我们怎么也得排练排练，好好排练吧，天晓得会玩出什么花样来。

乡民丁　赞成。比赛一完，我们就开演。去吧，小伙子们，等一等！

阿奇特　（上前）对不起，朋友们，请问你们上哪儿去？

乡民丁　上哪儿去？怎么问起这类问题来？

阿奇特　是呀，我正是不知道，才问的呀。

乡民丙　去看比赛，朋友。

乡民乙　你是哪儿长大的，怎么这也不知道？

阿奇特　并不远，先生。今天可有这样的比赛？

乡民甲　是的，当真，有哇；是你从没见过的。公爵本人都要亲临现场。

阿奇特　有些什么消遣的呢？

乡民乙　摔跤啦，赛跑啦。（向别人）这是个有趣的家伙。

乡民丙　（向阿奇特）你不一块儿去吗？

阿奇特　现在还不去，先生。

乡民丁　好吧，先生，你慢慢来吧。（向别人）喂，小伙子们。

乡民甲　我琢磨着，这家伙腰杆儿有点功夫，瞧他那副摔跤的架势。

乡民乙　他要敢试一下，我情愿给吊死。去他娘的，十足的笨蛋！他摔跤？让他炒鸡蛋去吧！喂，咱们走，伙计们。（四乡民同下）

阿奇特　这是我想也不敢想的天赐良机。我本来就会摔跤，好手都承认我了不起；跑起来，比麦田里把沉甸甸的麦穗刮得卷起来的风还快，而且一直跑下去。我何妨打扮成一个穷汉，到那儿去碰碰运气。说不定我额头上也会戴上花环，侥幸留在我可能看得见她的地方，谁知道呢？（下）

第四场

地点　雅典。狱内一室。

〔看守女儿独自上。

女儿　怎么我就爱上了这位贵人呢？多半他不会欢喜我。我出身低贱，我爸是他那牢房的普通看守，他可是个亲王呢。嫁他没有指望，当他的姘头又太犯傻。真丢脸！姑娘家一到十五岁，什么难关都给碰上了！先是我看见了他：一看见他，我就认为他是个美男子；他身上那么多招女人欢喜的东西（要是他肯拿出来的话），还是这双眼睛从没见过的。接着，我同情他；说句良心话，任何年轻姑娘，但凡梦想把自己的女儿身托付给一个如意郎君，都会同情他的。后来，我爱上了他，要死要活地爱，没完没了地爱；他还有个表弟，跟他一样漂亮；可我心里只有巴拉蒙，主啊，怎么他搞得人七上八下！黄昏时分听他唱歌，简直像上了天堂！可他唱的都是些悲伤的歌。没有哪个贵人说话比他更中听。早上我进来给他送水,他先弯了弯他的贵体,然后这样向我致意:"美丽、温柔的姑娘,早安。愿你的善良为你找到一个称心的丈夫!"有一次,他还亲了我,此后十来天我更加喜爱我的嘴唇了。唯愿他每天这样亲我才好!他很伤心,看见他不幸,我也伤心。我该怎么办,才使得他知道我爱他呢?我多想得到他的爱啊!比如说,我大着胆子把他放掉?可法律又会怎么说呢?咳,顾了法律,就顾不了亲人!我要放他走,不是今晚就是明儿,一定要他爱我。(下)

第五场

地点　雅典。一片空地。

〔幕后短号奏花腔片刻,并有叫喊声。忒修斯、希波吕忒、皮里图斯、伊米莉娅、戴花环的乔装阿奇特和侍从上。〕

忒修斯　你干得很帅。赫刺克勒斯以后,我还没见过肌肉比你更健壮的人。不管你是什么人,你跑得最快,论摔跤,也是这几次数得着的。

阿奇特　让你高兴,我感到荣幸。

忒修斯　你在哪个国家长大的?

阿奇特　就在本国;不过很远,爵爷。

忒修斯　你有贵族身份吗?

阿奇特　家父说过有的,还教过我那些上流习惯。

忒修斯　你是他的继承人吗?

阿奇特　是他最小的儿子,先生。

忒修斯　那么,你的父亲一定是个享福的封翁了。你拿什么证明自己呢?

阿奇特　所有贵族技艺,我都略知一二:我懂得怎么养鹰,猎狗调教得一唤呜呜直叫一大群;我不敢夸口马术如何高明,但认识我的人都说这是我的强项;最后,也是最主要的,大家一贯认为我是一名军人。

忒修斯　你倒十全十美。

皮里图斯　的的确确,是个地道的男子汉!

伊米莉娅　果真是。

皮里图斯　(向希波吕忒)你觉得他如何,夫人?

希波吕忒　我欣赏他;我还没见过一个年轻人像他这样高贵,如果他讲的是真话。

伊米莉娅　要相信,他母亲是个非常标致的女人,我觉得他的脸就像他母亲。

希波吕忒　可是他的身体和热烈的心胸证明他有一位勇敢的父亲。

皮里图斯　请注意,他的优点就像被掩蔽的太阳,穿透了他卑微的服装。

希波吕忒　他肯定出身名门。

忒修斯　(向阿奇特)什么缘故使你到这个地方来,先生?

阿奇特　高贵的忒修斯,是为了争取名位,为了给这样一次设备完善的、与你的声望相称的奇观竭尽绵薄,因为在全世界,只有在你的朝廷里,才能有公正的荣誉。

皮里图斯　他的话都讲得很得体。

忒修斯　(向阿奇特)先生,我们非常感谢你的光临,也不会让你失望。皮里图斯,这位英俊的绅士就由你来安排。

皮里图斯　谢谢,忒修斯。(向阿奇特)不管你是什么人,你是我的,我将安排你去做一件最高尚的公务,去伺候这位小姐,这位聪明的少女。请尊敬她的美德。你用你的长处为她的华诞增添了光彩,你当然就为她所有。请吻她的纤手,先生。

阿奇特　先生,你是一位高贵的施与者。(向伊米莉娅)最亲爱的美人,让我这样打上我永誓忠诚的封印吧。(吻她的手)当你的仆人,你最不足取的奴才,惹你生气时,就叫他去死吧,他不敢不死。

伊米莉娅　那太残忍了。如果你有功劳，我会很快看见的。你是我的，我使用你，会比你的身份多少更好些。

皮里图斯　（向阿奇特）我将让人把你装备起来，你说你懂骑术，我不得不求你今儿下午骑骑马了，不过那是一匹烈马。

阿奇特　我更欢喜烈马，大人，这样我才不会在马鞍上冻僵。

忒修斯　（向希波吕忒）亲爱的，你得准备好，还有你，伊米莉娅，（向皮里图斯）还有你，朋友，还有大家，明儿日出时分，到黛安娜[31]的林子去庆祝花团锦簇的五月佳节。（向阿奇特）好好伺候你的女主人，先生。埃米莉，我希望他不至于步行去。

伊米莉娅　我有马而让他步行，那可是一桩耻辱，先生。（向阿奇特）你自己选择吧，你随时要什么，尽管让我知道。只要你忠诚服务，我敢向你保证，你会得到一个仁慈的女主人。

阿奇特　如果我不忠诚，让我受到家父所憎恶的两样——耻辱和鞭打吧。

忒修斯　走吧，带路；你已赢得了这项权利。这是一定的；你会得到跟你所赢得的荣誉相称的一切当然权益；否则就是不公正了。（向伊米莉娅）妹妹，原谅我瞎想，你有这样一个仆人，如果我是女人，就会把他当作主人的。不过，你聪明得很。

伊米莉娅　我希望自己聪明得不至于那样，先生。

〔喇叭奏花腔。众下。

第六场

地点　雅典。监狱前面。

〔看守女儿独自上。

女儿　让所有公爵和所有魔鬼吼叫去吧，他自由了！我为他冒了险，把他带出来了，带到离这里一英里的一个小林子里。我送他到那儿,那儿有一株比别的树都高的大雪松,紧挨着小河,铺展开来就像株法国梧桐。他得在那儿躲起来,等我给他送去锉子和食物,因为他的铁手镯还没弄脱呢。哦爱神,你是怎样一个大无畏的孩子!我父亲宁肯忍受冰冷的镣铐,也不敢这样做。可我爱他,爱得顾不上爱,顾不上理智,也不顾见识和安全。我让他明白了这一点。我不在乎,我一不做二不休。要是法律找上了我,把我判刑好了,总有些姑娘,好心的姐妹们,会为我唱挽歌,让后人记住我死得多么高贵,简直死得像烈士。我下了决心,他走到哪儿,我跟到哪儿。他肯定不会那么没有男子气,把我扔在这里。如果他这样扔我,姑娘们就再也不会轻信男人了。可是,我为他做了这么多,他还没有谢我一声呢,更没有吻我一下,想起来真不是味儿。当时我劝他越狱,简直劝不动,他顾虑重重,生怕搞不好会连累我和我父亲。可我希望,他多想一想,我的这份情意就会在他身上扎根,扎得更深更深。他想把我怎么样,就让他怎么样吧,只要他对我亲热,因为他一定会亲热我的,要不我就会到处说,还当着他的面,说他根本不是男子汉。我马上就会为他张罗那些必需品,还要收拾一下我的衣物,什么羊肠小道我都敢走,只要他跟我在一起。我会像个影子,永远留在他身边。一小时之内,整个监狱会闹得人仰马翻。那时我可在吻着他们寻找的那人呢。再见吧,爸爸;要是再多几个这样的囚犯和这样的女儿,恐怕你只得把你自己关起来。现在我去找他了。(下)

第三幕

第一场

地点 雅典附近一树林。

〔各处短号声。人们庆祝五月节的喧闹和呼叫。阿奇特独自上。

阿奇特 公爵把希波吕忒给丢了;各人都走上了岔路。这是专为百花盛开的五月举办的一次隆重的庆典,为了把它办得完美无缺,雅典人才舍得花钱。哦伊米莉娅女王,比五月还要鲜艳,比它枝头金黄蓓蕾或者草原上、花园里的涂彩花样还要芳香! 真的,我们还可向任何宁芙的河岸挑战,尽管她使流水变得像花朵一样! 哦你,林子里,世界上的珍宝,你到哪儿,哪儿都有福了。唯愿我,这个可怜人,很快介入你的沉思,引起你某种纯洁的思虑! 碰上这样一位女主人,可不是三倍的机缘么,真是喜出望外。告诉我吧,仅次于我的君主埃米莉的命运女神,我还可以得意到什么程度呢?她热切地关注我,让我挨近她;就在这个美好的早晨,一年最新颖的一个早晨,又送给我两匹马;这两匹骏马,就是两个国王在互相争夺王权的战场上,也会拿它们来打赌。天哪,天哪,可怜的巴拉蒙表兄,可怜的囚徒,你简直梦想不到我的幸运,才自以为你那样挨近伊米莉娅,要比我更幸福。你以为我在底比斯,虽然自由了,可是很倒霉。可你要是知道,我的女主人怎样对我轻言细语,我怎样耳听她的话语,活在她的眼睛里,哦表兄,你又会陷入怎样一团怒火之中啊!

〔巴拉蒙身带镣铐从丛林中出;向阿奇特弯起握拳的手。

巴拉蒙　你这个叛徒亲戚,要是我摆脱了这些囚禁标志,手里拿着一把剑,你才会察觉到我的一团怒火了!千咒万骂合成一句,我,和我的爱情的公道,会使你成为众所周知的叛徒!你表面上温文尔雅,实际上最奸狡欺诈!你带有出身高贵的标志,实际上最不讲廉耻!尽管血缘上是近亲,你是个最虚伪的老表,你还说她是你的吗?我会戴着镣铐,用这双没有武器的空手来证明,你在撒谎,你是个十足的爱情窃贼,是个一文不值的空头贵族,连称作坏蛋都不配!要是我有一把剑,又能扔脱这双跛拉板儿——

阿奇特　亲爱的巴拉蒙表兄——

巴拉蒙　别来这一套,骗子阿奇特,还是讲些与你对我的行为相称的话吧。

阿奇特　我胸口的血流里找不到你想用来搞臭我的任何下流品质,我才这样平心静气地给你回话:是你的怒火犯了错误,这对你不利,对我也没有好处。荣誉和诚实,我一直珍惜而又信赖,尽管你在我身上视而不见,我仍会以这种态度坚持我的行为。请大大方方讲出你的伤心事吧,因为你是在跟你的同辈谈问题,他宣称要以一个真正贵族的胸怀和宝剑来扫清他自己的道路。

巴拉蒙　你可敢,阿奇特!

阿奇特　老表,老表,我究竟敢到什么地步,你早就明白了;你亲眼见过我用剑对付过恫吓。当然,再遇到一次恫吓,你也不会听见我的勇气受到怀疑,但是你总该打破沉默了,虽然是在避难所。

巴拉蒙　先生,我已看见你活动在一个足以证明你的男子气概的位置上;你被称作一个好骑士,一个勇敢的骑士。但是,只要有一天下雨,这一星期就称不上晴朗。人们只要屈从背信弃义,就会丧失英勇气质，打起仗来就像被迫还手的熊，要不拴住就会一溜烟逃掉。

阿奇特　老表，你倒不如冲着镜子说这番话，并且照着做，何必说给现在瞧不起你的这只耳朵听呢。

巴拉蒙　到我这儿来，把这副冰冷的镣铐给我去掉，给我一把剑，锈的也可以，再行行好让我饱餐一顿；然后，你手持利剑，站在我面前，只要再说一声伊米莉娅是你的，我就宽恕你对我犯下的罪过，哪怕你打败了我，取走了我的生命，黄泉路上那些雄赳赳死去的勇士们向我打听人间的新闻，我也只会告诉他们，你才勇敢而高贵。

阿奇特　放心吧，回到你那山楂树丛小屋里去。我会利用黑夜的方便，带着新鲜食物到这儿来；这些累赘家伙我会锉掉；还会给你带来衣装和消除牢房臭气的香水；然后，你舒展一下身子，只要说一声"阿奇特，我准备好了"，剑和盔甲摆在那儿，由你选择。

巴拉蒙　哦这样高贵的人有哪个敢干一桩犯罪的事情？除了阿奇特没有一个，所以说，除了这个阿奇特，没有一个这样大胆。

阿奇特　亲爱的巴拉蒙——

巴拉蒙　我相信你，相信你的提议。我只有照你的提议去做，先生；至于你本人，我不说假话，就想把我的剑刃插在你身上。

〔幕后吹号角。又吹短号。〕

阿奇特　你听，号角：快躲进你的豁口去，免得我们之间这场比剑还没交手就报废了。把手给我握一下，再见吧。我会把你要的每样东西都拿来。希望你好好休养，强壮起来。

巴拉蒙　请遵守你的诺言；皱着眉头把事情办好。你肯定不欢喜我；那就对我粗鲁些，少来这些油腔滑调。凭天发誓，我每讲一句话，都恨不得给你一拳，我的愤怒是理智排解不了的。

阿奇特　我说话坦白，但请原谅我说得生硬。我用靴刺踢我的马，可我并不是在骂它；高兴也好，生气也好，我都是一副面孔。（幕后吹号角）听吧，先生，他们在召唤散开了的人们去就餐。你一定猜到，我在那里谋得一个职务。

巴拉蒙　先生，你这份殷勤并不使上天高兴，我还知道你这职务是以不正当手段捞到的。

阿奇特　就算我手段正当吧，我也相信我们之间这个讨厌的问题，是得放点血才能解决的。我是原告，要求你把这件诉讼还是交给你的宝剑吧，再也不要谈它了。

巴拉蒙　不过，还有一句话：你现在又要去盯住我的情人吧，你得注意，她是我的——

阿奇特　不是——

巴拉蒙　不，请问——你说拿食物给我吃，把我养壮；可你现在去看一个太阳，太阳却能使它照到的一切变得强壮；你这不是占了我的上风吗？不过，你尽管去享用吧，我会坚持要求赔偿的。再见。

〔各自下，巴拉蒙进入丛林。

第二场

地点　林子另一端。

〔看守女儿拿锉刀独自上。

女儿　他搞错了我所指的灌木丛，想当然地走开了。现在差不多天亮了；没关系——唯愿永远是黑夜，黑暗统治世界才好！听，是狼叫！我身上忧伤压倒了恐惧，除了一件事，我对什么都不关心，那就是巴拉蒙的安危。我不在乎狼群会不会一口吞了我，只要他能得到这把锉。我喊他一声怎么样？我不能喊。要是喊了呢？如果他不答应，我倒会把狼叫过来，那可害了他。这个漫漫长夜我听见了许多奇怪的嚎叫；难道猛兽不会把他吃掉吗？他没有武器，又不能跑，镣铐叮叮当当会让野物听见，它们听觉都很灵，知道一个人带没带家伙，能够闻出什么地方有抵抗。我只能假定，他已经给撕成碎片了。许多野兽嚎成一团，然后把他吃掉了。再糟也不过如此，大着胆子为他敲丧钟吧。可我该怎么办呢？他这一死，可以说一了百了。不，不，我撒谎：我爸一定会因为他逃跑，给他们绞死，我自己得去乞讨了，如果我珍惜生命，否认自己的行为，但我不会这样做，哪怕死上多少次也不会。我简直糊涂了：这两天我什么也没吃，只喝了点水。我的眼睛除了挤出一点泪水，一直没有闭过。天哪，让我的生命融化吧，免得我神志不清，去跳水，去自杀，去上吊。哦我的血肉之躯，已经全垮了，因为它最好的支柱倾斜了！那么，该走哪条路呢？最好的路就是，下一步到坟墓去的路；每走错一步都会遇到折磨。瞧，月亮下去了，蟋蟀在唧唧叫，夜猫子在黎明呼唤！所有任务都完成了，除了我没有完成的一项。可要紧的就是这一项——要有个结果，那就全有了。（下）

第三场

地点　同第一场。

〔阿奇特携一包袱（内藏肉、酒和锉刀）上。

阿奇特　想必到了地方。喵，巴拉蒙表兄！
　　　　〔巴拉蒙从林中出。
巴拉蒙　阿奇特？
阿奇特　是我。我给你送食物和锉刀来了。出来吧，别怕。这儿没有忒修斯。
巴拉蒙　也没有像他那样诚实的人吧，阿奇特。
阿奇特　别瞎扯，我们以后辩论那件事。来吧，放勇敢些，你不会死得那么下作的。这儿，先生，喝吧——我知道你很虚弱——我等一下再跟你细谈。
巴拉蒙　阿奇特，莫非你要毒害我。
阿奇特　也许吧；不过我先得吓唬你。坐下吧，请，别再搞这些愚蠢的

谈判；我们既然久负盛名，就别当傻子和懦夫一味空谈了。为你的健康，先生。（饮酒）

巴拉蒙　干杯。

阿奇特　那么请坐下来，我以你身上全部诚实和荣誉央求你，千万别提这个女人。那会打扰我们，我们会有足够的时间。

巴拉蒙　好吧，先生，我为你干杯。（饮酒）

阿奇特　痛痛快快喝一大口，会使人血液流畅。你不觉得身上暖和起来了吗？

巴拉蒙　且慢，再喝一两口才可告诉你。（饮酒）

阿奇特　别省着，表哥，公爵那儿有的是。吃点什么吧。

巴拉蒙　好的。（吃食物）

阿奇特　我高兴你有这么好的胃口。

巴拉蒙　我更高兴我的胃口碰上这么好的肉。

阿奇特　寄住在这个荒野的林子里，岂不有点荒唐，表兄？

巴拉蒙　对于那些心地野蛮的人，可以这样说。

阿奇特　你吃的食物味道如何？我看你饿得很，不需要什么调料了。

巴拉蒙　不怎么需要。不过，就是需要，你的调料也太酸了[32]，好表弟。这是什么？

阿奇特　鹿肉。

巴拉蒙　鹿肉可补人。再给我一点酒。来，阿奇特，为我们当年认识的小姐们干杯！（饮酒）内务大臣的女儿，你还记得她吗？

阿奇特　你先干，表兄。

巴拉蒙　她爱过一个黑头发男人。

阿奇特　她是爱过；怎么呢，先生？

巴拉蒙　我还听见有人叫他阿奇特，而且——

阿奇特　说出来，我不在乎！

巴拉蒙　她跟他在凉亭里幽会：她在那儿干了些什么，表弟？是在玩小键琴[33]吧？

阿奇特　她是玩过几下子,先生。
巴拉蒙　使她呻吟了个把月;或者两个月,或者三个月,或者十个月。
阿奇特　元帅的妹妹也有她这一手,我记得的,表兄,要不就是谣传。你可为她干杯?
巴拉蒙　可以。(二人饮酒)
阿奇特　那是个漂亮的黑皮肤姑娘。有一回,小伙子们去打猎,在一个林子里,有棵又宽又大的山毛榉;那附近还流传一段故事呢。唉,唉!
巴拉蒙　拼着这条命,我也要说,是为了埃米莉!傻子,少开这种牵强的玩笑!我再说一遍,你刚才是为埃米莉叹气。卑鄙的表弟,你敢先破坏协议?
阿奇特　你大错特错。
巴拉蒙　凭天地发誓,你身上没有半点诚实可言。
阿奇特　那么我只好离开你了;你现在是个老顽固。
巴拉蒙　是你把我逼成这样的,叛徒!
阿奇特　(指着包袱)锉刀,衬衣,香水,所有需要的东西全在这儿。大约两小时以后我再来,把平息一切纷争的那件东西带来。
巴拉蒙　剑和盔甲。
阿奇特　别吓唬我。你现在太不正派了;再见。把你那些装饰品都取下来,你什么也不缺少了。
巴拉蒙　这小子——
阿奇特　我再也不听。(下)
巴拉蒙　你要敢来,一定会死。(下)

第四场

地点　林子另一端。
　　〔看守女儿上。

女儿　我冷得很,星星也都出来了,小星星和所有看来像亮晶晶小纽扣似的星星。太阳已经看见了我的愚蠢。巴拉蒙!唉,别提他;他在天堂里了。我现在在哪儿?那里是大海,还有一条船。晃动得好凶啊!水底下有块礁石在盯着呢;唷,唷,它撞上它了——唷,唷,唷!撞出了一个洞,老大一个洞。他们怎样在叫喊!让船顺风漂流吧,要不你们都玩儿完。扯起一两面大横帆,抢风掉向吧,小伙子们!晚安,晚安,你们走了。我饿得很:唯愿找得到一只嫩青蛙!他会告诉我世界各地的消息。然后我要用海扇壳做成一艘大货船,先向东开,再向东北,去找小人国的国王,他算命算得准极了。我父亲明儿早上,八九不离十,就会上绞颈架了;我一句话也不会说。(唱)

　　　　我要裁我的绿上衣,裁到膝盖上一尺,
　　　　我还要剪我的黄头发,剪到眼睛下一寸,
　　　　嗨,哝呢,哝呢,哝呢[34]。

　　　　要他给我买匹小白马,白马白马短尾巴,
　　　　让我骑着走遍天涯海角去找他。
　　　　嗨,哝呢,哝呢,哝呢。

哦真想有一根刺,好让我像夜莺一样把胸脯扑上去[35]。否则我会熟睡得像一只陀螺。(下)

第五场

地点　林子另一端。

〔教师(吉拉尔德),四乡民扮摩里斯舞蹈者,另一乡民扮狒狒,五村姑,及一手鼓手上。

教师　呸,呸,你们这些人,何其沉闷乏味而又冥顽不灵!我的入门须知,已给你们条分缕析这么久,像给你们喂奶一样,用点辞藻来说,我的学问的精华与精髓都倒给你们了,可你们还在嚷嚷,"哪儿?""怎样?""为什么?"你们这些粗绒布似的本领,贱棉布似的见识,我不是说过"要这样","要那样","然后再这样",怎么没有一个人懂得呢?呜呼造物主,助我者其天乎![36]你们都是低能儿!唔唔,我就站在这儿;公爵就到这儿来;你们大伙儿,全躲进树丛里去。公爵驾临,我去迎接,对他讲些高深的话语,和许多精巧字眼;他听着,点点头,哼了哼,然后喊道,"无与伦比!"于是我继续讲下去。最后我把帽子向上一扔,注意!那时你们就得像从前墨勒埃格和野猪一样[37],整整齐齐地跑出来,跑到他的面前来;你们要一对对跟真正的情侣一样,体体面面、甜甜蜜蜜排成一个整体,然后,用点辞藻来说,开始蹁跹起舞,小伙子们。

乡民甲　我们会跳得甜甜蜜蜜的,吉老师。

乡民乙　排队吧。鼓手哪儿去了?

乡民丙　喂,蒂莫西!

鼓手　这儿哪,疯小子们,你们跳吧,我准备着呢。

教师　可我说,他们的女伴呢?

乡民丁　弗莉茨和马德琳在这儿。

乡民乙　还有白腿小卢斯和蹦蹦跳跳的巴巴拉。

乡民甲　还有从不辜负老师的雀斑内尔。

教师　你们的丝带呢,姑娘们?身子要滑动,姿势轻快灵敏,时不时飞吻一下,跳跃一下。

内尔　让我们自己排练吧,先生。

教师　乐队别的人呢?

乡民丙　按照你的命令分散了。

教师　那么配起对来,看还缺什么人。狒狒哪儿去了?(向狒狒)朋友,尾巴留神点,别冒犯太太小姐,也别闹笑话;你翻筋斗,一定要大胆,要有男子气,咆哮起来要掌握分寸。

狒狒　是，先生。

教师　这儿又少一个舞伴。真不知伊于胡底？

乡民丁　我们倒霉算是倒到了家；样样事都吹灯拔蜡。

教师　正如饱学之士所云，这叫作端水洗屋瓦，白费力气，[38]吾人岂非其愚不可及也。[39]

乡民乙　就是那个瞧不起人的家伙，无耻的贱货，女裁缝的丫头西塞莉，她原先答应得好好的，说会来会来。下回我给她做手套，一定拿狗皮来做。不行，她骗我一次——你是知道的，阿卡斯，她拿酒和面包发过誓，说她决不失信。

教师　一位饱学的诗人说，惟鳝与女人善骗人[40]，除非你拿牙齿咬住它的尾巴。就礼貌而言，这就叫作"前提错误"[41]。

乡民甲　莫非杨梅疮发了！她现在倒往后退？

乡民丙　我们咋办呢，先生？

教师　一筹莫展。我们的事业已经一败涂地，真是呜呼哀哉，一败涂地。

乡民丁　我们镇子的名望正靠这场表演，偏偏这时候来拆烂污，来闹别扭！要走就走吧，我可记住你，我会让你够瞧的！

〔看守女儿上。

女儿　（唱）

　　　　乔治·阿鲁从南来，
　　　　　从巴巴里的海边来呀；
　　　　他遇见打仗的勇士们，
　　　　　一个，两个，三个呀。

　　　　万岁，万岁，你快乐的勇士们！
　　　　　你们现在往哪儿去呀？
　　　　哦，让我跟你们做个伴
　　　　　一直走到海湾去呀。[42]

> 有三个傻子为一只小猫头鹰
>
> 闹得不可开交:
>
> 一个说它是猫头鹰,
>
> 另一个说不像,不像,
>
> 第三个说它是只老鹰,
>
> 身上给摘掉了铃铛。[43]

乡民丙　这儿来了个蛮好看的疯女子,老师,来得正是时候,她疯得像三月间发情的兔子。要是能让她参加跳舞,我们又成功了。我保证,她的弹跳好得不得了。

乡民甲　一个疯女子? 我们成功了,伙计们!

教师　那么,你是疯了吗,好姑娘?

女儿　要不疯我才难过咧。把你的手给我。

教师　为什么?

女儿　我会给你算命。(观察他的手)你是个傻子。数十[44]——我难倒了他。嗡嗡嗡!朋友,你可吃不得白面包;吃了,你的牙齿会大出血。我们跳跳舞,可好? 我认得你,你是个小炉匠。小炉匠师傅,除了你该补的,别再补洞了。

教师　苍天在上!我是个小炉匠吗,小姐?

女儿　要不就是个魔术师。给我召个魔鬼来吧,让他用铃铛和骨头伴奏,表演《谁路过》。[45]

教师　去拦住她,好好劝她,让她同意留下来。"吾已完成一杰作,非神怒或烈火所可毁者也。"[46]奏乐,引她进来。

乡民乙　来吧,姑娘,咱们跳一个。

女儿　我要领头跳。

乡民丙　你领吧,领吧。

教师　既要有说服力,又显得老练。(号角声)去吧,小伙子们!我听见号角了。让我安静地想一下,注意你们扮演的角色。(除教师外,众下)愿智慧女神赐我以灵感!

〔忒修斯、皮里图斯、希波吕忒、伊米莉娅、阿奇特及随从上。

忒修斯　鹿从这条路走了。

教师　请留步,请赏光。

忒修斯　这是怎么回事?

皮里图斯　肯定是乡民表演节目,先生。

忒修斯　(向教师)好吧,先生,请演下去,我们会欣赏的。女士们,请就座,我们不妨瞧瞧。

教师　英勇的公爵,万岁!可爱的女士们,万岁!

忒修斯　这可是个冻死人的开场[47]。

教师　承蒙诸位光临,我们这场乡村游艺可谓三生有幸。我们几个聚在一道,嘴尖的家伙叫我们乡巴佬,且说老实话,决不蒙哄,我们是快活的一群,或称乌合之众,或称戏班子,或者雅一点,自命合唱队,亦未必难副,我们正是来为殿下跳一场摩里斯舞。鄙人忝居"教习"职务,负责矫正一切谬误,用桦树枝打小淘气的屁股,又用笞杖把大淘气的锐气煞住,今天特来向大人敬献小技,聊表微意。优雅的公爵啊,你英名赫赫,令人望风披靡,从狄斯到代达鲁斯,令人处处碰壁,[48]但请大人对你可怜的祝颂者略予提携,请以你炯炯目光垂顾一下这强悍的"摩尔"——庞然大物——后加一个"斯"字——二者相粘即成"摩尔斯",[49]这就是小人们来此的缘故。首先,我不揣鄙陋,粗俗而又邋遢,向高贵的殿下陈述本游艺团体精心排练之节目的大意,并将拙作呈献于大人的足下。其次出场的是五月佳节大老爷和聪明的夫人,外带丫环和小厮,他们夜间还得找个静悄悄的帷子。然后是我的店老板和他的娘子胖乎乎,欢迎劳顿的旅客出钱住宿,同时打手势通知店小二虚报账目。然后是喝母牛产后初乳的小丑来凑趣儿,再就是傻瓜,狒狒,拖个长尾巴,外加一个长嘟噜,以及诸色人等,一齐跳一场摩尔斯舞。只要大人说声"行",我们马上就开幕。

忒修斯　行，行，怎么都行，亲爱的老师。
皮里图斯　请上演吧。
教师　（敲击乐器指挥全体）上场了，孩子们；[50]出来吧，跳起来。（扬起帽子）奏乐。

〔教师引进五月老爷，五月夫人；小厮，丫环；乡村小丑或牧人，村姑；店老板，老板娘；公狒狒，母狒狒；男傻瓜，看守女儿扮女傻瓜。所有角色打扮得栩栩如生，男子从一门出，姑娘们从另一门出。全体齐跳摩尔斯舞。

女士们，如果我们欢欢喜喜，
演个"得里"让你们满意，
又一个"得里"，再加一个"当"，[51]
就算教师我没有出洋相。
如果我们还能让公爵高兴，
不过是小的们尽了责任，
但请赏赐一根两根树，
明年又可用作五月柱，[52]
趁又一年还没有过完，
我们会逗大人开怀大笑，我们全戏班。

忒修斯　拿二十根去吧，老师。（向希波吕忒）你以为如何，亲爱的？
希波吕忒　空前地高兴，先生。
伊米莉娅　这是一场精彩的舞蹈，就说开场白，也没听见过比这更好。
忒修斯　教师，谢谢你。来人，看赏。
皮里图斯　这是一点小意思，给你们漆五月柱用。（给他们钱）
忒修斯　好了，我们再去打猎。
教师　愿你猎的公鹿活得长，
　　　愿你的猎狗快又壮；

280

愿你宰鹿十分方便,

愿太太们都吃到鹿鞭。(忒修斯一行下。幕后吹喇叭)

好了,我们成功了。托每位男女神仙保佑,[53]你们跳得好极了,姑娘们。

〔众下。

第六场

地点　同第四场。

〔巴拉蒙从丛林中上。

巴拉蒙　我的表弟答应了,这个时分再来看我,并带两柄剑和两副精制盔甲来。如果他失信,他就既不是男子汉,也不是军人。他离开我的时候,我还认为我失去的体力,一个星期也复不了元,我正为自己的体力短缺而情绪低落,垂头丧气。谢谢你哪,阿奇特,你还算是个公正的敌人;我吃了这些美餐,觉得自己又能够同风险较量一番了。要是再拖延下去,给世人听见了,他们就会笑话,说我躺着蹲膘,像个猪猡,根本不是军人,打不了仗。所以,今天这个享福的早晨,只能是最后一个了;如果我拿住他不肯给我的那柄剑,我就要用它把他杀死。这就是公道。但愿爱情和幸运归我所有!(阿奇特携盔甲与剑上)哦,早安。

阿奇特　早安,高尚的亲人。

巴拉蒙　给你添太多麻烦了,先生。

阿奇特　多礼的表兄,太多麻烦不过是对荣誉欠的债务,也是我的义务。

巴拉蒙　唯愿你在一切方面都是这样,先生! 就像你迫使我在你身上发现一个行善的敌人一样,我本希望你亲切如一位亲人,我可以用拥抱而不是用刀剑来感谢你。

阿奇特　这两样只要用得好，我以为都是高尚的回报。

巴拉蒙　那我就要报答你了。

阿奇特　按这些公平条件向我挑战吧，你就不止给我显示了一个情人；别再生气了，因为你会爱上任何体面的事物。我们生来并不是为了讲空话的，老兄。我们武装起来，两个都严阵以待，那时让我们的怒火，像两股狂潮相遇，从我们身上猛烈喷发吧；那时，这位美人究竟为谁而生，是为你还是为我，这个问题很快可见分晓，根本用不着我们相互谴责，相互嘲骂，相互藐视，以及小姑娘、小学生才会玩的相互噘嘴的把戏。请你穿戴起来，可以吗，先生？不然，你要是觉得还不合适，还没具备旧日的体力，我可以等待，表兄，每天得空就来同你谈天，帮助你恢复健康。对你本人我还是讲交情的，我真希望当初我没有说过我爱她，哪怕我想她想死了；但是，既然爱上了这样一位小姐，而且知道自己爱得有道理，我是决不会逃避的。

巴拉蒙　阿奇特，你是个勇敢的敌人，除了你的表兄我，没有人够格杀你。我已经身强力壮了，你选择武器吧。

阿奇特　你先选择，先生。

巴拉蒙　你想事事高人一等么，还是故意这样做，想我饶你？

阿奇特　表兄，你这样想，可就错了，因为我是个军人，我不会饶你的。

巴拉蒙　说得好。

阿奇特　你会见到真格的。

巴拉蒙　那么，我是一个诚实的人，满怀正当的感情来恋爱，我会狠狠地报复你。（选中一副盔甲）我就拿这副。

阿奇特　（指剩下一副）那么这副是我的。我先给你穿戴吧。

巴拉蒙　请。（阿奇特帮巴拉蒙穿戴盔甲）请告诉我，这副好盔甲是打哪儿弄来的？

阿奇特　它是公爵的。说老实话，我偷来的。夹痛了你吧？

巴拉蒙　没有。

阿奇特　不太重吧？

巴拉蒙　我原先穿的要轻些,不过我会适应的。

阿奇特　我来扣紧它。

巴拉蒙　千万要扣紧。

阿奇特　想不想要一件护心甲？

巴拉蒙　不,不,我们不用马。我看,你倒乐意马战。

阿奇特　我无所谓。

巴拉蒙　的确,我也无所谓。好表弟,带扣可要扣得紧紧的。

阿奇特　包你没错。

巴拉蒙　现在给我戴头盔。

阿奇特　你光着胳膊打吗？

巴拉蒙　我们这样会更灵活些。

阿奇特　总得用长手套吧。那副太小了,请戴我的,好表兄。

巴拉蒙　谢谢你,阿奇特。我显得怎么样？消瘦多了吧？

阿奇特　说实在的,不怎么瘦。爱情没有过分折磨你。

巴拉蒙　我向你保证,我会一击中的。

阿奇特　好吧,别手软。我会给你机会的,亲爱的表兄。

巴拉蒙　现在给你穿戴了,先生。(帮阿奇特穿戴盔甲)这副盔甲我看跟三位国王阵亡那天你穿过的一模一样,只是轻一点。

阿奇特　那是一副很好的盔甲,我记得清清楚楚,那一天你超过了我,表兄;我从没见过那样的豪迈气概。正当你冲杀敌军左翼,我也催马赶了上来,我骑的可是一匹真正的骏马。

巴拉蒙　是一匹骏马,一匹机灵的栗色马,我记得。

阿奇特　是的,可我是白费气力;你超过了我,我简直望尘莫及。但是,以你为榜样,我毕竟也有所斩获。

巴拉蒙　更靠你自己的能耐。你很谦虚,表弟。

阿奇特　当我看见你首先冲杀的时候,还以为部队里发出了一阵可怕的霹雳。

巴拉蒙　可在霹雳的前面,还飞逝着你的豪气的闪电呢。等一等;这东西是不是太紧了?

阿奇特　不,不,正好。

巴拉蒙　除了我的剑,我不愿用任何东西伤害你;擦伤你一点,对我都很不光彩。

阿奇特　现在我也准备好了。

巴拉蒙　那么,站远点。

阿奇特　拿我的剑吧,我觉得它更好使。

巴拉蒙　谢谢你。我不要,你留着吧,你的生命靠它呢。这里有一把,只要能使就行,我不再要求什么,尽管我满怀希望。我的目标和荣誉会守护着我!

阿奇特　我的爱情守护着我!(二人鞠躬,分头前进又站定)还有别的什么要说吗?

巴拉蒙　只有一句话,再没有别的:你是我姨妈的儿子,我们希望流的血是共有的,我身上有你的血,你身上也有我的血。我的剑在我手里,如果你杀死了我,诸神和我都会宽恕你。如果为那些光荣长眠的人准备了一块墓地,我希望战死者疲倦的灵魂可能获得它。勇敢地战斗吧,表弟。把你高贵的手给我。

阿奇特　这儿,巴拉蒙:这只手再也不会带着这样的友谊接近你了。

巴拉蒙　我以你为荣。

阿奇特　如果我倒下了,就诅咒我吧,说我是个懦夫,因为除了懦夫,没有谁敢在这些公正的考验中死去。再次告别了,我的表兄。

巴拉蒙　再见,阿奇特。

〔相斗。幕后号角声;二人站住。

阿奇特　瞧,表兄,瞧,我们的愚蠢毁了我们。

巴拉蒙　为什么?

阿奇特　这是公爵在打猎,我给你讲过。我们要是被发现了,那就糟了。为了荣誉的缘故,你马上全身而退,回到你的丛林里去吧,先生。我们想死的话,有的是时间,文雅的表兄。如果你被人看见了,马上就会因越狱而死,而我,如果你泄露了我,我也会因藐视法令而亡。然后全世界都会鄙视我们,说我们虽然有一个高贵的分歧,处理起来却很卑劣。

巴拉蒙　不,不,表弟,我再也不想躲躲藏藏,也不想把这桩伟大的冒险推延到下一次。我知道你的狡猾,我也知道你的动机。现在谁给吓倒了,就让谁丢脸!你就提防着吧——

阿奇特　莫非你疯了?

巴拉蒙　正是没有疯,我才要利用我目前的这个时刻;比起决斗的运气来,我并不害怕将要来临的威胁。软弱的表弟,要知道我爱伊米莉娅,因此我要埋葬你和其他一切障碍。

阿奇特　无论发生什么事,巴拉蒙,你都得知道,我敢于面对死亡,看作谈话或睡眠一样。只有这件事让我害怕,法律有权决定我们的结局。会要你的命!

巴拉蒙　小心你自己的,阿奇特。

　　〔再次相斗。号角声。忒修斯、希波吕忒、伊米莉娅、皮里图斯及随从上。忒修斯分开巴拉蒙和阿奇特。

忒修斯　你们是些怎样愚昧而又疯狂的恶毒的叛徒,居然违抗我的法律文本,没有我的允许也没有监斗武官在场,就像被指定的骑士那样争斗?以卡斯脱[54]的名义起誓,两个都得处死。

巴拉蒙　请遵守诺言,忒修斯。我们当然是两个叛徒,是两个藐视你和你的善行美德的人。我是从你的监狱里逃出来的巴拉蒙,我不可能爱戴你,好好想一下,该怎么处置我吧;这是阿奇特;踏上你的土地的叛徒,没有一个比他更大胆;看起来像朋友的,没有一个比他更虚伪。这就是那个经人求情[55]而被流放的人,就是他轻蔑你,轻蔑你敢作敢为的一切;就是他这样乔装打扮,违抗你的敕令,追求你的姨妹,那明亮的吉星,美丽的伊米莉娅;如果权利在于一见钟情,并以灵魂相许的话,那么我理所当然就是她的仆人,而且敢于认为她属于我。作为一个最忠实的情人，我现在要求阿奇特对他的这种背信弃义作出抵偿。如果你真像人们说的那样伟大而善良，是一切伤害行为的公正的裁决者，那就请说一声，"再打下去！"忒修斯，你会看到我完成这样一项你本人也将羡慕的正义事业，然后你再将我处死，我恳求你这样做。

皮里图斯　天哪，这真是非凡人所能及也。

忒修斯　我已经起了誓。

阿奇特　我并不寻求你的仁慈的口气，忒修斯。你叫我去死，我马上就会去死，一点也不惊慌。可这个人称我为叛徒，我得说几句：如果爱就叫叛逆，为这样一位绝色美人服役就叫叛逆，那么我既然爱得最深，宁愿怀着忠诚死去，我既然到这儿来拿生命证实这一点，我既然最忠实地、最好地为她效过力，我既然敢于杀死这位不让我爱她的表兄，这样就让我成为最大的叛徒吧，你这样叫使我高兴。至于藐视你的敕令，公爵，请你去问那位小姐，她为什么要那么美丽，她的眼睛为什么命令我留在这儿爱她；如果她说我是"叛徒"，那我就是一个只合死了没人埋的恶棍。

巴拉蒙　哦忒修斯，即使你对我们两个都不发慈悲，也得同情一下我们吧。既然你是公正的，就请对我们塞住你高贵的耳朵吧；既然你是英勇的，那么为了你的表兄的灵魂（他的十二项神功已经流芳百世），[56] 就让我们两个同时一起死去吧，公爵。只请让他死得比我稍早一点，我好告诉我的灵魂，他休想得到她了。

忒修斯　我答应你如愿以偿；因为，说真的，你表弟犯的罪要大十倍，因为我给他的恩惠要比你看见的更多，先生，你的罪过没有他的大。这里任何人都不得为他们说情，这两个人日落之前都得长眠。

希波吕忒　（向伊米莉娅）唉唉，天可怜见！妹妹，机不可失，有话就快说吧，别让人封住你的口。否则为了这两个遭难的表兄弟，你那张脸蛋儿会受到后世的诅咒。

伊米莉娅　亲爱的姐姐,我的脸上找不到对他们的恼怒,但也没有使他们灭亡的祸根:是他们自己的眼睛招的灾,把他们杀害了;不过,我仍然会像女人那样怜悯他们,(下跪)除非我争取到宽赦,我将长跪不起。亲爱的姐姐,帮助我完成这桩善行吧,所有妇女都会出力支持我们。(希波吕忒下跪)最高贵的王兄——

希波吕忒　先生,凭着我俩的夫妻情分——

伊米莉娅　凭着你自己洁白无瑕的荣誉——

希波吕忒　凭着你给我的那份信任,那只美丽的手,和那颗诚实的心——

伊米莉娅　凭着你对另外任何一个人都会产生同情,凭着你自己无限的美德——

希波吕忒　凭着你的豪迈气概,凭着我曾经使你满意的每个贞节的夜晚——

忒修斯　这都是些什么奇怪的戏法。

皮里图斯　不止是她们,我也要参加进来。(下跪)凭着我们的全部友谊,先生,凭着我们共同经历的全部危险,凭着你最爱的一切:战争和这位可爱的夫人——

伊米莉娅　凭着你拒绝一个害臊的姑娘总会浑身发抖——

希波吕忒　凭着你自己的眼睛,凭着你起誓的力量,断言我超过一切妇女,几乎超过一切男人,但我仍然屈服了,忒修斯——

皮里图斯　最重要的是,凭着你最高贵的灵魂,它不能缺少应有的慈悲,我首先请求。

希波吕忒　再请听我的祈祷。

伊米莉娅　最后让我恳求,先生。

皮里图斯　请大发慈悲。

希波吕忒　慈悲。

伊米莉娅　对这两位王子发发慈悲。

忒修斯　你们使我的信心动摇了。就说我对他们两个产生了怜悯,你们又想怎么办呢？

伊米莉娅 赦免他们的死罪，但将他们流放。

忒修斯 你真是个妇道人家，姨妹；你有怜悯心，却缺少智力来使用它。如果你想要他们活下去，就得想一个比流放更其安全的办法。试问这两个能够活下去么，他们爱得要死要活，能不互相残杀么？每天他们会为你打来打去，每小时用他们的剑让众人议论你的清白。放聪明些，就此忘掉他们吧；这关系到你的名誉，同样关系到我的誓言。我说过，他们都得死。与其让他们互相残杀，不如让他们伏法而亡。不要毁了我的荣誉。

伊米莉娅 哦高贵的姐夫，那个誓言是仓促作出的，而且是在你生气的时刻，你的理智不会支持它的。如果这样的誓约内容代表坚强的意志，只怕全世界都得毁灭。此外，我还保留你的另一个誓言，足以抵消你的这一个，它更有权威性，我相信也更有情有义，不是一时冲动作出的，而是经过深思熟虑。

忒修斯 那是什么誓言呢，姨妹？

皮里图斯 （向伊米莉娅）要争到点子上，勇敢的小姐。

伊米莉娅 那个誓言就是：你决不会拒绝我的任何要求，只要我提得适当，而你满足起来无伤于你的体面。现在我要你实现你的誓言了；如果你做不到，请想想你会怎样伤害你的荣誉（因为我现在就在恳求你了，先生，除了你的怜悯，我什么话都听不进），他们被处死又会怎样败坏我的名声；还请想一下，我能让任何爱我的人为我而死吗？难道人们会因为直挺的万紫千红的新枝也可能枯萎，便把它们都剪掉吗？这可是残忍的智慧。哦忒修斯公爵，如果你的誓言得以成立，那么曾经为这两个人呻吟过的美丽的母亲们，曾经恋爱过的渴慕的少女们，都会诅咒我和我的美貌，并在她们为这两个表兄弟所唱的挽歌中鄙视我的残忍，呼唤灾祸落在我头上，直到我简直成为妇女们的笑柄。为了上天的缘故，请赦免他们的死罪，把他们流放吧。

忒修斯　按照什么条件呢?

伊米莉娅　让他们起誓,再也不要把我作为争斗的目标,或者再也不要记住我,不要踏上你的国土,无论他们到了哪儿,彼此永远成为陌生人。

巴拉蒙　就是把我剁成碎片,我也不会起这个誓。要我忘记爱她吗?哦诸神在上,让人人唾弃我吧。你的流放我倒不嫌恶,这样我们可以正正当当提着剑,一路打下去;否则别浪费时光,干脆把我们杀了吧。我非爱不可,一定要爱,而且为了那种爱,我一定要,也一定敢杀死这个表弟,用世界上任何武器。

忒修斯　你呢,阿奇特,你接受这些条件吗?

巴拉蒙　他要接受了,就是个坏蛋。

皮里图斯　这才是些男子汉!

阿奇特　不,决不接受,公爵。对我说来,这比用卑鄙手段杀死我还要糟糕。虽然我认为我决不会享有她,但却要维护我的感情的荣誉,并为她而死,尽管你们把死说成一个魔鬼。

忒修斯　怎么办呢?我现在也觉得他们可怜。

皮里图斯　别让你的怜悯心又消失了,先生。

忒修斯　说说看,伊米莉娅,如果他们中间死了一个,总有一个非死不可,你同意让另一个做你的丈夫吗?他们不能两个都得到你。他们是王子,像你自己的眼睛一样优美,像传说中所说的一样高贵。瞧瞧他们吧,如果你可以爱,就把这场纠纷结束掉。我同意。(向巴拉蒙和阿奇特)你们也同意吗,两位王子?

巴拉蒙
阿奇特　以我们的全部灵魂同意。

忒修斯　那么,她拒绝的那一个就必须死。

巴拉蒙
阿奇特　随你设想什么死法都可以,公爵。

巴拉蒙　如果我死于她的宣判,那我就死得荣幸,尚未出世的情人们

289

都会颂扬我的遗体。
阿奇特　如果她拒绝了我,我的坟墓还会与我成亲,士兵们都会吟诵我的墓志铭。
忒修斯　(向伊米莉娅)那么,你就选择吧。
伊米莉娅　我无法选择,先生,他们两个都太优秀了。对我来说,一根头发都不应该从他们身上落下来。
希波吕忒　(向忒修斯)该把他们怎么办呢?
忒修斯　我命令如下,并以我的荣誉起誓,这个命令必须执行,否则二人均得处死。(向巴拉蒙和阿奇特)你们二人均须回到故国,一月之内,由三名公正的骑士陪同,重返此地,我将在这里树立一个角锥形的柱子;二人中间谁当着我们在场这些人的面,运用公正的骑士般的膂力,迫使他的表兄弟接触到这根柱子,他就可以享有她;另一个连同他的三个朋友都得丢掉脑袋;他还不能抱怨死得不公道,也不能认为他死了,对这位小姐还有什么合法的要求。你们同意这个条件吗?
巴拉蒙　同意。喂,阿奇特表弟,那个时刻到来之前,我们还是朋友。
阿奇特　我拥抱你。
忒修斯　(向伊米莉娅)你同意吗,姨妹?
伊米莉娅　是的,我非同意不可,先生,否则两个都得死去。
忒修斯　(向巴拉蒙和阿奇特)再来握一次手。注意,你们都是上流人士,这场争吵暂且停息下来,直到预定的时刻,抱定你们的宗旨吧。
巴拉蒙　我们不敢辜负你,忒修斯。
忒修斯　好吧,我现在以对王子和朋友的礼遇接待你们。你们回来的时候,谁赢了我就为他在这儿安家;谁输了,我也会在他的棺前哭一场。

〔众下。丛林在表演过程中被移去。

第四幕

第一场

地点　雅典。监狱一室。
〔看守及其朋友上。

看守　没有听见别的什么？关于巴拉蒙越狱,说到我什么没有？好先生,想一想吧。
朋友甲　什么也没听见,事情还没全部了结我就回家了。不过,离开之前,我倒听说,他们两个很可能得到赦免,因为希波吕忒,和眼睛漂亮的埃米莉,都下跪求情,表现出那么动人的哀怜,使得公爵犹犹豫豫,不知是坚持自己轻率的誓言好,还是听从那两位女士温柔的同情好;真正高贵的皮里图斯亲王,可以说是公爵的半颗心,为了支援她们,也参加进来说项,因此我希望一切都会顺利起来。我也没听见谁提到你的名字,或者他的逃跑。
看守　愿上天保佑,情况就这样才好。
〔朋友乙上。
朋友乙　大大放心吧,伙计;我给你捎来好消息。
看守　欢迎之至。
朋友乙　巴拉蒙开脱了你,为你求得了宽赦,还交待了他是怎样逃掉的,用的什么手段——原来是你女儿放了他,她也得到了宽赦;那

　　　　个囚徒为了不让人说他对她忘恩负义,还给了她一笔钱做嫁妆——大大的一笔,我可以保证。

看守　你是个好人,总是捎来好消息。

朋友甲　怎么收场的呢?

朋友乙　哼,该怎么样就怎么样:从不求人的人,一求就准,她们的申请完全得到满足:囚犯们都活下来了。

朋友甲　我知道会这样处理的。

朋友乙　不过,还有新条件,到适当时候你会听到的。

看守　希望条件宽大。

朋友乙　都很体面,宽大到什么程度,就不知道了。

朋友甲　会知道的。

　　　　〔求婚者上。

求婚者　哎呀,先生,你女儿哪儿去了?

看守　你干吗问这个?

求婚者　哦先生,你是什么时候看见她的?

朋友乙　瞧他的神情!

看守　今天早上。

求婚者　她好吗?她健康吗?先生,她什么时候睡的?

朋友甲　这可是些怪问题。

看守　我想她是不大好,你让我想起来了,可不是吗,就是今天,我问她一些问题,她答得跟平常大不一样,那么幼稚,那么愚蠢,就像个傻子,像个白痴,我很生气。可是,她怎么啦,先生?

求婚者　没有什么,只是我可怜她。不过,你得知道才好,由我来说,还是由不大爱她的人来说,都无所谓。

看守　怎么啦,先生?

朋友甲　不合适?

朋友乙　不舒服?

求婚者　是的,先生,她不大好;简直叫人不相信,她疯了。

朋友甲　不可能。

求婚者　相信你马上发现这是真的。

看守　你告诉我的情况,我猜到了一半。愿神灵安慰她!要就是她爱上了巴拉蒙,要就是害怕我为他的越狱而遭难,要就是两个原因都有。

求婚者　差不多。

看守　可为什么这样火烧眉毛呢,先生?

求婚者　我这就告诉你。刚才我在宫殿后面大湖边上钓鱼,正耐心等待鱼儿上钩的当儿,听见有声音,一个尖锐的声音,从长满芦苇和菖蒲的对岸传来,我竖起耳朵仔细听,清清楚楚听出是在唱歌,唱得细声细气,不是小孩就是个女人。我便放下钓竿,让它自己去钓,自己起身走近去,仍然看不见谁在唱歌,叫芦苇和灯心草给遮住了。我停下来,听她唱的什么词儿,这时从渔人们砍出来的一小片沼泽地,我才看见那是你女儿。

看守　请说下去,先生。

求婚者　她唱了许多,可都没有意思;只是我听见她老重复这句话,"巴拉蒙走了,到林子里采桑葚去了。明天我就会找到他。"

朋友甲　妙人儿!

求婚者　"他的镣铐会出卖他,他会给逮住,我该怎么办呢?我要带一群姑娘,一百个像我一样钟情的黑眼睛妞儿,头戴水仙花做的花冠,嘴唇像樱桃,脸颊像玫瑰,我们一起到公爵面前跳个滑稽舞,请求宽恕巴拉蒙。"这时她还说到你,先生:说你明儿早上一定会掉脑袋,她一定采花来葬你,还要把你的坟墓弄得漂漂亮亮。然后,她一个劲儿唱"杨柳,杨柳,杨柳",[57]插空又是"巴拉蒙,英俊的巴拉蒙",又是"巴拉蒙那个优秀的青年"。她坐的地方,水漫到了膝盖;她蓬乱的卷发用一个香蒲花环绾着;她周围尽是五颜六色的水生鲜花,我觉得她就像给湖泊供水的美丽的林泉女神宁芙,或者是新近从天而降的彩虹女神艾丽丝。她拿附近长着的灯心草做指环,对它们说些最悦耳的题铭:"此环戴,真情在,""环可去,情不渝",还有不少;然后她哭起来,又唱歌,又叹气,又以同样的低语微笑着,吻她的手。

朋友乙　唉,好可怜!

求婚者　我向她走去。她看见我,马上就往水里跳。我把她救了起来,让她安全地回到岸上;可她转眼就溜掉了,大喊大叫地往城里跑去,跑得那样快,当真,把我远远抛在身后。我从远处看见,有三四个人去拦她,其中一个我认识,是你的兄弟;她就在那儿被拦住,倒了下来,大概再也跑不了。我让他们陪着她,自己就到这儿来向你们报信。(看守的兄弟、女儿及其他人上)他们来了。

女儿　(唱)"光明难再,尽情欢爱,"……这支歌可好听?

兄弟　哦,非常好听!

女儿　我还能唱二十支。

兄弟　我想你能够。

女儿　是的,我真能够。我能唱《扫把歌》和《可爱的罗宾》。[58]你是不是裁缝?

兄弟　是裁缝。

女儿　我的结婚礼服在哪儿?

兄弟　我明儿带来。

女儿　一大清早就带来,晚了我要出门,去找姑娘们,去给乐队付钱,因为我在鸡叫前后就得失去女儿身,要不穿礼服,日子就过得不顺溜了。(唱)"哦美丽的,哦温柔的,……"

兄弟　(向看守)你可得耐心对付。

看守　一点不错。

女儿　晚安,老少爷们,请问可听说有个青年叫巴拉蒙的吗?

看守　听说过,姑娘,我们认识他呢。

女儿　可是一位优美的年轻绅士?

看守　是的,宝贝。

兄弟　千万别回驳她,那她会闹起来,比现在还要凶。

朋友甲　(向看守女儿)是的,他是个好青年。

女儿　哦,他是吗?你有个妹妹吗?

朋友甲　有。

女儿　她可不能嫁给他,就这样告诉她,因为我知道,她会上当的。你最好盯着她一点,因为她一看见他,就会跑掉,一小时不到,就会受骗,就会玩儿完。我们镇上所有年轻姑娘都爱上了他,可我嘲笑她们,睬也不睬她们。这可是个聪明的办法?

朋友甲　是的。

女儿　至少有两百个现在跟他怀了孩子——肯定有四百个。这些丑事,我可闭嘴不谈,闭得像个蚌壳。怀的孩子一定都是男的,他在这方面很有一手;到了十岁,那些孩子都得给阉割掉,好当音乐家[59],歌颂忒修斯的武功。

朋友乙　这真奇怪。

女儿　像过去听见什么一样,可别说出来。

朋友甲　不说不说。

女儿　她们从全国各地跑来找他。我保证他昨儿晚上就搞了不老少,至少打发了二十个。只要他来劲儿,两个小时就叫她们个个都美滋滋的。

看守　她完了,不可救药了。

兄弟　决不会的,老哥!

女儿　(向看守)到这儿来,你是个聪明人。

朋友甲　她认得他么?

朋友乙　不认得了,要认得就好!

女儿　你是船主吧?

看守　是的。

女儿　你的罗盘在哪儿?

看守　在这儿。

女儿　把它指向北。现在把船冲着林子开去,巴拉蒙躺在那儿想我呢。让我来管索具。喂喂,起锚,我的宝贝儿,高兴起来吧。

众人　噢,噢,噢!起锚了!风正好。扯紧帆脚索!升起主帆!你的口哨呢,船主?

兄弟　把船朝里开。

看守　开到顶上去,小伙子!

兄弟　舵手在哪儿?

朋友甲　在这儿。

女儿　你看见什么了?

朋友乙　一座漂亮的林子。

女儿　朝林子开去,船主。抢风前进!

　　　（唱）

　　　　　当月神以其借来的光……

〔众下。

第二场

地点　雅典。宫内一室。

〔伊米莉娅持画二幅独自上。

伊米莉娅　我还可以把那些伤口包扎起来,免得它们这样张开着,把血流尽,直至死亡。我得作出选择,结束他们的争斗。决不能让这样两个英俊的青年为我而死,决不能让他们哭泣的母亲跟着她们儿子冰凉的遗骸,咒骂我的残忍。天哪,阿奇特有多么温柔的一张脸!聪明的大自然拥有最优秀的天资,所有那些美质都由她播进了贵人们的血统之中,如果她到人间成为一个普通女子,即使带有少女们娇羞的矜持,她无疑也会为这个男人而疯狂。这个青年王子有怎样一双眼睛,有怎样热烈的光彩和敏锐的风情啊!

爱神本人就坐在这双眼睛里微笑,正是这另一个放荡的甘尼米德使朱庇特欲火中烧,大神才强迫把这个美童抓到天上来,放在他身旁,成为一个灿烂的星座。[60]他有怎样一副前额,显示怎样宽广的威风啊,拱起来就像大眼睛朱诺的,但要温柔得多,比彼洛普斯的肩膀还要光滑![61]声望和荣誉我想正是从这儿,恰像从指向苍穹的海岬,振翅飞翔,向下界众生歌唱神灵和足以与之媲美的人类的爱情和战斗。和他相比,巴拉蒙不过是他的陪衬,一个暗淡的影子而已;他又黑又瘦,目光迟钝,仿佛死了母亲似的;他性情沉静,从不激动,从无活力,像阿奇特的那种轻快的敏捷,他一丝儿也没有。不过,我们认为是错失的这些表现,也许对他倒很合适:纳克索斯是个忧郁的小伙子,可是美若天人。哦,谁能猜透女人的癖性呢?我是个傻子,已经拿不定主意,我无从选择,我那么愚蠢地撒了谎,女人们该打我一顿才是。巴拉蒙,我跪下来请你原谅,你才是唯一的美男子,你这双眼睛,这双美的明灯,指挥着又威胁着爱神,哪个少女胆敢违抗它们呢?这张褐色的男子汉的脸,是何等粗豪、庄重而又撩人啊!哦爱神,从此时此刻起,只有这一种肤色才称得上肤色。躺在那儿吧,阿奇特,和他相比,你不过是给掉包留下的丑孩子,一个吉卜赛,而他才是贵人呢。我糊涂了,简直忘乎所以。我已不再打算毕生保持童贞;[62]如果姐夫刚才来问我爱谁,我会说我已为阿奇特而入迷;现在如果姐姐来问我,我却更迷上了巴拉蒙。让两个站在一起:姐夫,现在你来问我——天哪,我不知道!好姐姐,你来问我——我还得想一想!嗜好真是充满孩子气,有两个好看的玩意儿,同样好玩,可分不出高下,只好嚷着两个都要!(一侍从上)怎么回事,先生?

侍从　我从你姐夫、高贵的公爵那儿捎信给你,小姐。骑士们到了。
伊米莉娅　是来结束纷争的吗?
侍从　是的。
伊米莉娅　唯愿我先结束了才好!我究竟犯了什么罪过啊,贞洁的黛安娜,现在得让我清白的青春溅上王子们的鲜血?得让我的贞操成为祭坛,得让爱我者的生命在上面成为我的不幸的美貌的牺牲品?须知使母亲们欢悦的儿子们中间,还没有哪两个比他们更伟大、更优秀啊。

〔忒修斯、希波吕忒、皮里图斯及随从们上。

忒修斯　把他们带进来,尽可能快一些,我很想见到他们。(二人下)(对伊米莉娅)你两个竞争的情人回来了,还带来他们公正的骑士。美丽的姨妹,你现在必须爱他们中间的一个了。

伊米莉娅　我宁愿得到他们两个,一个也不应当为我而过早死亡。

忒修斯　谁见过他们?

皮里图斯　我刚才见过。

侍从　我也见过。

〔信使上。

忒修斯　(向信使)你从哪儿来,先生?

信使　从骑士们那儿。

忒修斯　你既然看见他们,就请说说他们怎么样。

信使　遵命,先生,我将如实谈谈我的观感。单从外观来判断,我从没有见过或者读到过,有比他们带来的这六位更其勇敢的骑士了。阿奇特身边的第一位骑士,一看就是一个壮汉,他的相貌告诉人们,他是一位王子,他的肤色近乎深褐而非黝黑;严峻而高贵,表明他勇敢,无畏,藐视任何艰险。目光环扫,显示内心热烈如焚,看起来就像一头怒狮;他的长发披在身后,又黑又亮,宛如乌鸦的翅膀;他的双肩宽阔而强壮,胳膊又粗又长,腰间以精致的佩带挂着一柄剑,眉头一皱,便可用来保证他的意志。我凭良心说,没有比他更好的战士之友。

忒修斯　你把他评述得很好。

皮里图斯　我看比巴拉蒙的第一骑士还差得远。

忒修斯　那么,请谈谈他吧,朋友。

皮里图斯　我猜他也是个王子,身份也许还更高一些;因为他的外貌具备高官厚爵的一切风致。他比他所说的那位骑士要更魁梧些,不过脸面亲切得多;他的肤色红润,有如成熟的葡萄。他无疑意识到他为何而战[63],因此更易于把这个目标视为己有。他脸上露出对于成功的充分自信,当他愤怒起来,浑身却贯穿着稳固的豪勇,指挥他的武器去完成漂亮的战功,却没有一点过激的痕迹。他不知恐惧为何物,从未流露过这种软弱的气质。他一头黄发,又硬又卷,像繁茂的长春藤纠缠在一起,雷霆也拆它不开。他的脸色有如好战处女[64]的号衣,纯红与白皙相间,因为他还没有长胡子的福气;他那左右顾盼的眼睛里坐着胜利女神,仿佛她就是来表扬他的豪勇的。他的鼻子高耸,是一种高贵的特征;他的红唇,在打完仗之后,正适于小姐们亲吻。

伊米莉娅　难道这些人也必须死么?

皮里图斯　他说起话来,声如号角。他所有轮廓恰如男子所希望——强壮而整洁。他手持千锤百炼的金柄大斧。他的年龄约摸二十五岁。

信使　还有一个,是个小个子,但性格粗豪,看来跟任何骑士一样杰出。这样的身材让人抱更美好的希望,我还从没见过的。

皮里图斯　哦,可是那个脸上长雀斑的?

信使　就是他,大人。他们不都是好样儿的么?

皮里图斯　是的,他们是不错。

信使　我觉得,他们如此稀罕,品格又好,真是自然界伟大而又精美的艺术品。他的发色较浅,不是女性的金黄,而是近乎红褐的一种男性的颜色;体态壮实而矫健,显示了一个活跃的灵魂;他的双臂十分健壮,坚强的肌腱缓缓隆起,直到佩带肩章处,有如刚现身的孕妇,这说明他爱好劳作,从不在乎武器的重量;他静则不屈不挠,动则有如猛虎。他长着一双灰色眼睛,得胜处往往流露怜悯;还敏于发现战机,一旦抓到手,立即加以利用。他从不害人,但也不让人害他。他是个圆脸,一笑就是一个情人,皱起眉头,就成为士兵。他头戴胜利者的橡叶冠,里面藏着他夫人的表记。他的年龄约摸三十六岁。手上拿着一根镶着银质浮雕的长矛。

忒修斯　他们都是这样吗?

皮里图斯　都是体面的世家子弟。

忒修斯　现在我真是太想见到他们了。(向希波吕忒)夫人,你就要看见男子汉战斗了。

希波吕忒　我希望看到这场战斗,但不是它的起因,我的君主。他们要是为两个王国的王权而战,倒可以称为勇士。可叹爱情竟然会这样暴虐。(向伊米莉娅)哦软心肠的妹妹,你是怎么想的呢?现在别哭,等他们流出血来再哭吧。小妞儿,一定是这样。

忒修斯　(向伊米莉娅)你的美貌使他们更加坚强。(向皮里图斯)尊敬的朋友,我把这场比武交给你主持;请下命令,把赛场收拾得适合骑士们的需要。

皮里图斯　是的,先生。

忒修斯　嗐,我要去会会他们。我不能等了。关于他们的汇报使我激动不已,非见到他们不可。好朋友,一切按王家气派办理。

皮里图斯　一定办得富丽堂皇。

伊米莉娅　(旁白)可怜的妞儿,去哭吧,无论谁打赢了,都会由于你的罪过,丧失一个高贵的表兄弟。

〔众下。

第三场

地点　雅典。狱中一室。

〔看守、求婚者、医生上。

医生　她神志不清,随着月亮的圆缺时好时坏,是不是?

看守　她一直处在一种不碍事的失常状态中,睡得很少,全然没有食欲,除了经常喝水,总梦见另一个世界,一个更好的世界;不论她叽叽咕咕,一言半句,讲些什么,总少不了夹着巴拉蒙这个名字,什么事情都拿它来填塞,好像它能解决一切问题。(看守女儿上)瞧,她来了,你得观察一下她的行为。

女儿　我全忘了;末尾的叠句是"唷—呐,唷—呐",不是伊米莉娅的老师吉拉多,是写不出来的。他真是异想天开,竟以为站着可以走路,因为在另一个世界里,黛多会看见巴拉蒙,那时她就会跟埃涅阿斯吹了。[65]

医生　这是些什么胡说啊?可怜可怜!

看守　成天都是这样。

女儿　要行使我给你讲的这种魔法,你得衔一枚银币在舌尖上,要不就过不了河。[66]那时,你要有机会到升天的灵魂那儿去,可有得好看的了!我们这些伤透了肝[67]、给爱情砸得粉碎的姑娘们,要是到了那儿,成天无事可做,只好跟着普罗塞派茵去采花。[68]那时我要给巴拉蒙扎个花球,让他注意我,然后——

医生　她倒疯得挺俏皮的!再观察一下。

女儿　的确,我告诉你;我们这些升天的灵魂,有时也去玩"绕麦堆"。[69]唉,另一个地方的灵魂,生活可过得够呛,火烧呀,油煎呀,水煮呀,嘶嘶响呀,哇哇叫呀,喋喋不休呀,咒天骂地呀!哦,他们受的刑罚可真厉害!千万要小心:谁要是发了疯,上了吊,投了水,都得到那儿去,托朱庇特保佑!到了那儿就给扔进一个大锅里,里面煮着铅汁和高利贷者的脂肪,跟一百万个扒手煮在一起,像老煮也煮不烂的腊肉一样。(下)

医生　她的脑子真会胡诌!

〔看守女儿上。

女儿　那些让姑娘们怀孩子的达官贵人们,也都在这里。他们得站在齐肚脐的火堆里,站在齐胸口的冰堆里,什么部位害了人,就用火来烧,什么部位骗了人,就用冰来冻。人们这才觉得,为了这样一点小事,当真会受到非常严厉的惩罚。相信我吧,为了免得受罪,人们宁愿娶一个患麻风的女巫,我向你保证。

医生　她怎么还这样胡思乱想呢!这可不是根深蒂固的疯癫,而是最绵缠、最深沉的忧郁症。

女儿　听那儿一个傲慢的夫人和一个傲慢的城里太太在一块儿嚎哭!要是我把这场面称作好玩,那我真是禽兽不如。一个喊:"这烟哕!"另一个喊:"这火哟!"一个喊:"哦,是我幕后搞的鬼!"然后嚎哭起来,另一个痛骂来求情的人和她的花园房屋。(唱)我要真诚,我的星星,我的命运,……(下)

看守　你认为她怎么样,先生?

医生　我看她是痰迷心窍,我可爱莫能助。

看守　天哪,那该怎么办?

医生　你可知道,在遇见巴拉蒙之前,她爱过什么男人没有?

看守　我曾经十分希望,她会看中这位绅士,我的朋友。

求婚者　我也确实这样想过,还认为自己做了一桩漂亮的买卖,就是拿出我的家产一半,让她和我现而今货真价实地处于平等的地位。

医生　她的眼睛使用过度,干扰了其他感官。它们可能康复、稳定下来,执行其预先规定的功能,但是目前却处于最严重的迷乱状态。这一点你必须做到:把她关在一个不能有所照明、只能漏进一点光线的地方。[70]再让她的朋友,年轻的先生你,借用巴拉蒙的名字,陪她一起用餐,和她谈恋爱。这样会引起她的注意,因为这正是她的心病所在;若是别的东西插在她的心和眼睛之间,就会使她的疯病产生反常的行为和笑闹。给她唱些青年人的爱情歌曲,就像她说巴拉蒙在监狱里唱过的那些。到她那儿去,要用当令的鲜花打扮起来,还要抹上闻起来令人爽心的混合香水。这一切都与巴拉蒙相协调,因为巴拉蒙就会唱,巴拉蒙就香喷喷,而且十全十美。要求和她一起用餐，为她切肉，为她干杯，而且从头到尾搀和着向她求爱和接受她的爱。打听一下哪些姑娘曾经是她的伴侣和玩友，让她们嘴里挂着巴拉蒙到她那儿去，还带着一些纪念品露面，仿佛暗示是用来向他求爱的。她现在正处于只能以虚幻防治的虚幻之中。这才可能诱导她吃东西，睡觉，才可能使她身上失衡的一切恢复过去的法规。我不知多少次见过这个方案产生效验，这一次就更对它抱有很大希望了。照办的过程中，我还会来复诊的。让我们就这样贯彻下去；早点把病治好，无疑也会使大家心安。

〔众下。

第五幕

第一场

地点　雅典。马尔斯、维纳斯和黛安娜[71]神庙前。

〔设置祭坛。喇叭奏花腔。忒修斯、皮里图斯、希波吕忒、随从上。

忒修斯　现在让他们进来，在神灵面前提出他们虔诚的祈祷吧。让庙里燃起圣火，照得通明，让祭坛在神圣的云雾中将腾起的香烟送给我们头上的神明。应做的事情一样也不可忽略。（短号花腔）从事高尚工作的人们要尊敬那些爱护他们的神明。

〔巴拉蒙偕三骑士从一门上，阿奇特偕三骑士从另一门上。

皮里图斯　先生，他们进来了。

忒修斯　英勇豪强的仇敌们，共有王家血统的对手们，你们今天来到这里，是为了熄灭燃烧在你们之间的亲情，现在且把你们的愤怒摆开一小时，在你们的援助者、万物敬畏的神灵的祭坛面前，像鸽子一样弓下你们倔强的身躯。你们的怒火超出了凡人的性质；对你们的援助也是这样。既然神灵在关注你们，那就正大光明地决斗吧。我让你们先去祈祷，并把我的祝愿分配给你们。

皮里图斯　愿荣誉落在最可钦佩的战士头上！

〔忒修斯及其随从下。

巴拉蒙　沙漏正在往下滴,不到我们中间一个断了气,它是滴不完的。你只能这样来想,如果我身上有什么东西在这件事情上老跟我对着干,例如一只眼睛反对另一只,一只胳膊压着另一只,我就只得把那闹别扭的一只毁掉;表弟,我会这样做的,虽然它是我身体的一部分。那么,从这一点可以推断,我该怎样对待你了。

阿奇特　我正努力把你的名字、你往日的情谊、我们的亲戚关系从我的记忆中一齐推出去;而在原地代之以我一心想毁掉的某种东西。那么,让我们扬起风帆,把这些船只开到上天注定我们要去的港口去吧。

巴拉蒙　说得好。在我转身之前,让我拥抱你,表弟。(二人拥抱)只怕我们再也不会拥抱了。

阿奇特　告个别吧。

巴拉蒙　好,就这样;再见了,表弟。

阿奇特　再见,先生。(巴拉蒙偕骑士下)骑士们,亲人们,情人们,是的,准备为我牺牲的朋友们,马尔斯的真正崇拜者们!是他的气魄在你们身上排除了恐惧的种子,甚至恐惧的观念,后者被排除得比前者还要远些——请跟我一起去朝见我们自称是他的崇拜者的神灵吧。去向他祈求狮子的心和老虎的气势,是的,还有它们的凶猛,是的,还有它们的速度——我是指前进的速度,至于退却时则希望我们成为蜗牛才好。你们知道,我的锦标必须从血泊中夺取;还须由膂力和高超武功为我戴上花环,它们还将在花环上面缀以群芳之后。[72]然后,我们再向他、那位将兵营变成灌满人血的水塘的尊神祈祷——请帮助我,请聚精会神地向他礼拜吧。(众人跪在祭坛前,五体投地,然后重新跪定)(向马尔斯祈祷)强大的尊神,你曾以你的威力将绿色海洋变成鲜红;你的降临将由彗星预示,你在广漠战场所造成的蹂躏将由暴露地面的髑髅来宣布,你的呼气吹倒了农神丰收的果实,你以强壮的手臂从蓝天白云处推倒了砖砌的塔楼,这些塔楼既加固了也摧毁了城市的石墙：我是你的学生，你的战鼓最年轻的追随者，今天请以军事技术教导我，使我得以按照你的赞扬高举我的旗帜，并由你命名为今天的主人。伟大的马尔斯，请将表明你的恩惠的信物给我吧。（众人匍匐如前，甲胄铿锵声可闻，偶有短促雷鸣，有如战争爆发，众起立，向祭坛鞠躬）哦堕落时代之伟大的矫正者，腐败国度的震撼者，你含糊古老称号之杰出的决定者，你用鲜血医疗生病的地球，你处治人口过剩的世界！我有幸得到你的徽章，并以你的名义勇敢地实现我的计划。——（向骑士们）我们走吧。（偕骑士下）

〔巴拉蒙偕骑士上，行礼如前。

巴拉蒙 （向骑士们）我们的星辰必将以新火而闪耀。否则今天就得熄灭。我们的主题就是爱情，如果爱情女神许可，她还将给我们以胜利。那么，把你们的精神和我的精神融合起来，你们高尚的慷慨行为使你们为我的目标甘冒个人的危险。让我们把我们的行动交托给维纳斯女神吧，祈求她的威灵保佑我们这一方。（众人跪在维纳斯祭坛前，五体投地，然后重新跪定如前）（向维纳斯祈祷）向你欢呼，至高无上的神秘女王[73]！你有力量使最凶悍的暴君解除愤怒，甚至哭得像一名少女；你有能力即令匆匆一瞥而使马尔斯的战鼓喑哑，使准备战斗的号召变为悄声低语；你能使一个瘸子挥舞拐杖，比医神阿波罗更快地把他治愈；你可以迫使国王向他的子民俯首称臣，诱导昏庸老朽们翩翩起舞；秃顶的单身汉，青年时期像调皮的儿童穿过篝火，安全地跳过了你的火焰，到他七十岁你仍能抓住他，使他不顾沙哑喉咙惹人嘲笑，滥唱青年人的恋歌。有什么神灵般的力量是你没有力量制服的呢？你给日神福玻斯添加的火焰比他自己的更其炽热；天火烤焦了他凡间的儿子，你的火却烤焦了他。[74]有人说，狩猎女神泪流满面，浑身冰凉，开始把她的神弓扔掉，长吁短叹。[75]我是你的立誓效忠的士兵，请让我蒙受你的恩典吧，你的驾轭虽比铅块还重，比荨麻还刺人，我肩负起它来，仿佛戴上了一圈玫瑰花。我从未以污秽的语言违抗过你的法律，从未泄露过秘密，因为我什么秘密也不知道；即使知道一切秘密，我也不会泄露。我从未诱骗过别人的妻子，也不会阅读放荡才子们毁谤性的黄色作品。我从未在盛宴上设法暴露一位美妇的隐私，听见一些假笑的先生说这些话，我都脸红。对于自夸艳福的登徒子们，我从来没有好颜色，总是热辣辣地质问他们有没有母亲；我是有母亲的，她是一个女人，他们玷污的正是女人。我对他们说，我认识一个八十老翁，他娶了一个十四岁的少女做新娘——是你的力量把生命注入了尘土。老年常犯的痉挛使他的两腿由直变弯，痛风使他的手指结成硬块，磨人的抽搐几乎把球状的眼睛从眼眶内抽了出来，看来他身上过去的生命都变成了折磨。可这副骷髅却使那个年轻漂亮的媳妇为他生了一个儿子，我相信这孩子是他的，因为她起誓是他的，谁会不相信她呢？总而言之，对那些吹嘘自己淫荡行为的家伙，我抵触；对那些只吹而未干过的，我蔑视；对那些想干而不能的，我高兴。是的，我不欢喜以最下流方式传播别人阴私的人，也不欢喜以最放肆的语言张扬隐秘的人。我就是这样一个人，我可以起誓，任何情人都不会叹息得比我更真诚。哦，最温柔最亲切的女神，请保佑我在这场斗争中获得胜利吧，这才是纯真爱情应得的奖赏，请将表明你伟大恩惠的信物赐给我吧。（音乐可闻；鸽子拍翅可见。[76]众人重新五体投地，然后跪定）哦，你统治着从十一岁到九十岁的凡人的情怀，你的猎场就是这个世界，我们这些群氓就是你的猎物。我谨向你致谢，为了这件美妙的信物，它正放在我纯洁真诚的心头，保证能武装我的躯体从事这场斗争。（向骑士们）让我们起立，向女神鞠躬。（众人鞠躬）时间到了。（众下）

〔直笛轻奏。伊米莉娅着白衣上，长发披肩，并戴麦穗花环；一白衣女侍发插鲜花，牵其衣裙；另一女侍持香烟缭绕的银鹿形香炉前行；银鹿置于黛安娜祭坛上，诸女侍退立，伊米莉娅燃香，众行屈膝礼，并下跪。

伊米莉娅　哦神圣、虚幻、冷漠、恒定的女王，欢乐的弃绝者，缄默，沉思，温柔，孤独，白皙如童女，纯洁如飞雪，你不容许你的女骑士们有更多的血液，除了使她们羞赧的那一点，而羞赧正是她们骑士团的袍服：我，你的祭司，正恭顺地跪在你的祭坛面前。哦，请以你从未见过污秽事物的珍贵的绿色眼睛垂顾一下你的童贞修女；哦，神圣的银色的女主人，请以你从未听过粗俗词语、从未允许淫猥声音进入的耳朵垂听一下我的搀和着神圣恐惧的祈求。这是我最后一次的处女礼拜；我已穿上了新娘的礼服，但仍怀着处女的心情。我已被派定了一位丈夫，但不知道他是谁。我得从两个中间挑选一个，并为他的成功祈祷，可我从不善于挑选。我的两只眼睛非要丧失一只不可，可它们是同样的宝贵，哪一只我都不能丧失；那个死去的可是未经判决的啊。因此，最端庄的女王，在这两个候选人中间，请让那最爱我、最有资格为我所爱的一个来摘去我的麦穗花冠吧，否则请允许我保有原来的身份和品质，好继续留在你的团队里。（银鹿从祭坛下面消失，原处升起一株玫瑰树，上有玫瑰一朵。）（对女侍们）请看我们掌管潮汐的将军[77]从她那神圣的祭坛以崇敬的动作举起了什么：倒是一朵玫瑰花！如果这个预兆果真来自女神，这场争斗肯定会把这两位勇敢的骑士都毁掉，而我，一朵纯洁的花，只得独自生长，没有人来采摘了。（乐器铿然作响，玫瑰从树上谢落，树从祭坛下消失）玫瑰谢了，树也倒了。哦，女主人，你这是开革了我。我想，我会被人采摘的，但我不知道你自己的意愿：请解释你的奥秘吧。（对女侍们）我希望她高兴，她的预兆是仁慈的。

〔众人行屈膝礼下。

第二场

地点　雅典。监狱一黑室。

〔医生，看守，和着巴拉蒙衣冠的求婚者上。

医生　我给你开的这个方子对她有点疗效吗?

求婚者　哦,很有疗效;陪伴她的姑娘们说我就是巴拉蒙,她差不多相信了。就在半小时之前,她还微笑着来找我,问我想吃点什么,我什么时候想亲亲她。我告诉她,想马上就亲,于是亲了她两次。

医生　这就好。亲二十次只怕更好,因为主要就靠这个药方来治她的病。

求婚者　她还告诉我,她今晚要陪我熬夜,她很清楚我什么时候会来劲儿。

医生　那就让她陪吧,你的劲儿来了,就伺候她一个够,马上就去吧。

求婚者　她还要我唱歌呢。

医生　你唱了没有?

求婚者　没有。

医生　那太糟糕了。你应当事事迎合她才是。

求婚者　哎呀,我没有嗓子,先生,她听了不会满意的。

医生　哪怕你嚷嚷一通,也没有关系。今后随她求你做什么,你都得答应。她要你陪她睡觉,你也不能拒绝。

看守　那可不行,医生。

医生　这是在给她治病嘛。

看守　对不起,可先得讲点名节呀。

医生　那不过是杞人忧天。切莫为了名节误了孩子。先这样治病要紧;今后要讲名节,她还可以嫁人嘛。

看守　谢谢你,医生。

医生　请把她带进来,让我们瞧瞧她怎样了。

看守　我这就去,还告诉她,她的巴拉蒙在等她;不过,医生,我还是觉得,你这个方子不大妥。(下)

医生　去吧,去吧!你们这些当父亲的都是大傻瓜。她的名节!我们会给她吃药的,等到发现了……

求婚者　唷,你认为她不大清白吗,先生?

医生　她好大了？

求婚者　她十八岁。

医生　可能没事，不过反正都一样，对我们的目的没有关系。不管她父亲说什么，如果你觉察到，她的情绪有我说的那么一点意思，就是肉体上的——你懂我的话吗？

求婚者　懂，懂，先生。

医生　那就满足她的欲望吧，满足到家才好。就靠这项动作来治好她的病，她所感染的那种忧郁症。

求婚者　我跟你想到一块去了，医生。

〔看守，看守女儿上。

医生　你会发现就是这么回事。她来了，务必迁就她。（和求婚者站开去）

看守　（向女儿）喂，孩子，你的情人巴拉蒙等你咧，他这一小时一直在等着见你。

女儿　谢谢他有礼貌的耐性，他是个好绅士，我跟他难舍难分。你没见过他给我的马吧？

看守　见过了。

女儿　你欢喜它吗？

看守　它很漂亮。

女儿　你没见过它跳舞吧？

看守　没见过。

女儿　我可常见到。它跳得很好，很美。跳起捷格舞[78]来，不管是跟秃尾马还是长尾马相比，它都把你转得像陀螺。

看守　那真是好。

女儿　它跳摩尔斯，一小时跳二十英里，我要是会猜，那会把全教区的跳马高手[79]跳断腿，还会按着"爱之光"[80]的调子飞跑。你看这匹马怎样？

看守　有这些本领，我看简直可以把它牵来打网球。

女儿　哎呀,那算不了什么。

看守　它还能读书写字吗?

女儿　写得一手好字,连干草饲料账自己都会算。哪个马夫想虚报账目蒙混他,还得起早床。你知道公爵养的那匹栗色母马吧?

看守　非常清楚。

女儿　她非常迷恋巴拉蒙给我的这匹马,可怜的牲口,可这匹马像他的主人一样,冷冷淡淡,待理不理。

看守　她可有什么嫁妆呢?

女儿　大约两百捆干草,二十斛燕麦,可他决不会要她的。他咬着舌头一声长嘶,准能把一匹磨坊母马勾引到手,他会把她搞死的。

医生　她讲些什么废话!

看守　请安吧,你的情郎到了。

〔求婚者上前。

求婚者　美人儿,你好?多好的姑娘!这儿问安了!

女儿　只要老实公正,就可左右鄙人。到世界尽头还有多远,哥儿们?

医生　唔,一天的路程,妞儿。

女儿　(向求婚者)你肯陪我一起去吗?

求婚者　我们去那儿干吗呢,妞儿?

女儿　嘿,玩板球呀。还有别的什么可玩呢?

求婚者　如果我们到那儿去举行婚礼,我倒愿意去。

女儿　当真,我向你担保,我们会在那儿找到一个瞎眼牧师,他敢为我们主持婚礼,这儿的牧师穷讲究,而且很蠢。此外,我爸明儿就得给绞死,那会给我们的好事抹黑的。你不是巴拉蒙吧?

求婚者　你不认识我了?

女儿　认识,可你不欢喜我。我什么都没有,除了这条旧裙子和两件粗衬衣。

求婚者　那没关系,我愿意娶你。

女儿　你真愿意吗?

求婚者　是的，用这只漂亮的手起誓，我愿意。

女儿　那我们就要上床了。

求婚者　你什么时候愿意都可以。（吻她）

女儿　哦，先生，你欢喜咬人。（将吻抹去）

求婚者　你怎么擦掉我的吻呢？

女儿　这是个香吻，把我擦得香喷喷，好结婚呀。（指着医生）这不是你的表弟阿奇特吗？

医生　是的，乖乖，我很高兴我表兄巴拉蒙选中了你这样漂亮的姑娘。

女儿　你认为他会要我吗？

医生　会的，毫无疑问。

女儿　（向看守）你也这样想吗？

看守　是的。

女儿　我们会有许多孩子。（向医生）天哪，你长得好壮啊！希望我的巴拉蒙也会长，长得漂漂亮亮，现在他自由了。唉，可怜的娃儿，他吃得粗，住得坏，身子给整垮了，可我要亲他，把他亲得再壮实起来。

〔一信使上。

信使　你们在这儿干吗呢？你们会错过空前最壮丽的场面。

看守　他们到了比武场吗？

信使　到了。你在那儿还有任务呢。

看守　我马上就去。（向众人）只好请你们待在这儿了。

医生　不，我跟你一道去，我不愿错过这场比武。

看守　你觉得她的病情如何？

医生　我向你保证，三四天之内我会让她复元。（看守随信使下）（向求婚者）你可不能离开她，还得按照这个方子把她稳定下去。

求婚者　我一定。

医生　我们来把她哄进去。

求婚者　来吧，亲爱的，我们去用餐，然后玩纸牌。

女儿　我们还亲吻吗?

求婚者　亲一百次。

女儿　再亲二十次,可好?

求婚者　好,再亲二十次。

女儿　然后咱们一块儿睡觉吗?

医生　答应她的要求。

求婚者　是的,不错,我们会。

女儿　你可不能弄痛我。

求婚者　我一定不,宝贝。

女儿　你要把我弄痛了,亲爱的,我会喊的。

〔众下。

第三场

地点　比武场附近一地。

〔喇叭奏花腔。忒修斯、希波吕忒、伊米莉娅、皮里图斯及若干随从上。

伊米莉娅　我再也不想走了。

皮里图斯　你肯错过这场比武吗?

伊米莉娅　我宁可看见一只鹩鹩袭击一只苍蝇,也不愿去看这场决斗。每一击落下来都威胁到一个勇敢的生命,每一砍都为它落下的地方而痛惜,它响起来不像刀剑,更像丧钟。我要留在这儿,让我的听觉因将要发生的事情受惩罚,也就够了,总不能充耳不闻,听还是要听的,却不愿让可以避免的可怕景观污染我的眼睛。

皮里图斯　(向忒修斯)先生,仁慈的主上,你的姨妹不肯走了。

忒修斯　哦,她非去不可。她一定得看看那些光荣业绩,即使在画家笔下,它们有时也是令人难忘的。造化现在就要创作和表演这段故事了，人们凭着眼睛和耳朵都可以成为证人。（向伊米莉娅）你必须在场，你是胜利者的奖赏，是最后点缀这个待决头衔的报酬和花环。

伊米莉娅　原谅我，我即使到场，也会视而不见的。

忒修斯　你必须到场；这场考验好比在黑夜进行，你是唯一放光的星星。

伊米莉娅　我已经熄灭了，[81]那道照耀他们互相残杀的光，恐怕只有恶意。历来作为恐怖之母，受千百万人诅咒的黑暗，如果现在把它的黑色罩衣笼在两人身上，让他们谁也看不见谁，这样倒可以为它自己博得一点好名声，从而抵消它所犯的种种谋杀罪行。

希波吕忒　你一定得去。

伊米莉娅　说真话，我不去。

忒修斯　咳，骑士们一定要看着你的眼睛，才能激发起豪情来。要知道，你是这场战争的宝库，必须你在场，才好为战功付出报酬。

伊米莉娅　先生，原谅我，原来一个王国的称号是可以在它境外经受考验的。

忒修斯　好了，好了，悉听尊便。跟你一起的那些人看来可以把他们的任务交给任何敌人了。

希波吕忒　再见，妹妹，我大概要比你略早一点认识你的丈夫。我祈祷众神从这两个中间为你选择他们认为最好的一个。

〔除伊米莉娅外，众下。伊米莉娅拿出两幅画像，一幅从其右侧，一幅从其左侧。

伊米莉娅　阿奇特仪表堂堂，但眼睛像紧绷的弩弓，软鞘中的利刃；慈悲与刚毅在脸上如形影不离。巴拉蒙有一种最慑服人的神色，他的额头布满皱纹，似乎要埋掉他皱眉相向的一切，但有时又并非如此，倒是随着思想的性质而改变；他的眼睛会久久凝视着它的对象；忧郁非常适合他的气质。阿奇特的欢乐也是这样，但巴拉蒙的忧伤也是一种欢乐，二者如此交集，仿佛欢乐使他忧伤，而忧伤又使他欢乐;那些附着在别人身上很不适合的阴暗情绪,在他身上反倒得其所哉了。(短号。喇叭吹冲锋号)听呀,那儿鼓舞士气的踢马刺是怎样激励着王子们表现自己啊!阿奇特可能赢得我,但是巴拉蒙又可能伤了阿奇特,使他破相以至永远残废。这样一次意外事件,多么令人遗憾?如果我在场的话,说不定我也会造成伤害,因为他们会用眼睛瞟视我的座位,这样一来就可能疏于防范,或者丧失一次当时需要的攻击。看来我不在那儿,反倒更好些。哦,招来这样的伤害,倒不如从没出生更好啊!(短号。幕后一阵呼喊和喧闹,叫"巴拉蒙得分!"[82]仆役上)胜负如何?

仆役 喊的是"巴拉蒙得分!"

伊米莉娅 那么是他赢了。一向可能是——他总显得温文尔雅而又胜券在握,无疑是男人中的魁首。请你快去看看,告诉我情况怎样了。

〔欢呼声和短号声。幕后叫"巴拉蒙得分!"

仆役 还是"巴拉蒙!"

伊米莉娅 快去打听。(仆役下)可怜的仆人[83],你输了。我右边还挂着你的画像,左边是巴拉蒙的。为什么要这样,我也不明白;我这样摆法,没有别的意思,不过是偶然罢了。心脏在左边,巴拉蒙碰上了最吉利的机会。(幕后又一阵叫喊和欢呼,短号)这一阵大喊大叫,肯定是战斗宣告结束。

〔仆役上。

仆役 他们说,巴拉蒙先把阿奇特的身子逼到擂台边边上,大家才一致高呼"巴拉蒙得分!"但马上助手们奋勇抢救,两个勇敢的竞争者转眼间又交起手来。

伊米莉娅 他们两个要是变成一个人——嘿,那样构成的男人,就没有一个女人配得上。他们特有的高贵品质,即使个别来说,也使世上任何淑女相形见绌了。(短号声。幕后叫喊"阿奇特!阿奇

315

特!")又在欢呼吧?还是喊的"巴拉蒙"?

仆役　不,现在是喊"阿奇特"。

伊米莉娅　请你注意喊声;把两只耳朵竖起来听。

〔短号声。一大阵欢呼和叫喊,"阿奇特!胜利!"

仆役　喊的是"阿奇特!"和"胜利!"听,"阿奇特!胜利!"管乐器宣布战斗圆满结束。

伊米莉娅　一眼就看得出来,阿奇特可不是毛孩子。老天有眼,他那丰富而华贵的精神从他全身透露出来,胜似亚麻包不住烈火,胜似粗陋堤岸挡不住狂风使之怒吼的波涛。我原来确实认为好巴拉蒙会失败,可我不知道为什么我会这样想。我们的理智并不是先知,幻想反倒常常是。他们散场了。唉,可怜的巴拉蒙!(放下画像)

〔短号声。忒修斯、希波吕忒、皮里图斯、胜利者阿奇特,及随从上。

忒修斯　瞧,我们的妹妹还在颤抖不安地期待着。最美丽的埃米莉,诸神以他们神圣的裁决,将这位骑士给了你:他是好样儿的,总是冲在前面。(向阿奇特和伊米莉娅)把你们的手给我。(向阿奇特)你接受她作妻子,(向伊米莉娅)你接受他作丈夫,(向二人)愿你们山盟海誓,白头偕老。

阿奇特　埃米莉,为了得到你,我失去了除你之外最可宝贵的一切,但是拿你的价值来评估,我所付出的价格还算是低廉的。

忒修斯　(向伊米莉娅)哦亲爱的妹妹,他刚才提到一位总是踢刺着高贵骏马的勇敢的骑士。肯定是诸神要他独身死去,免得他留在世上的子孙太像神明了。他的表现那样使我着迷,以致我觉得,阿尔塞得斯[84]跟他相比,不过是一大堆铅块。如果我除了一般地表扬他,还可以照样表扬他的每个部分,你的阿奇特也不会有所损失;因为他尽管那样优秀,却遇上了比他更优秀的对手。我听说有两只好胜的夜莺,以它们相互竞争的歌喉叩击着黑夜的耳朵，一会儿是这一只嘹亮些，马上是另一只，接着又是前一只，不久又给对方压倒了，简直难以判断它们之间谁唱得更好。这两位表兄弟之间，也是很久很久相持不下，直到上天好不容易决出了一个胜利者。（向阿奇特）高高兴兴戴上你所赢得的花环吧。至于失败者，我们马上也会给他们应有的公道，因为我知道他们的生命只会使他们痛苦。就在这里执行吧。那场面不适于我们观看，我们还是快快活活，又带点悲哀，从这儿走开。（向阿奇特）拥抱你赢得的奖品吧，我知道你是不会失掉她的。希波吕忒，我看见你的一只眼睛含着一滴泪水，就要流出来了。

伊米莉娅　这就是胜利吗？哦诸位天神在上，你们的慈悲哪儿去了？要不是你们意旨认为必须如此，命令我活着来安慰这个失去朋友的、悲惨的王子，他割弃了一个比所有妇女更有价值的生命，我倒是应当而且甘愿死去。

希波吕忒　四只眼睛如此看中一个人，以致两只必须为此而瞎掉，这真是令人遗憾无穷。

忒修斯　事情就是这样。

〔喇叭奏花腔。众下。

第四场

地点　同前场。

〔巴拉蒙及其三骑士双臂被缚上，周围有警卫；看守和携有断头墩并利斧的刽子手同上。

巴拉蒙　有许多人活得失去了世人的爱戴；不错，许多父亲就是这样和他的孩子一起活着。这样想来，我们不免有所安慰：我们死了，并不缺少世人的同情；由于他们良好的祝愿，我们虽死犹生；我们防止了老年可厌的痛苦，躲脱了弥留之际等待白头存活者的痛风

317

和感冒;我们年轻无恙地走向神明,决不蹒跚在累累陈年罪孽的重荷之下。我们这样当然比那些长命者更令诸神喜爱,并让我们和他们一起品尝玉液琼浆,因为我们是更其清洁的灵魂。我亲爱的亲人们,你们为了这点可怜的安慰而舍弃生命,可实在太不值得啊。

骑士甲　什么结局会更有意义呢?胜利者比我们走运而已,他们的锦标转瞬即逝,会跟我们一样必死无疑。他们并不比我们多有一丝一毫荣誉。

骑士乙　让我们告别吧,并以我们的耐性气一气趔趔趄趄的命运女神,她走得最稳当的时候都显得摇摇欲坠。

骑士丙　喂!谁来开头?

巴拉蒙　就让那个把你们引上这场筵席的人先为你们大家尝尝味道吧。(向看守)啊哈,朋友,我的朋友,你那温柔的女儿给过我一次自由;现在你会看见我永远得到自由了。请问,她近况如何?听说她不合适;她那种病使我相当难过。

看守　先生,她已完全康复,不久就要结婚了。

巴拉蒙　拿我短暂的生命起誓,我非常高兴这件好事。这是我高兴听到的最后一件事,请你这样告诉她。代我向她问好,并把这点小意思为她添点嫁妆。(交钱袋)

骑士甲　慢点,让我们大家凑个份子。

骑士乙　是个闺女吧?

巴拉蒙　我认为,肯定是的,一个很好的妞儿,她对我的情义,是我还不完,也说不尽的。

众骑士　请代我们向她问好。(分别交出钱袋)

看守　愿神明报答你们大家,并使她感恩不尽。

巴拉蒙　永别了;让我的生命跟我的告别同样短促吧。(躺在断头墩上)

骑士甲　带个头吧,勇敢的表兄。

骑士乙和丙　我们会高高兴兴跟上来的。
〔幕后一阵喧闹,大喊"快跑！救人！住手！"
〔信使匆匆上。
信使　住手！住手！哦,住手,住手,住手！
〔皮里图斯匆匆上。
皮里图斯　住手,嗨！你要是那么快下手,你的急速就会受到诅咒。高贵的巴拉蒙,诸神还要你活下去,要在你的生命中显示他们的荣耀。
巴拉蒙　这可能吗,连维纳斯我都说过是不诚实的？到底怎么回事？
皮里图斯　起身吧,高尚的先生,请听最甜美也最辛酸的消息。
〔巴拉蒙起立。
巴拉蒙　是什么把我们从梦中惊醒？
皮里图斯　那么请听:你的表弟骑上埃米莉当初给他的一匹马,一匹没有一根白毛的黑马——有人说,这种马再好,有了这个标志,就贬低了它的身价,很多人都不肯买它;这个迷信现在倒得到了印证——阿奇特骑在这匹马上,在雅典的石头路上疾驰,那防滑尖铁不是在践踏,而是在轻掠;因为这马恨不得一步跨出一英里远,如果这样会使它的骑手高兴,并以它为荣的话。正当它这样打着拍子,在燧石大道上飞奔,仿佛按照自己铁蹄奏出的音乐舞蹈着(正如人们常说,音乐起源于铁器),这时不知是怎样一块忌妒的燧石,冷得像古老的土星[85],又像它被毒火缠住,于是迸出了一粒火星,或者是一片猛烈的硫磺,是不是为这个目的而存心安排的,我无从推测——那性如烈火的烈马于是大发脾气,随着性子大捣其乱,又是弹跳,又是直立;它原受过训练,动作很有调教,现在忘得一干二净;尖锐的踢马刺一扎,便像猪猡一样乱叫,不但一点不服,反而直咬嚼子;使尽劣马的一切卑鄙办法大吵大闹,硬要把稳坐在鞍上的主人颠下来。当什么办法都不管用,嚼子咬不断,肚带挣不脱,骑手两脚夹着它,似乎生长在鞍上,各种前后颠簸都无法把他连根拔除的时候——它便前蹄腾空,用后蹄直立起来,使阿奇特的两腿高过了头部,似乎靠特技悬在空中。他的胜利者的花环那时从头上落了下来;劣马立刻向后翻倒过来,它的全部重量便成了骑手的负荷。他还活着,但像一只仍然浮着、随时会在另一个浪头下面沉没的船。他很想跟你谈谈。瞧,他来了。

〔忒修斯、希波吕忒、伊米莉娅和由侍从用椅子抬着的阿奇特上。

巴拉蒙　我们的亲情的下场多悲惨!神明是强大的,阿奇特。如果你的心,你的高贵的男子汉的心,还没有破碎,请给我讲几句最后的话吧;我是巴拉蒙,一个怀着爱心为你送终的人。

阿奇特　娶伊米莉娅吧,全世界的欢乐将随她一起为你所有。伸出你的手来;永别了。我已数到我最后的时辰;我过去不诚实[86],但决没有背叛。原谅我,表哥。让美丽的伊米莉娅吻我一下。(他们亲吻)完了。娶她吧。我死了。(死去)

巴拉蒙　愿你英勇的灵魂进入福地!

伊米莉娅　(向阿奇特的遗体)我来阖上你的眼睛,王子;愿升天的灵魂和你在一起!你是一个大好人,只要我活着,每年的这一天我都会哭一场。

巴拉蒙　我要对它致敬。

忒修斯　你们当初就是在这块地方打斗的;我就在这儿把你们分开。你活了下来,让我们向众神致谢。他的角色演完了,虽然太短促,他却演得很精彩;你的寿命延长了,上天极乐的甘露喷在你身上。强有力的维纳斯盛装了她的祭坛,并把你的情人赐给了你。我们的主人马尔斯履行他的神谕,并把竞争的特赦权给了阿奇特。这样,神灵们表现了应有的公道。——把他抬走吧。

〔侍从及阿奇特的遗体下。

巴拉蒙　哦表弟,为什么我们竟想得到这样一些东西,它们的代价就是我们必须失掉我们希望得到的东西！什么也不能买到宝贵的爱情，除非失掉宝贵的爱情！

忒修斯　命运从没玩过一场更不可捉摸的游戏。被征服者凯旋了，胜利者失败了；但是，在进程中，众神都非常公正。巴拉蒙，你的表弟已经承认，你对这位小姐的确拥有权利，因为是你先看见她，并且当即宣布了你的爱慕。他把她作为你的被偷走的珍宝物归原主，希望你的心灵对他宽恕，送他离开人世。众神从我手中夺走了我的审判职能，他们自己变成了判决执行者。把你的小姐带走吧；把陪伴你的骑士们从断头架上叫回来，我要和他们交朋友。这一两天让我们面带悲戚，为阿奇特的葬礼举行感恩祷告；葬礼完毕，我们都要装出新郎的面容，和巴拉蒙一起微笑；仅仅一小时以前，我曾经深深为他难过，同样为阿奇特高兴，现在我为他而高兴，却为阿奇特难过了。啊，你们上天的魔法师们，你们究竟要把我们变成什么东西呢！我们为我们缺少的一切欢笑，为我们拥有的一切悲伤，我们在某种意义上仍然是孩子。让我们为现存的一切感恩戴德，那些我们无从探究的事物也不再同你们争辩了。让我们散去，随遇而安，因时制宜吧。[87]

〔喇叭奏花腔。众下。

收场白

〔收场白演员上。

收场白演员：

现在想问一问看官，这出戏文如何，
在下我像小学生一样，实在不好说；
为此不胜惶惑。且请诸位稍安毋躁，
让我往池座瞧瞧。怎么竟没人微笑？
看来这就难办。总该有人欣赏台上
某个年少靓女，何妨起身亮一亮相——
怪哉又没有人——如果哪一位愿意，
尽可装模作样大喝倒彩，直至封闭
我们的财源。看来想拦你也拦不成。
让最坏下场来临吧！阁下是否称心？
但请不要误会——我不会自以为是——
没有理由冒失。如果我们讲的故事，
虽然拿不出手，却多少令诸位满意
（因为它本打算实现这正当的目的）
我们也就了却心愿；敢说不久你们
还将观赏更多优秀戏文，借以延伸
看官历来的垂爱。我们将不惮其烦

竭诚为君服务。先生们,晚安晚安。
〔喇叭奏花腔。下。

（全剧终）

第三部分注释

〔1〕 波河在意大利北部平原；特伦特河在英国，从斯塔福德郡北部流向亨伯河。本剧故事借自乔叟的《坎特伯雷故事集》中的《骑士的故事》。

〔2〕 指关于这位绿林好汉的民间故事。

〔3〕 宁芙：希腊神话中居于山林水泽的仙女。

〔4〕 忒修斯：希腊神话中著名英雄。

〔5〕 希波吕忒：希腊神话中，忒修斯来到阿玛宗女人国，与希波吕忒一见钟情，同返阿蒂卡（雅典）成婚。

〔6〕 皮里图斯，希腊神话中著名英雄，与忒修斯一见如故，发誓永远友好。

〔7〕 克瑞翁，希腊神话中，原为底比斯国王俄狄浦斯的舅父，七雄围攻底比斯失败后，登上王位，将犯境阵亡诸雄暴尸野外，供野狗、飞鸟啄食。

〔8〕 福玻斯，日神阿波罗的别名。

〔9〕 卡帕尼乌斯，希腊神话中，攻打底比斯的七雄之一，阿耳戈斯国王，剧中王后甲之夫。

〔10〕 赫剌克勒斯，希腊神话中最伟大的英雄，曾建十二项奇功：第一项为扼杀涅墨亚河谷猛狮；第九项为向阿玛宗族开战，夺取女王希波吕忒的金腰带。忒修斯七岁曾见过赫，暗中决心向这位英雄看齐；他称赫为"亲戚"，但似无血缘关系。

〔11〕 贝隆娜，战神马尔斯之妻，故为女战神。

〔12〕 天后朱诺是许多战争（包括特洛伊战争）的煽动者，故云。

〔13〕 指和平时期人丁兴旺，需要战争来使人口减少。

〔14〕 阿波罗因其子法厄同强驾日轮马车致死而不胜悲愤。

〔15〕 指他代表神圣正义为阵亡诸王的遗孀复仇而来。

〔16〕 月神黛安娜是处女的保护神。

〔17〕 据说凤凰以香木自焚,从灰烬中重生。

〔18〕 "古老激情(emportement)的假冒品",系据"滨河"版注;据《莎士比亚疑作》(The Shakesperare Apocrypha)一书注,又解作"古老训诫(homily)的拙劣模仿"。

〔19〕 "亲切空气",即新鲜空气,据云对伤口愈合不利,故"并不亲切"。

〔20〕 如无外力干预,软弱的意志容易击败理智。

〔21〕 阿波罗还是健康守护神。

〔22〕 舞台一分为二:下层(稍近)为花园,上层(稍远)为监狱一囚室。

〔23〕 据说鹰能凝视太阳而不眼花。

〔24〕 帕提亚为伊朗北部古国,即古代安息国。帕提亚人作战,退却时善于射箭掩护自身。

〔25〕 纳克索斯,原为希腊神话中美少年,因慕恋自己映在水中的身影以致淹死而变成水仙花,后在西方文学中用作水仙花名。

〔26〕 西风,此处指和煦的春风。

〔27〕 "躺下来",系借用一种古老纸牌戏名,即"笑着(把牌)放下来",此处及前后暗示一些猥亵的双关语。

〔28〕 摩里斯舞,一种浑身挂满铃铛的传统舞蹈。此处所谓"新式的",系指以镣铐代替铃铛。

〔29〕 角帖书,古代儿童初级读本,只印有一页字母表,用透明角片作框保护着。

〔30〕 跳舞乡民乙为织工。当时织工多为清教徒,遇事喜念《赞美诗》。

〔31〕 黛安娜,罗马神话中的月神,代表贞洁和狩猎;相当于希腊神话中的阿特米丝。

〔32〕 两人都引用成语对话:阿奇特引用的是"饥饿是最好的调料";巴拉蒙引用的是"好肉遇上了酸调料",即苦乐相间。二人均有心讽刺对方。

〔33〕 "小键琴",指十六、七世纪常见的无腿小钢琴;此词与"处女"的形容词在拼法上相同,故有一语双关的猥亵意义。

〔34〕 古代民歌每节收尾的叠句,本身无意义,曾用以代表淫词秽语。

〔35〕 据说夜莺为了防止夜间睡着,便把胸脯扑向一根刺。

〔36〕 原文均为拉丁文。教师处处讲拉丁文,表示自己有学问。

〔37〕 墨勒埃格,希腊神话中的英雄,参加过卡吕冬国围攻巨大野猪的著名狩猎。教师拿"野猪"比喻乡村演员,显示他对后者的蔑视。

〔38〕 端水洗屋瓦,为拉丁谚语。

〔39〕 此句与前句"真不知伊于胡底"原文为拉丁文,出自西塞罗揭露阴谋家卡蒂琳的著名演说的第一句:"卡蒂琳,你滥用我们的耐性还要有多久?"

〔40〕 鳝与女人善骗人,出自谚语,并非诗人名句。

〔41〕 本意为礼貌上的一大缺陷,有如逻辑中的前提错误。

〔42〕 据原注,可能由民歌《乔治·阿鲁和赛马》改编。

〔43〕 最早的儿歌之一。

〔44〕 让人数自己的手指,古代英国民间测验智力的一种方式。

〔45〕 《谁路过》,出处待考。

〔46〕 原文为拉丁文,出自奥维德的《变形记》。

〔47〕 前句"万岁!"原文 All hail! 的 hail,又可解作"冰雹"。忒修斯借此开一句玩笑。

〔48〕 狄斯系罗马神话中的冥王;代达鲁斯系克里特岛一巧匠,曾建迷宫囚禁牛头怪。据原注,二者相连并无深意,仅取其头韵相近而已。

〔49〕 据原注建议,教师先举一牌上书"摩尔"(或画一摩尔人像),继于其侧举另一牌上书"斯",以与说白内容相适应。

〔50〕 原文为拉丁文。

〔51〕 "得里""当"本身无意义,常见于民歌叠句。

〔52〕 西方五朔节,竖五月柱,饰以花朵与彩条,少男少女歌舞于其下。

〔53〕 原文为拉丁文。

〔54〕 监斗武官:中世纪主管骑士比武,要求严格按照规定仪式进行的武官。卡斯脱,及其孪生兄弟玻吕克斯,系丽达所生的宙斯二子。

〔55〕 经皮里图斯求情,见第二幕第二场。

〔56〕 指赫剌克勒斯。据某种传说,他是忒修斯的亲戚。

〔57〕 见《奥瑟罗》第四幕第三场,苔丝德蒙娜也唱过这支歌。

〔58〕 见《哈姆莱特》第四幕第五场,奥菲莉娅唱过《可爱的罗宾》的一行。

〔59〕 被阉割的男孩,嗓子尖细,故云"好当音乐家"。

〔60〕 甘尼米德在希腊神话中系一美少年,被大神宙斯抢到天上,作为他的侍酒童子,后来成为宝瓶星座。"另一个"按字面似指"爱神"或"眼睛",实际上是

指阿奇特。

〔61〕 彼洛普斯在希腊神话中系吕底亚国王坦特勒斯之子,其父曾砍断他的肢体,作为祭品供奉神灵,因而在地狱永受饥渴之苦。他的被砍左臂后来被换成一只用象牙做的假肩。

〔62〕 参阅第一幕第三场。

〔63〕 即为爱情而战。

〔64〕 指女战神贝隆娜。

〔65〕 黛多系古代迦太基女王,与埃涅阿斯相恋,后者离去后自焚而死。详见罗马诗人所著史诗《埃涅伊德》。

〔66〕 指将亡魂渡到阴界的冥河。死者口中银币是给冥河船夫查隆的船资。

〔67〕 西方古代认为肝脏是感情的所在地。

〔68〕 普罗塞派茵(即普西芬尼),罗马神话中的冥后。

〔69〕 "绕麦堆",西方古代一种农村游戏,由几对少年男女组成,一对留在被称为"地狱"的中间,伸手捕捉在四周奔跑的另外两对。

〔70〕 据云黑屋子有助于治疗疯癫。

〔71〕 分别为战神、爱神和月神兼猎神。

〔72〕 "群芳之后"暗示伊米莉娅。

〔73〕 称维纳斯为"神秘女王",是因为保密在爱律中为主要美德,后文将详述。

〔74〕 日神的"凡间的儿子"是法厄同,参阅第一幕第二场注。

〔75〕 猎神黛安娜,又是奉行独身的贞洁女神。此处指她后来爱上美貌牧童安狄米恩。

〔76〕 鸽子是爱神的圣物。

〔77〕 指月神黛安娜。

〔78〕 一种轻松快速的三步舞。

〔79〕 摩里斯舞中的一员,服装似马,模仿马的动作助兴。

〔80〕 一曲著名歌曲,曾见于莎剧《无事生非》第三幕第四场和《维洛那二绅士》第一幕第二场。

〔81〕 参阅本幕第一场巴拉蒙向陪同骑士所说台词第一句。

〔82〕 原文为"一个巴拉蒙!"

〔83〕 阿奇特决斗前原系伊米莉娅的"仆人"。

〔84〕 阿尔塞得斯,即赫剌克勒斯。这是他的姓氏。

〔85〕 古代西方占星学家认为,在土星影响下降生的人具有冷淡、忧郁的气质。

〔86〕 参阅后文忒修斯的说明。

〔87〕 意即为阿奇特的葬礼而悲伤,为巴拉蒙的婚礼而高兴吧。

黎 明

维尔哈伦

爱弥儿·维尔哈伦[1]和《黎明》（节译）

蒙托罗斯·J·摩西斯

爱弥儿·维尔哈伦死在第一次大战里；他在一个火车站里被一辆经过的火车碾死了——碾死他的就是，作为一个诗人的他曾经从物质方面和精神方面在他的诗句里面安插过的现代力。他的最中肯的传记作者斯蒂芬·茨威格——他的激动的抒情的欣赏本身就是一种艺术作品，纵然不是正式传记中间最好的——曾真实地说过，现代诗人在维尔哈伦身上取得了典型，他不是驾御着古典的飞马，而是驾驭着强有力的引擎。我们必须把维尔哈伦当作欧罗巴的瓦特·惠特曼，他感觉到人身上的原始气质，群众中间的团结性，都市的豪华，丑恶的严峻的美，社会主义的赤色震惊，普通语言的潜在力，以及自由诗体激荡血液和变换情绪的和谐。

维尔哈伦基本上不是一个剧作家，而是一个抒情诗人；实际剧场是瞧不起他的剧本的，虽说雷因哈特（Reinhardt Max，德国舞台设计家，名导演——译注）把《修道院》处理得很成功，同时《菲力浦二世》和《斯巴达的海伦》也适当地流行过。但是在他的身上，维尔哈伦却代表了现代生活里面的那些要素，如同现代戏剧里的高潮所表白的。我们在读他的时候，如果拨开一些打算把他吞没的某种影响，那么，将会发现，他走进了现代工业主义的领域，给它带来一种燃烧的形象，那是除惠特曼以外再没有旁的诗人表现过的。在他颂扬群众的时候，在他钻进劳动的骚乱里找寻精神意义的时候，在他由于意识到群众感情和愿望而变得胸襟广阔的时候,他是如此典型地达到了现代戏剧家的造诣。在他的大部分作品里,有着若干颓废气息,几乎没有将他淹没掉;他有着这样一种人的色彩和反应,在他身上,如在比利时艺术上一样,比利时准确地呈现了特色。但是,当他最后撕裂了束缚的时候,我们发现一次像在易卜生身上一般完全的革命,他脱离开他的民谣时期和比利时人的狭窄性和民族观点,进入了更广阔的原野。

我相信,他的戏剧本身恰好有着一些类似心境和气质的成分,那一些正是现代舞台艺术家们急于想找到的。他向那种新戏剧家指出了道路,他们将会从新的"舞台技术"产生出来,以应其特殊的需要。维尔哈伦懂得群众行动和群众心理,并且以一种抒情手法运用了这种群众,正像希腊人运用"唱歌班"一样。确实,《黎明》代表了在文学中发生作用的现代力量。在《黎明》里面,那种起源于乡村和城市之间的斗争的新道德,是富有效果,带着预言性的特点和悲剧性的结局的。

我相信,作为一个戏剧家维尔哈伦的障碍大半在于这件事实,就是他的哲学观念正在不断地进化;在他向他最后终于抵达的社会目标探进的努力里,我们愈是清楚地理解到那些不同的步伐,那么,形成他的进化程序之一部的、他的戏剧的重大意义,便愈是清晰可见了。茨威格写道:

"《修道院》(*Le Cloitre*)是诗集《僧侣们》(*Les Moines*)的再创造,是天主教的悲剧;《黎明》(*Les Aubes*)是社会学三部曲,即《触手的城市》(*Les Villes Tentaculaires*)、《虚无的村屋》(*Les Campagnes Hallucinées*)、《幻想的村庄》(*Les Villges Illusoires*)的压缩。《菲力浦二世》(*Philipp* II)形成反基督的悲剧,西班牙和比利时的、肉感和禁欲的冲突。而在外形上回复古典主义的《斯巴达的海伦》(*Hélène de Sparte*)则是处理着纯道德的、永恒的问题。"

一旦生命力突破了形式主义的束缚,维尔哈伦便成为"自由诗"的使徒。这种究竟不是依靠理论,而是依靠一种冲击力和再冲击力的物质基础的自由诗,呈现出了有趣的效果,当维尔哈伦开始写作他的戏剧的时候；而且，因此，由于我们的舞台上的超现代的抒情技巧，《黎明》在现代戏剧中占有一席之地，因为它利用了那种充分表现出作者的奇异的神经组织的交叉线网的、诗和散文的混合形式。

凡是研究过他的作品的一切作家，都谈到维尔哈伦的反应的激情——无论对于过去，现在，或者将来。他的诗是为阅读而写的，因为他欢喜高声阅读；他有一种可以跟交响乐演奏相比拟的情绪。文字、图画、意象的画家有着一种特别归他所有的韵律——"一个匆忙着、冲挤着、奔跑着的人的，一个急躁的热情的人的旋律；现代人的旋律。"茨威格这样写着。

我已经充分提示过，我们应该把维尔哈伦当作一个现代发展的艺术家来测度他的活力。假使有人不愿意用"革命的"或者"过渡时期的"——我是将他算作两方面的——戏剧家的头衔来接受他，那么由于他的那种升华成为惊人的抒情口才的民主同情，人们至少能够承认他是一个戏剧家吧。《黎明》，作为艺术，跟他的艺术发展的每一步密切地相关联，那一种发展在最完满的含义上，正包括着对于比利时生活的理解。

在一本早期版本的《黎明》里，阿瑟·西蒙斯解释过他在翻译这本戏剧时所持的态度。他写道：

"从《黑色的火把》(Les Flambeaux Noirs)起，维尔哈伦先生的诗篇都是用的'自由诗体'，但是是一种比当代多数法国作家们的'自由诗'在旋律上更为稳当，在腔调上更有规则的诗。《黎明》是用散文和诗的混合形式写成的，那种形式在法国实在是一种非常新奇的实验。对于习惯了伊丽莎白时代戏剧的英国读者，没有什么能够比那样记录出说话人身上的情绪和庄严的起伏的一种变换显得更其自然的了。我非常严谨地翻译维尔哈伦先生的诗，而且极其确切地追随他的旋律。但是，大部分，我却用无韵代替了有韵。……我认为这是将维尔哈伦先生的诗译成英文的最好方法。……"

人物表

群众

集体：工人们，乞丐们，农民们，士兵们，妇女们，青年男女们，过客们，男孩们，老人们

杰克·赫仑宁，护民官

比尔·赫仑宁，杰克底父亲

克莱尔，杰克底妻子

乔治，杰克底儿子

海鲁，克莱尔底兄弟

荷尔顿，敌军队长，杰克·赫仑宁底信徒

老吉斯南，农民

小教堂牧师

一个军官

一个密探

一个吉普赛人

阿皮多美恩底大宪

牧人

乞丐班乐

村庄先知

城市先知

第一幕

景　一

〔一片空旷的广场,右方聚拢了一些从阿皮多美恩延展下来的道路;左方是些从平原升起的小径。成行的树木随着它们伸向极目处。敌军已经包围了这城镇。乡村着火了。巨大的熊熊的火光在远处;警钟狂鸣着。

〔乞丐群充塞着壕沟。其余的人群,站在沙石堆上面,测量着距离,彼此大喊。

乞丐们　——瞧呀,打这个土堆子上你们看,村庄都着火了。

——爬到树上去吧:我们看得更清楚。

〔一个乞丐揪住一课树。

——这样来!这样来!

乞丐们　(望着城镇)——火焰来得更亮更大了,向着城镇。

——火药厂爆炸起来了。(射击和炸裂底声音)港口的工厂烧起来了,还有码头,还有船坞。火油站点着了。船场和桅杆都烧黑了,朝天交叉起来!

乞丐们　(望着平原)——乡村是通红的,在平原上面。火已经攫住了赫仑宁底农场了:他们正在把家具向街心里抛,乱七八糟地。他们蒙着脑壳把牲口从牛栏里牵出来。他们正在搬出那躺在大床上的年老害病的父亲。

——现在轮到农民们来逃脱死亡底追逐了。

——呵！多么痛快的一次眼前报呵！他们把他们自己赶了出来，他们曾经赶过我们的。他们成群地挤在公路上。我们底一切诅咒都应验了，我们底一切唾骂，一切祈祷，和一切的愤怒！

——瞧那儿，牲口向着低洼飞奔，

雄马们竖立起来，把辔链挣成两段，

向猖獗的火炬嘶喷；

有一匹已经奔走了，他底后跟燃烧着，

死亡停歇在他底飞扬的鬃毛上，

他摇转着头颅，咬啮着

那啖嚼他底颈项的火焰；

你们大家瞧呀，看那些

用扬叉堆集着火焰的疯人吧。

——钟在风中狂鸣。教堂和塔楼倾倒。上帝自己也该有了恐怖。

——谁知道这场战争为什么没有给制止住呢？

——一切国王们都羡慕阿皮多美恩。他们想它想到地球底极处。

〔人们激动地拥上来，又混乱地向四方散去。有的停留着，大喊。

——农民们正把他们底家具和衣物堆在车辆上；他们正在向城镇走来；他们将打这儿经过。

乞丐群　——这是到阿皮多美恩去的时光呵。

——跟他们去吧。

乞丐班乐　——跟他们去吗？

那么，"你"算是什麽种呢？

既然你和我都成了反叛，流浪汉，

是的，你和我，我们大家，永远永远。

这些种田的有家有室的家伙，

不是曾用刺人的贫困折磨过我们,打击过我们吗?

他们,他们都是面包

而我们,我们只是如此饥饿呵,

以致那现在正吞噬着他们底

爆炸的仓库的尖厉的火焰

在我觉得就像是我们底牙齿

和我底凶狠的指甲底恶意的撕裂呵!

自从我来了又走了,又来了又走了,又来了,

被厄运给关在我所乞讨的大门外面,

我底双手曾传播他们所滋生的疾病,

我底双手曾挖掘过他们的死者,

曾偷盗过他们底死者,我底年老的双手,

曾窒闭他们底女儿,并且强奸了她们;

我憎恨他们像一个人憎恨

世界上最邪恶的东西;

现在至少要让他们给

他们自己的矛子和棒子刺住吧。

一个老人 刺住他们又有什么用处呢?他们再不会为非作歹了;他们比我们还要糟糕。

乞丐班乐 闭住你底嘴,你老得已经不再是一个人了。

〔又有几群人在阿皮多美恩大路上走过。一群工人出现了,他们中间一个对乞丐们说话。

工人 赫仑宁过去了吗?

一个乞丐 (对工人)牧人认识他。问他去吧。

工人 (对牧人)赫仑宁打这儿过去了吗?

牧人 (褴褛地)我正在等他。他去招拂他底父亲去了。我要再和他碰一次面。他小的时候,我诊治过他的。

工人 他一定会来的,我们一起来等他吧。

牧人　他是怎样离开城市的呢？他底敌人原会把他禁闭在那儿的。

工人　赫仑宁想怎么做便怎么做。他底父亲在村子里要死了，喊他去。

牧人　他想他会征服阿皮多美恩吗？

工人　他可不是人民底头目吗？

他是那种神奇而入圣的

活着的人物，在目前的时光底阴影以外，

他接触到了未来；

没有人比他辨明得更清楚

多少愚蠢混拌着多少智慧

等着导进新的明天；

他底明澈的著述在我们所思索的上面投下了一道光采。

在它那儿我们旁的一些凡俗者才学到

什么才是向善的道路

以及是什么一个时刻把人提高而为神。

牧人　你是城内那些爱戴他、拥护他的一个吧。

工人　我们几百人，我们几千人

崇拜他，并且追随他，

无论他到那儿去，即使到天涯海角。

　　〔这工人向前走去，守望着赫仑宁。更多的逃亡者，接着一群农夫拖曳在他们底车辆和手车后面。马匹负重上山去了。

老吉斯南　我们底牲口都累了，让它们吐口气吧。喂，你们那些讨饭的，那个万恶的赫仑宁打这儿走过么？

乞丐班乐　老吉斯南，闭嘴。

老吉斯南　闭嘴！闭嘴！为什么？怕哪个？赫仑宁难道是你们一起的？

乞丐班乐　老吉斯南，我们这里就是力量。我们在你来不及喊"杀人！"的时候，便能把你打倒下去。作算这几年几年以来，你们在你们底门前向我们投掷过猪也不吃的东西和厨房里的污水,那么我们,这几年几年以来,不也曾给你们以我们底彩头吗?我们是过去底决裂者,而现代是我们底。

（他威胁地走向老吉斯南）

一个农人　（跑上）老吉斯南,老吉斯南,你底农场"叮当田园"已经让火蔓延到"狼野"去了。

树燃烧看,在路上,

整个杉树林嘶喷着

呼喊着,大声嚎叫,

一切火焰高耸向上,

直冲云霄,

火焰咬啃着天空!

老吉斯南　嗯,再怎样呢?那和我又有什么相干?

让所有的平原和树林都烧光了吧,

让风,让空气,让天空燃烧吧,

让地球本身像泡沫一样破裂吧。

（变了腔调）

刚才这个讨饭的还说要杀我呢。

（对乞丐班乐说）

好吧,那么你来杀吧,放快一点!

这里是我底手,这里是我的两臂,我曾出卖了它们

为着一场冤枉的劳动;这里是我底固执的脑筋;

这是我底每个毛孔都枯干了的皮肤,

这里是我底背脊,这里是我穿的褴褛,

在如此悠长的岁月,如此悠长的岁月,

我到处流离的惨状!

我诚实地问我自己,我活着是为了什么?

我挖掘了一块为冰霜所收获的土地

我耕耘了厄运的田亩；

我底父亲一文钱一文钱囤积起来的，

他像一个守财奴似的挤榨出来，隐藏起来，埋在地窖里的一切，

都为我花光了，吃光了。

我哀告过我底儿子：他们却啃完了我；

他们又在这不事生产的城市被吞掉，

他们选中了一种好吃懒做的无耻的生涯；

茅舍和小镇都死了；

阿皮多美恩吮干了它们底精力，

阿皮多美恩抽尽了他们底血液；

而今，瞧呀

在每一亩地，在每一座院子里

正扬播着几种

水土，空气和阳光的疾症！

一个农人　你底忧伤正是我们底。我们是同样地糟糕。

老吉斯南　当我还只是一个小孩，我们吃播种酒，

土壤那时对人类和生角的畜生是亲切的，

苎麻开着花像幸福一般成长。

而今，而今人们恐惧着土地。

一定是什么已经被亵渎了，

那种神圣的暧昧的东西；

现在这是煤炭，一切所从属的煤灰，

一度曾埋没在掩盖一切的黑夜里的煤炭。

网状的铁轨，在平原上用

金色的信号显示着厄运，拥集着；

火车在田野牧放，刺钻着堤岸；

活的天空为直冲的煤烟所吞食；

草在流血，纯洁的香草和收获物

吃着硫磺底有毒的呼吸。就在目前
　　　铁,和铅,和火,可怕地胜利了,
　　　出现在人间;地狱本身
　　　也随着它们出现!
　　　　〔乞丐们后退,不再威胁。
一个乞丐　　可怜的人呵!
老吉斯南　　可怜的人!不!(把一个农夫拉过来,指着一座燃烧的围舍)你想是敌人向我底院子放的火吗?老实告诉你吧。(伸出手)就是这双手。我那"萤塘"旁边的树林呢?也是这双手。我底谷仓和稻草堆?还不是它们。不,不,老吉斯南不是一个可怜人。看得清楚的,就是他,或许就是他一人。我们并不崇敬我们底田亩;我们对缓慢而确实的东西失却耐性;我们杀灭了种子;我烤坏了他们,我们筹划,我们讨论,我们设计。而今土地不是一个妻子;它是一个被幽禁的女人了!
　　　而今看敌人怎样地毁灭它呵!
　　　那儿它曾被城镇所伤害,
　　　此刻它却被战争,被战争底火把,所焚烧了;
　　　那儿聪明人曾将它几乎榨干,
　　　此刻子弹又在射击它了。
　　　唉,唉,该它命断了!
　　　现在无需乎雨水和露珠了,
　　　在山头也无需乎雪,
　　　也不要太阳,也不要明澈甘美的月份。
　　　最好一下子
　　　就完结,把田野完结它。
一个农人　　真的,老吉斯南有点神志不清了。
另外一个　　诽谤土地是一种罪过。
另外一个　　我们不知道该相信什么了。

〔村庄先知上；他哼唱着，用姿势模仿火鸦底飞行。

先知　森林在飞翔，田亩在流奔，
　　　暴风雨向前伸出通红的手指
　　　向南北交叉着。
　　　这是"火鸦"底时辰。

　　　它们猛扑着房屋，它们横扫着栏栅，
　　　用狂烈的指甲和张扬的翅翼，
　　　用燃烧的羽毛它们装扮着
　　　四方的变幻的天空。

　　　如此疾速地它们从河岸和刺丛飞行着
　　　它们底永不复返的航程，
　　　它们像是火底使者
　　　环绕着整个世界。

　　　恐怖悄悄地陪伴着
　　　它们底沉默的飞行底神秘；
　　　它们底嘴壳是尖锐的撕扯着土地，
　　　野蛮地从我们底欢乐里撕掠着
　　　地球底心脏。

　　　我们所播的种子，我们还没有播完，便死了，
　　　稻草堆，带着它们底
　　　向落日飞翱的跳跃的火焰，
　　　在高高上转着它们的烟雾里，好像是
　　　疯狂的流血的马匹飞奔着。

这是预言过的时刻。

嘀,钟!嘀,钟!钟已经敲打了;

为收获底死亡,和一切底死亡,敲打吧。

这是预言过的时刻。

嘀,丧钟!嘀,丧钟!丧钟已经敲打了;

为世界底葬仪来敲打丧钟吧。

老吉斯南　哦,他是对了的,这个先知,这个疯子,他,我们大家作弄过他,我自己也作弄他,我从来没有懂得他。哦,可怕的火光就在那儿了。(他指着天边)但是他老早就知道。而我们在那儿,大伙儿,怀着一个古老的希望,古老的幻想,把我们底常识底可怜的小棒儿塞阻在命运底可怕的轮轴中间呀。

　　〔一队乡村少年,农地苦力,工人,管马妇,乞丐,把比尔·赫仑宁抬在行床上面,向前走来。一个牧师伴着他们。垂死者对他们示意,说他太痛苦,叫他们一定得停下来。

杰克·赫仑宁　这里吧,我底朋友们。把他轻轻放下来。(帮着那些抬的人,然后,仿佛自语)可怜的老人,可怜的老人!他不能像他底父亲那样死在自己底床上了!哦,这些战争,这些战争,必须拿金刚石般的憎恨来憎恨它们才好。

比尔·赫仑宁　赫仑宁,赫仑宁!

杰克·赫仑宁　我在这里,爸爸,在你身旁,在你底手和眼睛旁边;在你身旁,像从前一样,像妈妈在的时候一样,那么近,我能够听见你的心跳呢。你看得见我吗?你听得见我吗?你可觉得这就是我吗,我可不是永远爱你吗?

比尔·赫仑宁　(呼吸沉重)这时分,要完了。你不能够把我搬到你们阿皮多美恩的家里去了。我很快乐,因为平原在我底周围。我请求你一件事,你别拦阻那老牧师到我这里来。

杰克·赫仑宁　爸爸,随你什么愿望,都会被服从。要我走开些吗?

比尔·赫仑宁　我要一个人来忏悔。

〔赫仑宁走开。牧师走近。老吉斯南胆怯地招呼着护民官。在举行忏悔仪式时,他对他说话。

老吉斯南　赫仑宁先生,我看你永远是贤明的。我从前却不这么想。你治理阿皮多美恩,我们在乡间常谈到你。我底儿子们拥护你。也许他们是对的。可是,告诉我吧,乡村既然完了,我们再怎么活呢?我们到哪儿找一个角落去撒种子,长谷子呢?我们到哪儿找一亩没有为烟尘和壕沟和毒品和战争所伤害的土地呢?告诉我,告诉我吧!

〔赫仑宁继续沉默。他底全部注意力集中在他底父亲身上。当老吉斯南说完了话,他只轻轻耸一耸肩膀。

牧人　(他已慢慢走近赫仑宁)杰克,你还记得我吗?

杰克·赫仑宁　什么?你还活着,老牧人?(激动地拥抱他)

牧人　我这些年来走得很远;我见过新奇而神异的国家。一个人像这样流浪,一天一天,一片荒地一片荒地,回来却赶上给人送终呵!

比尔·赫仑宁　我向我所冒犯的一切人士请求宽恕。

牧师　不要焦躁,你是一个基督教徒,你会得救的。(牧师为他赦罪)

杰克·赫仑宁　(引着牧人走向垂死者)爸爸,这是牧人;你和他很熟,"叮当田园"底牧人,你底最老的仆人和朋友。

比尔·赫仑宁　(长久地望着牧人,而后突然认出了他,便抓住他底手臂,把他拉近身边。用一种几乎是坚定的声音)当我死了,牧人呵,把所有旧种子都毁掉吧。它们充满了邪恶的微菌;他们腐烂了;它们长了霉。土地底配偶决不会是它们。你到过每一个地方,你得在我底土地上,在我底田亩上,播下新种子;你在大地底处女土上所见过而且觉得优秀的活种子,新鲜种子,好种子。(稍停,牧人低头跪下。乞丐们和抬床的人们同样跪下)现在把我转向太阳去吧。

〔他被遵从了;而在西方,太阳快落下了,燃烧的村庄照明着乡野,热气传近了垂死者。

344

一个农人　（指着比尔·赫仑宁）火影掠过了他底脸。

另一个　他转身向着火了。

另一个　（对比尔·赫仑宁周围的人们）小心点,小心点,不要让他看到火。

另一个　把他转到右边去。

另一个　这样来,这样来,向右边,向右边。

　　　　〔但是老人抓住行床,抬起自己,他底脸朝向落日和大火。

另一个　可怜的人！假使他明白了！

比尔·赫仑宁　（用一种几乎听不见的声调）杰克·赫仑宁,到我这边来,靠拢一点。让我用手指摸着你去死（他抚爱着他）,用眼睛那么望着世界上我的最爱的一切去死吧。我曾狂热地爱过你;我从来没拒绝过你;我几乎是感激你所给予我的愁苦;而且,我一面爱着你,我也爱过土地。我曾和太阳生活过,像和上帝一样;它是可见的万物之主,如果我死在黑夜里,死在没有太阳的时候,这会是一种刑罚啊。幸而它就在我面前了,我向它伸出我底双臂来,（他抬起自己向着大火）我再也不能看到它了,但我仍然觉受到这种美好的制人的光采。

杰克·赫仑宁　（喃喃）爸爸,爸爸！（不知道是他想点化他底父亲,还是在这些话语中间看到一种突然的真谛。）

比尔·赫仑宁　我觉受到它,我爱它,我懂得;就是从那儿,目前唯一可能的春潮一定会来临！

　　　　〔他跌倒,死去;杰克·赫仑宁拥抱着他底父亲,用嘴唇压在他底嘴巴上,仿佛他要收集那种永远离开他的最初的真理。

杰克·赫仑宁　他可知道他所说的吗？"目前唯一可能的春潮！"

　　　　〔慢慢地赫仑宁从幻想中恢复过来。乞丐们,农人们,和工人们围住他。牧人拿着他底手,把他拉拢。抬夫们抬起尸体向前走去。这时一队妇人和小孩子从城里走来,转到高路上的广场上。为老人们所率领。

一个老人 （停留下来,指着比尔·赫仑宁）一个死人！赫仑宁跟着
  柩车！

另一个 这群人呢？

另一个 这是从乡里向阿皮多美恩拥挤的。

另一个 你想他们到那儿会被欢迎么？（他喊）赫仑宁！赫仑宁！

赫仑宁 谁喊我呀？

老人 阿皮多美恩已经关了城门,它不会让乡野给它送来这些流浪汉
  和死人！

赫仑宁 我正回家去呢；我失掉了父亲；我希望亲自埋葬他,使他免于
  掠夺和亵渎。

老人 他们会把你们用子弹赶回来,他们正驱逐着一切对于防御工作
  没有帮助的人们。

另一个老人 他们正炸毁着桥梁。要塞上林立着军队。

另一个 城市不再认识它所赶出来的人了。没有人会认得你。

另一个 走这条路,简直是发疯。

另一个 这是冒生命的危险。

另一个 （恳求地）跟我们一起吧,在我们中间。你会拯救我们。

赫仑宁 我向你们赌个咒,我要进阿皮多美恩去。如果你们不信,跟
  我一路去吧。

一个老人 我们不能够。

一个农人 还是死在自己家里好。

  〔乞丐们,老人们,和几个农人们留下。其余的人跟着赫仑
  宁。送葬的行列缓缓消失。

一个老人 在这郁雷时刻,只有赫仑宁还是一个坚毅的人物。说不定
  结果他们会欢迎他的。

另一个 至于那些跟着他的人,他们都会被杀掉。

另一个 （转身向着乡村）瞧那儿；敌人利用一切作战。他包围它们,
  编整它们,主宰它们,推进它们。

另一个　　乡村一旦死亡,他们就会来毁灭城市了。

一个城市老人　　(比其余的人更老)哦,这些城市!这些城市!

　　　　它们底喧哗,它们底怒吼

　　　　它们底狂愤,它们底

　　　　鄙视人类友爱的态度;

　　　　哦这些城市!他们对于上天的激愤,

　　　　它们底最可怕的,最兽性的,行为,

　　　　它们底囤积古老罪恶的市场,

　　　　它们底邪恶的商店,

　　　　里面编织着一切污秽的欲望

　　　　成为金葡萄般的络结,

　　　　如同,在古时,带花的胸脯底花束

　　　　装扎着娣雅娜底女仆们底雪白的肉体;

　　　　这些城市呵!青春感在它们身上已经枯萎;

　　　　英雄气概在它们身上已经干涸;

　　　　正义感,如同废物,从它们身上被扔掉。

　　　　哦这些城市!这些城市!

　　　　把它们自己展示得像成堆的腐朽,

　　　　像柔弱的或者激动的软体类

　　　　它们底嘴巴和吸管等着吮吸

　　　　全世界上高贵的血液!

一个农人　　(对老人们)没有你们城里人,我们底收成总是丰盛的,我们底仓房总充溢着谷物!没有你们,我们仍会强壮,健康而安宁;没有你们,我们底女儿不会做妓女,我们底儿子不会去当兵。你们用你们底念头和你们底罪恶玷污了我们,是你们纵放战争到我们身上来。

城里人　　(对农民们)我们应该抱怨的就是你们。你们为什么啸聚在一起,那么众多,又那么贪馋呢?你们从田里向我们赶来,和我们做生意，从我们这里偷窃，而且带着如此固执的头脑，如此狭隘，如此毒辣，又如此凶狠的灵魂，以致你们简直和土匪不能分辨。你们在我们底所有柜台后面置下了恶意和盗心。你们慢慢地拥塞着全世界的写字台。如果时代带着挑唆而谄媚的笔杆底大噪音磨着牙齿，那么愿意一直抄写到死的，便是你们这些无数万的手。

乡里人　你们需要过我们。你们贪求过我们底田野。

城里人　你们是愚笨揉成的面团，废弃番号的队伍。你们是印子钱，放荡，和懒惰底原因。没有你们，城市仍然会生气勃勃，光采焕发，勇敢无畏。没有你们，惊奇，活力，英勇又会回来。没有你们，睡眠不会麻醉生命，死亡也不会用血水浸湿空间。

一个老人　唉，我说，你们觉得敌人这时会老是叉手等着，直到你们解决争端吗？如果我们底城市毁灭了，那时我们当然可以把它缠裹在一件用几世纪来挥霍在它身上的一切废话，一切无谓的讨论，一切唠叨和雄辩所缝纫出来的尸衣里面。现在说话的，就是罪人。

另一个　一切都对阿皮多美恩存着阴谋。有一千种原因来毁灭它，正如有一千条毛虫来攻击一具尸体。幸而，远远的，在天边，永远有一个基督。

另一个　昨天最严重的暴动恐吓着城市。人民到坟场上去避难，那儿可以望见破旧的住屋。墓碑当作堡垒用。他们起冲突了。总督底兵士包围了它，把它切断了。

一个农人　那么，阿皮多美恩是被围了。

一个老人　像他们攻打罗马一样，众人找到了一个阿楚丁。[2]

又一个　哦，做一名下流种子，是何等可耻啊。

它底吹擂的胡行

震惊了全球的理性。

现在这半空滚雷的时刻，

它终于不从一般力量去寻求力量,
它竟分散,扩张,而消失了。
我说,就不再有一道不动摇的光吗,
就不再有物底公理吗?
就不再有一只强有力的手在我们一起
来鞭策我们这意志薄弱的流荡的一群吗?
我说,就再没有一个好汉吗?

　　(乡村先知从不停止地来去飘荡,现在又预言了)

先知　要来的时刻终于来了,
　　那时城市,一切眼睛底镜子,
　　曾照射过世界底眼睛的奇异的镜子,
　　散撒着它所记忆的光荣。

　　阿皮多美恩!
　　连带你底码头,圆柱,桥梁,凯旋拱门,
　　忍着你底骄傲,看一看
　　全地平线的行列吧!

　　阿皮多美恩!
　　连带你底高塔,牌坊,钟楼,宽而远地,
　　在血火中看一看写在你底城墙上的
　　葬仪底记号和印痕吧。

　　阿皮多美恩!现在是
　　一切稳当的事物都要倾塌成为泥沙的时刻,
　　除非刻不容缓地
　　就在今天
　　有一个强有力的人物伸出他底手来!

一个老人啊,无论他是谁,我们将怎样对他欢呼啊,我们该是怎样抢先
　　对他鞠躬啊!
先知　我们所等待的那个人
　　一定如此伟大
　　以致你们大家必须向他起立,
　　如果你们知道一定是他的话。
一个老人　他还没有出世罢。
另一个　没有人猜得着他。
另一个　没有人能够宣布他。
另一个　是杰克·赫仑宁吧?
另一个　杰克·赫仑宁吗?他疯了!

景　二

〔幕启,一队骑兵把守着阿皮多美恩底城门。兵士们正在掘毁着河面的桥梁。哨兵在山坡上和城寨上巡逻。一位将军,手里拿着望远镜,查看着天涯。他盯视着正在进行的一切,同时一个传令兵跑上,呈递一角命令给骑兵军官。

军　官　(读着)"除护民官杰克·赫仑宁外,任何人不得擅自入城,尤应使渠[3]明瞭渠本人所受之优待,然形式上渠应予以阻挡。(印鉴)

阿皮多美恩总督"

〔赫仑宁在大路上出现,后面跟着褴褛的人群,妇女们,工人们,农人们,和老人们。发觉入口很难时,他便只身走向军官。
赫仑宁　我这个人你们一定知道的。阿皮多美恩是我所从生长,受难,和为我底理想奋斗的城市,那理想是一个人所能怀抱的最伟

大的一种。我爱过阿皮多美恩,当她显得不可征服的时候。今天我希望在那些为她而死的人们中间有个位置。而且为了一切在这里的人们,在路上我所遇到的人们,我作同样的希望。是我喊他们跟我来的。我已经将流向懦怯的潮流,扭向勇敢。

军官　我知道你是谁,但是我不能擅改我所接到的命令。

赫仑宁　什么命令呢?

军官　守住这道关口。(他指着城门)

赫仑宁　那么一定是,这个阿皮多美恩,

在这雄伟的时刻

当大山的忧伤和恐怖压倒它底骄傲,

竟用可怜而渺小的几个字的命令

把那些给它以

他们底血,他们底心

和他们全部爱情底

最猛烈的火焰的人们

关在城门外面!

我,常常在夜间,在港口,

看见海

汹涌着而又播扬着

凶狠而狂放的宇宙,

在它身上;

我爱她,无论她是邪恶或者善良的,

我如此稀奇地爱,又如此盲目地爱,

以致我是一个儿子似的,又像爱人一样热情,

我必须从她出发,像一头被追的野兽!

一道命令!但它是那种毁灭一个民族的命令。当伤心至极,你算得清那些保卫者们底数目吗?你拆得散那些为共同的危机所联合起来的人们吗?我坚持你必须让路给大家。

军官　不可能。

〔赫仑宁走近他底父亲底遗体,揭开他的头部和肩膀。

赫仑宁　二十年来这个人在那里当一个兵；

他在全球上服务过你们底领袖,

他曾在两极,在沙漠里,在海上作过战；

他曾三次往返欧罗巴

在激动的旌旗和金色的鹰隼和伟大的光辉底

暴风雨般的云烟里！

你是对他关起阿皮多美恩底城门吗？

军官　对那些跟你一起的人们。

赫仑宁　那么请你明白,我是借重最明澈、最简单和最确定的法律底名义,以一个人底身份向你底光荣请求。几天以内,这片平原将会成为残垣、废墟和血。你只说一句话,我们全体生命,我们大家对它都有一份权利,就可得救了。人给人以帮助,你拿着武器,首先你得给我们以帮助。这种责任可能抹煞其余的一切。从前有个时期,连军队和口令这些名称都不被人知道呢。

军官　解散,解散。

赫仑宁　（望着跟随他的广大的人群,瞄了瞄兵士底人数,然后走向他底亡父）我请求亡人底宽恕,为着用血亵渎了葬仪。（这时将军在高高的哨岗上看到这个场面,便走向军官）

赫仑宁　（对群众）我已用尽一切方法,现在只有最后一招了。你们大家都知道的。我们有一千人,而这些,只少许几个。（指着兵士）他们中间有的有父亲和孩子在你们里面。他们是我们底人；他们会让我们过去的。让女人先走；他们不会对她们开枪。

（单身上前,同时群众整齐排队。对兵士说）

统率你们的人,叫你们去犯罪。叛逆他吧。权利是你们底。

〔将军已经到了军官身旁,在呵斥他。"糊涂"和"愚蠢"的骂声可闻。将军迅速走向赫仑宁,向他敬礼。

将军　杰克·赫仑宁,请进阿皮多美恩吧。总督欢迎你。

赫仑宁　到底还是这样!我原知道你们需要我。我到你们中间来是为了于你们有益。(指着群众)这些人都跟我来;老人,孩子,女人,他们必须回家,他们都会有点用处。而你,我底父亲呵,我将让你安息在我底两个孩子已经安眠的墓园里。

〔将军没有反对。列队展开。杰克·赫仑宁和几个工人进了城,一当他们刚走过去时,突然军官发令,列队合拢。比尔·赫仑宁底遗体,脚夫们,老人们,农人们,女人们和孩子被抛在后面。又赶来几营人帮助守军。杰克·赫仑宁大愕,折身转走。听见他在喊:"懦怯","阴谋","无耻"。但喧闹掩盖了他底声音。他暴怒冲进城。而鼓噪的人群被赶回了平原。

——第一幕完——

第二幕

景 一

〔赫仑宁底家,门向右;普通陈设;火炉靠后。东西零乱摆着。桌子上是正在缝补的衣服,孩子们底玩具,成堆的书籍放在椅子上。克莱尔,赫仑宁底妻子,燃着了灯。她等待着,突然街上传来一阵欢呼。赫仑宁进,他长久地拥抱着他底妻子。

赫仑宁　我们已经把我底父亲葬在小东西们底左边,那株望得见我们底坟场的常绿树下面。他将在那儿安息,像他在村庄里一样;他底遗体将跟那些他所钟爱的草木们底原始生命融化在一起了。

克莱尔　他们盯了你的梢吗?

〔这一幕中的赫仑宁换去黑服,改着室内装束,家庭气象。

赫仑宁　我不知道。我们一起只有几个人。回来的路上,我们经过了人群;报贩喊着"民议厅"[4]底新闻。每人抢着买报看。有的带着火把唱歌。沿着大街小巷,房屋都打开着,为炸弹所撕毁,所洞穿。垃圾遍地都是。没有一盏汽灯燃着。在"国府"附近一个码头工人喊我底名字:就是这。当他们允许我把父亲搬进阿皮多美恩的时候——经过了天晓得的一些困难——我答应过不要多的人去送葬的。我遵守了我底诺言。(看见一卷钞票在写字桌上)这是什么?

克莱尔　他们把账上的剩款送来了。(从口袋里掏出一张条子)你瞧。你最近一本书已经到处被人阅读。

赫仑宁　(望着信)他们一定会读我,讨论我的;他们一定渴求我底正义!(他把信放在桌上,打开窗。走近克莱尔)我想到你们的,在那次简单而草率的葬礼里。我愿意感觉到你们在我旁边,当棺材沉入泥土的时候!我底心是如此痛楚,如此充满着邃藏的温情,如此封闭在我自己里面啊,为什么我没有把你底手放在我底手里,来记载我一半的哀痛呵!(他拿着她底手)你真是我底可爱而果敢的人。你知道我,你懂得我,只有在你面前我才敢无愧地显出我底本色:一个可怜的人,少有宁静,充满热烈的骄傲和温情,我越爱得凶,便越是跋扈。孩子在哪儿?

克莱尔　(指着右边房间)在房子里,睡了。

赫仑宁　我常常把我底父亲驱向绝望!我底常有的执拗是如此狂野,致使他常常打我,我在他底鞭笞下嚎哭,尖叫,依然纵性地向他大喊。而今假使我底孩子要是惹烦了我,我会把他绞死的。(一个炮弹在房屋不远处爆炸。赫仑宁和克莱尔冲向窗口,群众鼓掌欢呼赫仑宁)现在,这是爱底最好的时光。没有什么像这些危难和警报能把人们聚集在一起。我似乎看到我们相爱的最初几个月的你了;我觉得你甚至更美丽;我给你以我底爱,永远那样诚恳,那么热烈,那么绝对啊。

克莱尔　我也爱你,服侍你以我全部的灵魂。

赫仑宁　这场葬仪(在它里面,我底某一部分已经消逝了?我不知道是什么,总归是我底一部分,我底童年罢)把我从我底烧燃的生存撕开,贡献给一切,为一切所擒执,又被抛掷得远远,离开了你,离开了我们,全阿皮多美恩的一切。我仿佛觉得又在村庄里,在幻想的平原底荒地上;搜行着,在夜间,在荆棘丛里,或者跨着野马,在我父亲的田野里。我记起牧人们、仆人们和女佣们。我记起上学去的路,到教堂去的路,和教堂的彻响的钟声。我是那样悲哀又那样欢喜；我希望再看到你们，你和孩子。（把手臂环抱着孩子）现在，让我看看你底眼睛，你底白皙而甘美的眼睛，它们比别的什么更爱我，它们是世界上最美的光。（把脸俯向克莱尔）它们可不是忠实，温柔，和蔼而闪亮吗？我可不是愚蠢到常常使它们哭泣吗？

克莱尔　你底话超越了你底思想。

赫仑宁　啊！我不是一个爱得懦怯的人。而你，你仍然爱我，虽然你知道我底可怕的生涯，我底真实的性命，我活在这人间的真正的理由。

克莱尔　（微嗔）你老是对我说这些话。

赫仑宁　我愿意对你再说到这些；我要狂暴，使你厌倦，因为永远同你真诚正是我底热情。如果我必须对你隐藏些什么，那么你便不再是我底妻子了。我宁愿看见你哭，却不肯对你撒谎。

克莱尔　如果不是你这样，我也不会爱你了。

赫仑宁　而且还有，你很知道我爱夸张；你知道，真的，当我在我底生命里只给你那么小一块地方时，我是欺骗了我自己和你了。

克莱尔　呵！随你是什么，施刑者或者暴君，那又有什么关系？你属于我，你和我们底孩子，属于我全部的爱情。

赫仑宁　哦，你真是我底妻子！

当一个六月的夜晚，

离现在已很久了，你温柔地给我以你底灵魂，

我不是曾发誓说过我底嘴唇

将决不会吻触

另外一个人底嘴唇，

另外一个人底胸脯的吗？

你是一切湖沼和雾霭底花朵，

它是我底奋勇的手从

我底憔悴的乡村抢摘出来的，

又栽在阿皮多美恩底心脏里;
在你底赤裸的眼睛里,
我看见而且崇拜那土壤,那河流和那田野。
我们不再会继续,手牵手,心贴心地,
消失在使我们变得自由的爱情里,
那么亲爱,宽恕,狂喜吗,
当那毫不餍足的日子吞噬了
我们底命运容许我们生活的时光?
死亡像一团火,使我们打转转,
夜是一个陷阱,而黄昏是一场祸灾;
看哪,在麻木的天空,
星群嘶叫而消失,
火热的灰烬倒坍了!

　　〔赫仑宁底孩子进来拥抱他底父亲,这父亲几乎没有注意到而且好像忘记了他。群众鼓噪而过,赫仑宁冲向窗口。叫声可闻:"交易所着火了!""军火库着火了!""港口着火了!"火焰底反射照明了房间。

赫仑宁　要是真的完结了阿皮多美恩,怎样得了呵?
要是这些烟火从它们底山巅耗尽了
牺牲底冒烟的血呵?
阿皮多美恩
已经按着条文收集了,并且在法典里批准了
曾是一种隐藏的罪恶,一种狡诈的谋杀,
违反真正正义和真正善良的骗局和偷窃的一切。
现在它骄夸着,而且满足于它底罪过,
泥醉到去啜饮那些
满满淤塞着阴沟的渣滓,
一切昏暗的罪恶,一切污浊的欲望,

悬挂在它腰带上,日日夜夜地,
吮干它底乳房,像饥饿的狼群。
假使此刻这些宫殿,这些亭榭,
假使这些光辉的军火库,假使这些幽晦的庙宇,倒坍了,
倾圮到可耻的尘土里,
这世界将欢呼地看到红色火星飞翔,
乘风迎接未来呵。
但是城市本身应该有了一个结局,
作为未来事物底灵魂,
这一些应该在火焰底波浪下面沉没;
而她依然紧攫在手中的
我们底束紧在一起的一缕命运
在暴乱的纤手中破灭了,
现在就破灭,在死亡面前破灭;
她曾打开它底大门的
明日之花园
将随霹雳而荒废,
将为腐朽所阻塞;
说这些话的:决不是疯癫呵。
阿皮多美恩,带着她全部的幸福的希望
带着她底一切在夜间奏凯的烽火,
一定要站起来,一定要挺直站起来,
只要有任何人们,他们底信仰如同我底信仰,
在他们身上有血可流,使信仰在他们
身上结出果实,
而且使盲目和贪婪的世界终于
顺从新的群神底意志!
克莱尔　哦!我们将要忍受的恐怖和忧愁呵!

赫仑宁　无论它们怎样，我禁止你抱怨它们。我们正生活在恐怖底，巨痛，新生底庞大的日子里。未知者成了主宰。人们狂烈地滚动着头颅，来摇撼时代底一切错误底重压。乌托邦放弃了它底翅翼，在地面生了根。包围我们的那一批人，证明了这一点。

克莱尔　早上你得到敌军底什么消息么？

赫仑宁　还没有；不过荷尔顿队长昨天所预告的，几星期来给我以很大的火力。这个队长是实现一切不可能的事物的那种人。想想看！他和我，把这场战争制止住，就在这块儿，在那些被遣散的无能为力的将领们面前！完成外军和我军之间的协调！竭尽一个人底全部力量，一个人底信仰底全部精力，为着那个崇高的目的！多么壮丽的一个梦呵！

克莱尔　（微讽地）怎样一个妄想呵！

赫仑宁　我们决不应该拒弃一个希望，当它正张开这样的羽翅。今天还是不可能的一切，明天将被完成为事实的。荷尔顿那样信赖一些朦胧的预兆，一种深沉的被抑压的不满，秘密的了解和联络。军队都不肯打仗；他们已精疲力竭了；他们解体了。正义观念已到处在传播着。普遍谈论着妥协；火星已放进了炉灶。我正等着吹燃木头和草杆的风息。

　　　〔赫仑宁倾听着街上的低语，有人敲门，阿皮多美恩底大宪进。

大宪　杰克·赫仑宁，我以阿皮多美恩总督底名义到你这儿来，请你完成一件伟大的任务。我们底思想即使相去甚远，但是我们之间有种必然的谅解，就是如何拯救这座城。我仿佛在对民族底未来的领袖谈话，虽然我们用不同的方式爱这民族，我们两方却都爱得热诚。

赫仑宁　客套是无用的。我请问你来此有何贵干？你希望我做什么？

　　　（他示意大宪入座）

大宪　那边，在坟场附近，你底朋友们底情势非常危险。他们简直再也不堪一击了；昨天总督府很想把他们编整起来；但是他们看来却很众多，年轻，执拗；保卫阿皮多美恩正需要他们。直到现在，他们并没有叛变；他们却不满政府，不肯打了；情况就是这样。明天，当他们看到蔓延到那儿去了的大火时，或许他们将会轮流地成为纵火者。仇恨劝告着愚蠢，而且如果他们屠杀起来，掠夺起来，那倒不一定是万物底结局，但却是一个羞耻的结局呵。

赫仑宁　我诅咒战争。这场同一土地上的人们之间的战争比其他任何什么更使我害怕。你们，在阿皮多美恩，曾登天入地地把它搞起来。你们培养了人民底悲惨；你们拒绝他们以面包，正义，尊严；你们在肉体上和思想上独裁他们；你们利用过他们底无知，一如利用你们底贰心，你们底狡猾，你们底谎言，你们底嘲讽，和你们底轻视。你们是不值一文的，应该遭受责罚。

大宪　我曾相信你会有一个更公正、更明哲和更高超的判断。

赫仑宁　我在你面前思想和判断，就像我在敌人面前思想和判断一样。我憎恨，但又怜悯你们。

大宪　（起身）这说得有些过火吧。

赫仑宁　这是激情和坦白。

大宪　这太不公平了。

赫仑宁　听我说吧，如果我开始把城市的愤怒和乡村的恐怖告诉你，请问我几时说得完呢？

我底记性是忠实的：它被武装以

那些像镰刀一样深深割人的记忆。

它记载着你们和你们底附属者们所干的谋杀。

它知道你们所负荷的灵魂，而且它不相信你们

是诚实，忠贞，公正，

或是，没有邪恶，精沛力强。

但是我自己却忘记这样指导你们，

因为明晓得你们又会去

编织你们底机诈的蛛网。

狡计在你们全体看来

是一件圣物：它把握你们，追逐你们，束缚你们在

一种巨大的致命的收括里面。

大宪　那么你是没有信心了？

赫仑宁　没有。

大宪　好，我告辞。（大宪起身欲去）

赫仑宁　我正等……（大宪踌躇，走两步，又改变计划）

大宪　我说，让我们言过其实，真是愚蠢。阿皮多美恩单独就可以占住我们的。

赫仑宁　当我接见你，我并不曾有过其他念头。

大宪　一个像你这样精明强悍的人，会比任何人更知道，我们曾怎样宣扬过阿皮多美恩底声名和影响。

它底历史是它底总督们底和

大宪们底历史，他们，在火焰般金黄的天空下，

横过点燃了血液的赤红的土壤，

直到世界极端，

以他们的磁力的手率领过它底军队。

我们底辛苦，在这些时代里，是繁多而且有效的。

人民和它底领袖们两者成为

战场上的对手。而那些，

在那边，威胁着又包围着我们的人们

却领悟这是怎样一种通红的胜利的飘扬呵，

当那一度，我们底永不满足的旌旗

在雪的原野迎风招展。

阿皮多美恩在一切眼睛里是华美的，

阿皮多美恩比海和土地和风和大阳对它所持的记忆更其浩大：

罪行，和战争底高贵史迹，分享了它底光荣；

你却只看到，你却只说到，它底罪行呵。

赫仑宁　你们底光荣已经完了，它已屈就尘埃里了；

用它底明显的剑它自己屠杀了真理；

而今另外一种光荣产生了，

另外一种在我底心胸里升起，

完整、强壮而无瑕。

而这种光荣却是崭新的深切的正义、含蓄的英雄主义、热诚的韧性、必需而短暂的暴力所组合起来的。它并不比你们底更堂皇，但比你们底更确实。全世界正等待着它。我们两个人，你以恐怖而我以情热，感到它是不可避免，而且一触即发了。这就是你为什么到我这里来的缘故；这就是为什么我敢轻率地对待你，一如你们已经被征服了。随你们高兴怎样吧，你和你们这些特权阶级，你们此刻是得听从我底同意和拒绝了。

大宪　你错了……

赫仑宁　不！像我一样，你深知道，没有我底帮助，你们是一筹莫展的。在我手里，我掌握了阿皮多美恩底全部深邃的道德力量。

大宪　你忘记一个帝国底沦亡意味着什么。一切古老的影响，历代一切风俗，支持着它。而且和我们一起，还有军队。

赫仑宁　军队？不如说，将领吧；兵士们是动摇着，而且在抗议呢。他们即刻就会参加到人民里去。他们是我底希望，你底恐惧。如果他们真都服从你，如果你真不怕一次大规模的起义，人民和士兵一块儿，你们早会炮轰"民议厅"了。（稍停）嗯，你来要求我，是不是，到那儿山上去，在坟丛里，去诱骗那些被压迫的人们到这些曾奴役过他们的人们中间来。哦！我蛮清楚我底使命底全部危险！

大宪　你弄错了。总督府请你去宣布危机已经大得超过一切仇恨的时刻到了。谁信赖阿皮多美恩，谁就是英雄。我们底民族有着复生底潜在的可能性。

赫仑宁　如果他们从那里下来了,将怎样对待他们呢?

大宪　兵士们各归原队,其余的人可以回家去。如果由于他们流离而贫乏起来,我们负责救济。至于其他,任你愿意,我们都答应:你是忠诚的。我们信任你。

赫仑宁　你肯签字负责吗?

大宪　已经签了。(递给他一份文件)你看看吧。(赫仑宁匆匆阅过,显得满意)

赫仑宁　重复一句话。当我那次带来些乡村的农人、城市的老人和流浪汉,为什么又把他们逼开城墙,驱向敌人呢?

大宪　那原是一桩错误。先该遵照你底意思的。

赫仑宁　是谁答应我把我底父亲葬在他底亲人一起?

大宪　是我本人。

赫仑宁　那么去吧,对总督说我愿到"民议厅"去。

　　　　〔赫仑宁走向窗口,对仍站在街头的人们大喊:"让那个从我家里出来的人过去,不要讲闲话,他已经完成了他底任务……今天夜里,到坟场那边去!"

景　二

　　　　〔在"民议厅"(高处的坟场)。人民聚集着。海鲁占据着讲台:一个高过其余的坟头。成堆兵器林立在小坟园里。十字架、小栋梁、石基和圆柱从花丛间出现。周围的城墙上有武装工人站着岗。夜来了。火燃烧着。

海鲁　那么我来下总结,像我昨天所总结的:在一次革命里,根本要打击某些人所代表的那些幻想。根本要慢慢前进,不能迷惑,要达到眼前的目的。冷静地,我们每个人要选择他底牺牲者。谁也不能躺下休息,当阿皮多美恩底三个总督和两个大宪还没死的时候。恐怖工作才能带来安全工作。

群众　——为什么要宣布应该保守秘密的一切呢？

　　　　——每个人是他自己的刀子底主人。

　　　　——不要讲了！

海鲁　敌人烧了教堂、银行、国会。国务院和总督府还留着。让我们去毁掉它们吧。让我们夜间一队队下去，到阿皮多美恩去。

一个人　不行，"民议厅"被围了。

海鲁　总有人能够被买通的。

群众　——这些屠杀有什么用处呢？

　　　　——一个头子死了，另外一个又来代替他的。

　　　　——我们应该征服整个群众。

海鲁　如果你要降服野兽，必须割掉它底头。那一回，在阿皮多美恩，当我们自己中间酝酿抗议的时候，谁会梦想到妥协呢？那时我们常是钦佩那些横扫一切的人们。银行和戏院都给炸了，那些旧思想底可佩的刺客们无畏而不屈地死掉了；他们在法官面前是疯子，而在人民面前却是英雄。那是磊落的牺牲，悲剧的决定，迅速的执行的时代。生命的轻视，遍满宇宙。而今天，一切都松弛无力了：精力像一张放松了的弓。我们闪避，等待，争论，计算；你们却怕阿皮多美恩被征服了，虽然你们曾向它挑过战，当它底气焰高涨的时候。

群众　——我们倒爱它了，看见它被围起来。

　　　　——我们底妻子儿女们还在那儿呢。

　　　　——我们底斗争将会落空呵。

　　　　——让我们回阿皮多美恩去吧。

海鲁　当你们要什么，你们必须不顾一切地去要它。最后痛苦底时刻已经到来。我们底母亲们底忧愁和哭泣又有什么关系呢，如果，谢谢我们的苦难，新的生活被弄到手了？

一个人　（指着海鲁）他没有儿女呀！

海鲁　如果我有,我愿意为着未来而牺牲他们。

一个人　这是些空话呵;当真要干,那时你又会收拾起呢。

海鲁　在叛乱时期,我曾表白了我自己。

一个人　当他们屠杀人民的时候,你却躲藏起来了。

海鲁　如果我有众人底一千只手臂,我愿意单独行动,我会瞧不起你们。……

　　　〔嘘声和骚动:海鲁被弄下台。

群众中一组　——另一个不再作弄我们的人来了。

　　——他太卑鄙,懦怯。

另一组　——我们厌弃他,现在我们更了解我们自己了。

　　——我们不知道我们需要什么,我们一起都要。

　　——如果我们不干点什么出来,我们便失败了。

　　——让我们回阿皮多美恩去吧。

　　　〔骚乱静止下来,勒步里上台。

勒步里　海鲁无谓地让自己迷惑起来。他骂我们缺乏勇气。我们出现在这山头,不就足以证明我们底英勇吗?任何时候,我们都可能被攻击,被切得粉碎。

海鲁　小心点;你会吓倒他们的。

勒步里　(耸肩,瞥视海鲁,继续讲话)在我们身上,在我们中间,我们决不可耗尽那种只有去攻打阿皮多美恩才有的仇恨。我们到这里,还不到一星期,而分裂、嫉妒、怨尤、这个底迟疑,那个底愚蠢便淹没了我们底共同理解,虽然这是为天晓得的一些诺言所团结起来的!我却很愉快地给你带来了好消息。总督府授权给赫仑宁来和我们打商量,这里,在"民议厅"。(拿出一张文件)他底信给我带来这个告示。

群众　(从各方面)——赫仑宁看得清清楚楚。他才能克服我们底一切苦恼。

　　——他知道怎么办。

——他会使我们恢复正常状态。

一个反对者　我们一定要老是求他吗？

另一个反对者　我们像女人们一样地依赖他。

勒步里　你们这么说，简直是妖言惑众。

一个反对者　我们要打开它底眼睛，使它自己防御自己。

勒步里　群众爱戴赫仑宁。他们底热忱是无可置议的。

一个反对者　赫仑宁并不是一个神。为什么，在那个叛乱的晚上，他要离开阿皮多美恩呢？

勒步里　他底父亲要死呀。

一个反对者　他离开了，不过是开溜底幌子。赫仑宁给你钱，叫你拥护他。

勒步里　如果我得了他底钱，那么你早就得了我底钱了。你有一个渺小而卑下的灵魂，它不能理解一个比它更高尚的灵魂呵。（叫好）

一个人　让我们等候赫仑宁吧。

一个青年　我愿追随他，但是要是他出卖了我们，我要杀死他的。

勒步里　我为他负责，恰如你为自己负责一样。我们需要赫仑宁。我们信任他。瞧那边。（牧场进口处有一阵移动）他来了。只有他坚强得足以联合我们，拯救我们。

〔群众在边墙集合起来。长久的欢呼。赫仑宁迅速地走上坟头，讲话，并注视海鲁，他站在赫底面前。

赫仑宁　我终于和你们一起了！当我们分开时，你们和我只算活着一半。在先父去世的那个村庄里，我听说你们迁出到这个山上来了。我想起罗马时代，想起那种高尚民族底骄傲，决断，英勇，美丽。随时局怎么变化，这种耀眼而粗野的行动，将使你们伟大起来。你们已经证明了你们底联合的倔强，和个别的英勇。那些由于你们是要求者，而对你们兵士拒绝正当粮饷的、对你们市民拒绝完整正义的人们，今天已经彻底给击败了。你们所使用的手段，非常出色。但是还能继续是这样吗？

和阿皮多美恩来一场武装斗争，将是一场大难。它所以才一直给延迟到现在。直到现在，你们仍然在一段可佩的防线上团结在一起。在你们大家面前，我肯定地说，谢谢你们底明澈的共同情谊，你们已是骄傲地生活在一起。你们已经知道，未来决定于你们底态度。那是好的。（静默。一切的头低下）但是在不久这儿就要爆发的灾难和饥饿当中，这种联合能够支持长久吗？（普遍静默，海鲁耸肩，赫仑宁觉察已有议论。忽然改变口吻）我看，你们陷入可怕的窘境了。从这个死亡的山头，当然，你控制了你们所痛恨的人，但是你们底炉灶和家庭在匮乏中；你们底妻子在匮乏中，你们底儿子，你们底女儿。总督府把他们握在手掌中了，已经不耐烦到要把他们捏碎。哦！你们已经忍受了无尽长的黑暗的时光，苦痛跟着苦痛悠长而缓慢地经过你们底灵魂！好在一切都可能改变。总督府给你们以和平了。

海鲁　我们决不愿和总督们谈判。

赫仑宁　如果你拒绝谈判，那么屠杀便开始了。什么！我们这里不过是屈指可数的狂热分子，他们底行动将决定一个民族底命运；我们正值人民伟大胜利底前夜了，我们却甘愿像一架捕鼠机里面的老鼠似的死去。（欢呼）

海鲁　来自总督府的一切事情，必须毫无考虑地加以拒绝。

赫仑宁　它所提供的一切事情，必须予以考虑，而且必须为了我们自己的利益加以采纳。手段底危险有什么关系呢？我就是一个使用雷霆的人！（欢呼）

海鲁　我们会被你愚弄。

赫仑宁　我底计划，我底希望，我底生活，你知道些什么呢？你分化，而我组织。那些听从你而把自己浪费在挑衅上面、阴谋上面和恐怖手段上面的人们。一星期来，你已经用尽了你底最大的毒辣手段；你什么也没有做，仅仅完成了一些空谈。我来了，发觉你底工作毫不足取。我为这感到羞耻。（欢呼）

海鲁　我不愿意有个独裁者。(嘘声)

赫仑宁　如果我让你去做,你一定会是一个。(欢呼)

海鲁　你推翻总督府,只是想取而代之。

赫仑宁　取而代之吗！我早就可以这样的；我却鄙弃这一手。(欢呼)

海鲁　你同意不明不白的妥协,你出卖……

赫仑宁　住嘴！再不要说了！不能让这场辩论降低到人身问题上面去。(直接向群众演说)我憎恨使用威权,我简直不愿意向你们说到和平条件。你们自己可以直接向总督府提出这些,说吧。(欢呼)

一个人　我们要求人的待遇。我们用我底权利来争取它。

赫仑宁　完全如此。

另一个人　我们要求我们底货物归还我们。

赫仑宁　答应。

另一个人　我们要求,工资底欠额付给工人。

赫仑宁　总督府同意这点。

另一个人　我们要求武装回城。

赫仑宁　你们可以。我还说：如果当你们不在时,有过充公和没收之类事件发生,那都得作废的。一切定罪都得被忘却。你们自己得成为那些裁判过你们的人们底裁判者。(欢呼)既然现在我们都同意了,那么告诉我吧：土生土长的人们要是彼此砍杀,那不是太可怕了吗？想一想,在那边,在旧住区的激动的街道上,在弹药和火灾底气氛里,残疾者们躲藏起来,十二分希望着某种新生。他们一再地讨论的是我们底步骤,他们所评议的是我们底言谈,他们所吮吸的是我们底灵魂。军队本身也酝酿着我们底梦。每种不满,每种抱怨,每种不平,每种压迫,每种奴役,都以一种不可知的声音向外控诉！我们底主子们彼此仇恨着。他们再也没有力量了。他们服从着一个幻影。(各方首肯着)在敌人中间,同样的混乱,同样的薄弱。叛变在士兵中间发生。反抗将领们底残酷,战役恐怖和愚蠢。仇恨的风暴起来了。人人讨厌无名的恐惧、灾难和悲惨，都希望人与人之间的必需的联合。他们羞于去做伙伴们底屠夫。而今，如果这场本能底熊熊大火能够扑灭；如果使得我们底包围者都觉得，在我们中间，他们将找到兄弟似的灵魂；如果以一种突然的理解，我们今天能够实现一点点人类的伟大的梦想，那么阿皮多美恩纵然有过羞辱、愚蠢和亵渎，也会被宽恕的；它会成为世界上少数神圣事件发生过的地方。带着这种想法，你们才一定会跟我下去，到你们底孩子那里去。（欢呼）

群众　——他是唯一一个推动事物的人物。
　　　　——没有他，我们底目标便会消失。
一个人　（直接对赫仑宁说）我们都愿意服从你；你，你是我们的领袖。
　　　　〔欢呼。他们把赫仑宁举到他们底肩头，把他抬向城市。勒步里护卫着。一切人都下山去。胜利呼声可闻。

　　　　　　　　　　　　　　——第二幕完——

第三幕

景　一

〔两星期以后。赫仑宁底家,同第二幕。工作桌,铺着纸,靠近窗子,窗上玻板已破。街上,群众走来走去,退到远处又回头走过来;群体大喊:"打倒奸细!""打死奸细!"

〔"打死他!""打倒他!"

克莱尔　又过了两个星期了!这个家好像遇险的船只。愤怒和呼啸底浪潮击打着它。哦!"民议厅"底可诅咒的事情!忽然从情热底高处跌落到羞耻和仇恨里!(海鲁匆忙走进)

克莱尔　你!到这儿来了!

海鲁　是的,是我。

克莱尔　你来干吗?

海鲁　你还不知道我在"旧市场"的演说吗?我曾预料有一个较好的欢迎呢。

克莱尔　(指着赫仑宁底房间)什么,你!他底仇人,他底敌人!(指着街道)你挑拨那些呼喊和怒吼!

海鲁　这个时候,他一定知道一切情况,赫仑宁会比你,我底朋友,我底姊妹,更好地接待我的。

克莱尔　我不懂。

海鲁　你马上会懂的。同时,请告诉我,在这些空洞而可怜的激愤底日子里,他过得怎样?

克莱尔　哦,不要以为他被征服了!他依然庄严地屹立着;他正在完成最英勇的计划:他会把阿皮多美恩和敌军和协起来。

海鲁　(指着街上)那么他门口的怒吼呢?

克莱尔　开头,这是难过的。叫我去随和他底怒气,用我的热忱去包围他,比以前更好地侍候他,这都曾是无益的呵。他唤起他从前所有的一切恶念,他惹怒了自己,他冲向窗前,向城市挥动着拳头,激愤地狂喊,眼泪从他眼里涌出。在他底狂暴里他成为了你所知道的可怕的孩童。

海鲁　哦!如果当时他听从了我,我们决不会闹这大意气。总督府也不会欺骗了他。人民仍然会爱护他。但他是不会被制服的;他从不知道应该忍耐地坚持些什么。他常常暴跳如雷,像乡野的疾风一样。

克莱尔　那么他先应该干些什么呢?

海鲁　他先应该延长"民议厅"底暴乱;扩展它而不该缩减它,接受民变,使灾祸尖锐化;武力夺取银行,武力夺取公共机关,武力夺取命运。

克莱尔　这是不可能的呵。

海鲁　每件事都是可能的,在我们那种狂热状态里。但是先必须有一个计划,一种冷静地采取而后追随的决议。首先,我们应该组织抵抗力:我们原就罢了战,在那边;然后进攻;然后屠杀。这是必须促其实现的确切而紧急的事务。那些掌权的家伙早该给干掉:总督和大宪们。他们正要听从我。赫仑宁恰巧在一个尴尬的辰光来了:局势有利于他。他讲起话来,就成了狂热的护民官,夸大的姿势,夸大的言论:他在诱引,他不是在说服。哦!当我一想到这点,我就恨起来了。

克莱尔　你是怎样欺蒙自己呵!

〔街头呼声。海鲁和克莱尔没有注意。

海鲁　他似乎不会知道他自己究竟需要些什么。他老是不识时务。我决不理解他。

克莱尔　我却总是理解他呢。

海鲁　把他全副意志集中到梦想般的事务上面,是一件错误。把管子吹得太凶,便会弄破玻璃的。

克莱尔　不要让我们讨论这些事。你狂乱得很,你觉得你微弱不安。你到这里来了,在他家里,一定是想要点什么。那么,说吧,是什么呢?

海鲁　(傲岸地)我到这里来,是告诉你,昨天,我,现在讲话的我,征服了群众、拥护赫仑宁,使他们为他欢呼。我底毅力征服了他底厄运。

克莱尔　你这样做了吗,你?那么,你底行为是怎样配合起你底高见呢?

海鲁　哦,就是这样的!当我自己出马,我是失败了,我被出卖了,我被仇恨着,勒步里搞走了我;总而言之,赫仑宁,不论怎样,是一个唯一能撑场面的人,随事情变得怎么的。解铃还须系铃人啰。

克莱尔　你,你曾支持他的吗?

海鲁　当然哪,因为我们不能让暴动又算了,因为每件事都打我底指头中间搞垮了,因为我没有机会,没有运气。如果我能够告诉你,老百姓是怎样幼稚,他们是怎样懊悔他们没有主脑哦!呵!都完了,都完了!一个人必须要有能耐引退开去。

克莱尔　那么你是由于绝望来支持我底丈夫哪?

海鲁　那有什么关系呢?(拿起他底帽子和手杖,预备走)再见,现在你已知道你所应该知道的了。当赫仑宁回来了,准备他来见见我。

〔他走出。呼叫之风暴复起。赫仑宁进。

克莱尔　(指向群众)人民一定是可恶的,当他们最优秀的都这么快地变得野蛮了。

赫仑宁　来吧，忍耐些。我是那么执着，像那个农夫，我底亡父。昨天这些呼哨在整个屋子里追逐着我，它们击打着墙壁，从顶上到底下，从地窖到阁楼，到处都是，像警钟似的。我感到一股愤怒在我身上爬动，我简直想绞死它们，把它们踩得粉碎，消灭它们。我在一种仇恨的狂热里。我用侮辱回答它们底无名的愤怒。今天，我觉得稳定多了。（打开一封信）听吧，这是送给我的："现在我能给你一种明确的保证。所有的军官均已争取过来，而且会追随我们：有的出自怨恨，有的出自嫉妒，大家都是由于厌恶。昨天我们在一次秘密会议上得到了解。他们会服从我，像我用来给你写信的笔，像跟你带这封信来的人。通过他们，全部军队都成了我们底。将军们吗？他们太远太高；士兵们简直不理睬他们：不必管他们吧。"（折拢信）这封信是从敌军队长荷尔顿那儿来的。

〔叫喊重新勃发："打死他！""打倒他！"〕

克莱尔　我底朋友呵！

赫仑宁　嗯，让他们喊下去吧。至于那，我早预料到总督府，当它答应了一切，当它放弃了一切，便会玩花样，像赶场跑江湖的。到"民议厅"去原是一件最不智的事！但是我必得有人民，我必得有我底人民和它底狂热，在我能够和围城者们谈判条件之前。

克莱尔　现在你是多么理智呵！

赫仑宁　总督府完全骗了我！那些绣花枕头们，以小人之心度君子之腹地到我这里来，把它们底残破的权力交给我：仿佛像我这样的人们还没有为自己顾全大局，打下码头来似的。他们像些挨了打的下人似的从这个门里出去，从此我底失败便激怒了他们。他们再只活得几天了，而且除了他们为我底坍台而狂怒之外，再没有什么可以使他们底思想离开他们底死的哀痛。哦！如果人民知道了呵！一切外表都在抵抗着我。我曾信任了一张写了字的废纸，仅仅一个签名，用同一只笔划出来的。总督府愈是破坏了它

　　　　底诺言,那么我好像愈是破坏了我底。真的,他们可能相信我是
　　　　一个同谋犯。
克莱尔　人民正是这样的。你只能够欺骗他们,因为你自己也被欺骗
　　　　了。他们不明了你所做的一切,因此这就使他们盲目起来。哦!
　　　　我有我底想法。群众们是像那些统治他们的人们一样起疑心,一
　　　　样怀恶意,一样忘恩负义,一样愚蠢。他们决不会承认,有人能够
　　　　纯洁而伟大。
赫仑宁　我不许你那么想。
克莱尔　昨天你自己也那么说过的。
赫仑宁　噢!我吗,那又当别论。(稍停)人民爱我,而我也爱他们,不
　　　　管一切,也正因为一切。目前正在发生的一切,只是一场爱人底
　　　　口角而已。
　　　　　〔街头侮辱的叫嚣。
克莱尔　他们成千成万地在那里侮辱我们。同样是几月来对你欢呼
　　　　的那些人民呵!哦!这些懦夫!坏蛋!疯子!
　　　　　〔呼喊的风暴再起。
赫仑宁　真的,有人会觉得他们从不曾了解过我的。(捏紧拳头,走向
　　　　窗子)
　　　　噢!那些野兽!那些野兽!那些野兽哦!(接着回到桌边)可是
　　　　昨天,在"旧市场"的会议上,他们却都对我欢呼呢。海鲁那样激
　　　　动地拥护我,使我完全宽恕了他。勒步里今晚带着极确实的消息
　　　　到我这里来过,总督们底欺蒙变得越发明显了。全阿皮多美恩回
　　　　到它底真正主人身边来了。我底时运又已来临。是不是?(不耐
　　　　地)是不是的呢?
克莱尔　这有很大的希望。
赫仑宁　不,不,而且有着确信!
　　　　不管这些狂暴的呼喊,不管它们底繁多,
　　　　我已经能够使唤如此众多的手

都弯向我底力量,向着我,到明天!
我底过去又回来了,充实了他们底心灵,
在一次记忆底潮水里,
而且在一道光荣底沫花里。(仿佛自语)
我紧握着未来,在我底这两只手里:
那些坚持着的,
和那些信托我的人们
深深地在他们底良心里知道这一点,他们大家。
那个在我身上生长成为肌肉的高贵的梦,
现在比以往更甚地,刺激着我活下去;
燃烧我底灵魂的正是这些辰光,这些时刻。
这些对我的咆哮,这些风中的叫喊,
和这些并不骇人的风暴算得了什么呢?
只有未来,在我底头脑里,
比现在更强壮更真实地,活着!

克莱尔 (指着街上)假使他们能够看见你,他们会怎样被你底信心所
折服呵!
我底朋友,你使我成为
人间最骄傲的女人,
而我却愧羞我自己,在你底伟大的灵魂里消失了我自己;
接受吧,接受我给你的这个亲吻,
接受吧,而且带着它到你所去的地方,
带着它像一件光亮闪耀的武器!
在世间很少人
曾经接受过
比这个亲吻更深沉,更真挚的!

赫仑宁 万一我自己要是遗弃了我,我会在你身上再发现我自己,我
底力量已如此灌入你底心!可是我在我底命运里是如此地不会

动摇，以致现在所正发生的一切，没有一样在我看来是真实的。我相信惊奇，机缘，未知的一切。（指着街上）让他们吼下去吧！他们正在准备他们底忏悔。

〔骚乱变得更大。下面的门可闻捶击声。窗板被打破了。

赫仑宁　如果他们再敲下去，我就去开门。

克莱尔　那可不是发了疯。

赫仑宁　曾经有好几回，我一出现就意味着胜利！我从不曾排拒过他们，当他们到了我底门槛上。

〔赫仑宁推开克莱尔，她想制止他，冲到窗前，打开窗，两臂交抱，竖立在那儿。怒吼渐渐安静，接着停止，沉默。突然，不远处，听见另外的呼喊："打倒总督！打倒挑拨者！赫仑宁万岁！"

赫仑宁　到底还是这样！还是有真实的人民！在"旧市场"对我欢呼过的人民呵！我底心从不曾欺骗我。当我底耳朵还聋着，它却先听见了。

〔人群中有一阵推拥和倾轧，相反的呼叫，接着，慢慢地，是安静。

克莱尔　（在窗旁）勒步里要讲话了。听吧。

赫仑宁　（不耐地）我要自己来讲。

勒步里　（在街上）赫仑宁原来是诚恳而正直的。（低语声）你们五百人对他吼叫，而你们当中没有一个他不曾帮助过。（低语声）至于我，他曾把我从大宪衙门底魔爪里解放出来。去年，他曾竭力地拯救过海鲁。而你们，你们大家呢？在危急的饥馑的打击里他援救过你们，他……

赫仑宁　（不耐地）我不需要一个帮腔的。（向勒步里说话，他在街头演讲）我必须把握人民：我决不要他们被奉送给我。

群众　——让他讲。

——打倒他！打死他！他是一个奸细！

——打死他！打倒他！他被收买了！

376

——安静！（沉默恢复）

海鲁　（在街上）我,查理·海鲁,曾经怀疑过杰克·赫仑宁。我曾经觉得他是一个可疑分子。像你们一样,我反对过他。今天,我却忏悔这一切。

群众　（矛盾地）赫仑宁万岁！打死他！打倒他！

海鲁　总督府派遣了密探在我们中间;昨天在"旧市场"的会议上我惊吓了他们一下;他们正唆使旁的坏蛋们来谋杀赫仑宁,来捣毁他底家,来假装这是人民底报复。

群众　——打死总督们！

　　　——阿皮多美恩人民万岁！

赫仑宁　万岁！

海鲁　我们需要赫仑宁。

群众　——他为什么要接受暧昧的使命呢？

　　　——他为什么要离开我们底会议呢？

　　　——他是一个暴君。

　　　——他是一个烈士。

　　　——让他来辩护他自己。

　　　——安静！

　　　——愿他宽恕我们！

赫仑宁　宽恕你们,是的:因为像我这样一个人是会被人信任的;因为阿皮多美恩总督府是像我呼吸一样容易欺骗。一点一点,它底权威底漂亮的门面被砍掉了;一丝一丝,它底力量底漂亮的大氅从它底肩头落下来了。它曾叫我把这些破片巾子缝在一起。它派遣我到"民议厅"去,打算占有我或者毁灭我。这使命是艰难的,危险的,诱人的。我履行了它,像尽了一番责任,而今天我既没有脱离你,也没有被它赚到手;我是,而且继续是,自由的;像永远一样,我把我底力量用来服务于我底崇高的观念。（若干欢呼）刚才我听到你们大喊"收买！收买！"（转身在书桌上拿到一捆纸张）

"收买!"他何曾没有千方万计地栽诬我呢!（挥舞一卷纸）在这把信札里面,他对我答应了每一件事,使背信者蒙污,使叛徒败节。为了你们可以接触一下总督府底冷嘲,政策,狡诈,卑污,盲目,我把他们底信件都交给你们。这些信都还附带着一些强迫的要挟,它们都是些更情急的请求底前奏,它们全部所包含的无非是些卑污底阴影,藉私人间的晤谈而显现出来。他们不敢写出来的,他们便说出来;他们不敢肯定的,他们便烘托出来;他们不敢有条有理表示的,他们便旁敲侧击。他们又回身进攻,在每次失败以后,他们用更大的贡献来回答拒绝。最后,他们放弃了一切骄傲。我原只需伸开我底双手,来攫取全部的力量,在我自己本身,来象征一切过去。哦!我真不懂我自己,当我想到这个拳头是怎样猛烈地还紧握着。而今关于这些信件,你们自己去读读吧。（他把它们掷向人群）谈谈它们,在你们中分散它们,把它们传播到阿皮多美恩底各处去。总督府底全盘瓦解都在它们里面。你们就会懂得一切的。至于我,我敢以疯狂的冒失解除了自己底武装而毫无惧色;我永远甘愿而欢快地在大宪们底眼睛里消亡:我给他们以永不能忘却的侮辱,而我求救于你们底正义。从此,只有你们才能保卫我底生命了。（动情的呼喊）我可能在任何方面受到攻击。我可不是那闪光的靶垛吗,一切的箭头都指向着它?那么对我发誓吧,——无论可能传说着怎样的毁谤,无论可能捏造出怎样的谣言,愚蠢的或者貌似真理的——发誓跟随我走吧,闭住眼睛,但是心要虔诚。（他们发誓,而且欢呼）彼此互靠,同爱同仇,万众一心,都应该是我们底欢乐和我们底骄傲。（欢呼）我愿意做你们底灵魂,而你们是我底两臂。而且我们大伙儿一起,将会实现如此辉煌的人性底胜利,以致人类由于亲眼看见了这些奇迹得亏我们而生动起来,闪烁起来,便会从我们底胜利的日子起计算时日。（欢呼;接着静默;赫仑宁说下去）现在我请求文生·勒步里和查理·海鲁参加我这边来。我希望我们中间不要存有些微的芥蒂。(欢呼再起。赫仑宁转身走向克莱尔,她拥抱他)你现在才知道,我们决不应该对人民绝望。(沉默一会儿以后)马上去叫我们那个在荷尔顿那边的密探来。

〔海鲁和勒步里进。克莱尔出。

勒步里　这才是胜利!

海鲁　噢!你真是一个领袖。当我和你作对时,我是没有力量的;当我在你一边,我却能力挡千夫啊。

赫仑宁　哈,这时我们那个老好的总督府,至少该陷在它自己的泥沼里面了罢。(坐下)无论什么诺言和誓诫,在任何起义者底门前,都是无法可想的。弹药和爆炸物底运用曾使我们底将士们陷于极危险的境地。敌人底炸弹落在他们中间,当他们工作的时候。嫌疑犯底名单已经拟好了;每个军事领袖都有他底份儿。

勒步里　你一定懊悔你在"民议厅"的举动吧。

赫仑宁　听我说吧!(尖锐地转向海鲁)你知道吗,查理·海鲁,当你正在鼓动这些风潮来反对我,我曾计划出些什么?

海鲁　领袖,请相信这一切,在我这里面所处的地位……

赫仑宁　不要宽恕自己,不要打断话,未必我忘掉了一切吗?是的,在这个现在已经被平服的事变里面的头颅和千万双手臂之上,我实现了我一生最勇敢的梦想,只是为了这,我才存在着。(突然起立)不出三天,敌人便会和平开进阿皮多美恩,我们将去欢迎他们。

海鲁　不可能罢。

赫仑宁　总督的人不断地在诱惑我,我曾耐心地和他们商讨,质问他们,虚晃他们,要求保证同信任;给他们以希望,同时从他们得到希望回来,酝酿他们底全部秘密;顾全他们底陈旧的战术,压抑着我底急率和愤怒。我大胆地疯狂地和他们耍手段;而今我比任何人更清楚,尤其是比他们自己更清楚地,知道他们底毁灭是如何难免而且急迫。他们底财库?空了。他们底军火?完了。他们底仓房？搜光了。再也没有面包来支持这次围困；再也没有金钱支持抵抗。他们在浪费上面，在酒宴上面，不断地索求，财富和供应都告竭了呵。人人责怪着别人。

军队么？前天有五营人不肯前进了。鼓动兵变者处以极刑。他们被带到刑场：却没有一个士兵肯开枪：他们现在还活着。（街上欢呼："赫仑宁万岁！"）在会议上，大宪们喊喊喳喳吵着。有人提出一个计划吗？他底邻座便反对，再陈述他自己底，而且要求采纳。一星期以前，部长们决定在"罗马门"来一次总突围。他们于是投票表决了：却没有一个大宪肯率领这些军队。每个总督派遣他底密探到我这里来：这些老家伙在他们自己中间甚至都不协调。他们像些关在笼子的可怜猫头鹰，它们底脚杆被旋转起来了。他们昏了头，大声叫喊，对着白天的火光，闭起眼睛。他们彼此推卸着愚蠢，错失，和罪过，对于这些，他们都怕负起责任来。"怎样办哪？"成为他们朝廷里的口头禅了。

克莱尔　（走进）那个密探来了。

赫仑宁　让他进来吧。（转向海鲁和勒步里）我已经告诉了你们，目前城内，我们中间的情势是如此；你们可以判断到敌人中间又是怎样。那么你们会知道战争不再可能了。（把密探引见勒步里和海鲁）这位是我所信得过的。关于两边军队底心理状态，他比我们中间任何人知道得更清楚。（对密探说）把你所发现的一切告诉他们吧。（赫仑宁在室内走来走去）

密探　上个星期二夜晚，我底兄弟被派到前哨去侦察敌情。他走了很远，想发觉给我们炮轰过的壕沟工事是不是垮了，能不能给我们一个从"罗马门"总突围的机会。

赫仑宁　（插断说）那就是我对你们所说的突围。

密探　（继续说）忽然地，在黑暗中，喊出了一个声音，但是是轻悄地，仿佛是怕惊住了他，把他赶跑了。于是交换了几句迅速而友善的话，问他在阿皮多美恩是不是真有几个负责人厌倦了战争。

赫仑宁　（迅速地）那还是两天以前发生的,那以后还有过许多类似的交谈。
密探　我底兄弟回答道,阿皮多美恩会保卫它自己的,又说反抗这次默契的屠杀的起义一定会到来,却不是从被征服者这方面,而是从征服者那方面来的。接着其余的士兵跑上来说,围城的人已经疲乏透了,不断有开小差的,又说叛变每天都在发生,又说已经不成为一支军队了,又说他们一定会取消围城,假使可怕的虐杀军队的传染病再继续下去。他们需要一切的苦难联合起来,反抗一切的权力。
赫仑宁　嗯,那么有谁,在人类底团结这么被肯定后,敢再来肯定人类底良心仍然没有改变呢?
哦,这些最初的发抖的信心来在
夜间,在可怕的黑暗
和战争的恐怖同绝望之间；
人底真实的灵魂底这些最初的告白,
终于澄清而且胜利,
高高在上的无情的星群
也会欢欣地听到它们！
海鲁　真的,我钦佩你！由那点从开门的吱呀里来到你身边的最微细的光影,你确信太阳底雄伟的出现。从自阿皮多美恩被封锁以来,可曾有过一天,单单一天,没有为你设下陷阱吗?谁向你保证了士兵们底诚恳?谁告诉你说阿皮多美恩会打开它底城门,甚至对那些没有武装的敌人呢?你相信一切,像一个瞎子。鼓舞着你的那股力量是那样浑沌,如同它是那样热忱。
赫仑宁　这是唯一真实的力量:服从环境,委身于那种震惊全世界的雄伟的希望！
海鲁　那么你相信敌人会放弃胜利,无利可图地接受和平吗?
赫仑宁　你无知地发些议论。那些流浪汉们和农民们,在围城的开始便被驱逐到乡间了,天知道他们是怎样活着在包围者和我们之间,他们天天给我一些消息。荷尔顿肯定了他们所曾说的,而我也检点了一切。炮轰不得不停止下来。传染病吞啖着营盘:两万人死了;壕沟飘流着尸体。一个将军昨天被一个突然发了疯的士兵杀死了。下级干部联合起来破坏围城工程:他们钉穿了大炮,他们把子弹和火药抛到河里去。正是这些普遍的灾难、苦愁、忧伤、眼泪、愤怒、恐怖,引起了这些友善的希望,这些深沉而亲切的呼喊,万物底力量和我们底力量正是和谐一致的。

勒步里　你真是了不起!先还以为你给吓唬住了,而现在你却准备着一次空前的壮举。

赫仑宁　这是因为我有信仰,一种能够沟通全世界的信仰。在旁人身上,我看见我自己,我感到我自己,我倍增着我自己;我把他们和我自己同化起来。阿皮多美恩底军队在我手里;敌军服从荷尔顿,我底弟子和我底信徒。我们两个热烈地工作过。小心翼翼的,井井有条的,埋藏在书本里面的古老的智慧有什么用处呢?它只是昨日的人性底一部分;我底要从今天开始。(对密探说)去告诉今晚那些前哨,说我将和他们一起。你再去通知荷尔顿。

〔街上欢呼,士兵退出。

赫仑宁　(对海鲁和勒步里)你们可愿意跟我一起去吗?快告诉我吧。

勒步里　当然,一定。

赫仑宁　(对海鲁)你呢?

海鲁　只要那些将领还活着,他们就会为非作歹的。只要他们有武器,他们就会杀人。他们会对你底胜利跟上一个反动。先去压服他们吧。

赫仑宁　他们就会成为过去,无能为力,被歼灭掉。来吧,你愿跟我去吗?

海鲁　不愿意。

赫仑宁　好的,没有你,我们也会干出大事来。

〔街上欢呼再起。赫仑宁倾身窗外,被欢呼着。

勒步里 (对海鲁)他永远使我吃惊。他看得见障碍,如你我一样。他却凭着什么神力来克服它们的呢?他是怎样地在他底风暴底旋涡里带动一个人呵!

海鲁 这个人在他身边有着一股不可知的生命力。(稍停)随它怎样,我还是跟他去吧。

景 二

〔毁坏的房屋。夜间,在哨岗上。一边是升起的地势和壕沟工事;另一边,阿皮多美恩的远远的城墙,灯光模糊。勒步里坐在一堆石头上面;在他面前是一个敌方军官和几个士兵。沉默的人群到临。

勒步里 在阿皮多美恩,总督们,法官们,要人们,都在人民底掌握中了。他们全然不晓得他们底惨败就在眼前,还以为他们依然在统治。可是赫仑宁所希望的一切就要到来了。

军官 在我们中间,没有人敢再惩办哪个了。我们和我们底领袖同国王中间的联系已经裂断了。我们,卑微而可怜的,已是主人了。想想吧,在二十个月的战役之后,夺取了六个省份和十座要塞,我们竟在你们底瓦解的京城前面崩溃了!

勒步里 荷尔顿会来吗?

军官 我想他会来的。

勒步里 我很想见见他。我还不认识他呢。

军官 他有五十岁了,他只是一个队长。在我们底冰雪的乡野的无聊而暴烈的冬季,在一个小卫戍市镇底灰暗而多雪的郁闷里,他使我归顺了他底意志和信仰。他常常夜间坐在我底烟囱旁,在灯下面;我们常常讨论。赫仑宁底著作开通了他;它们也是我底光。

荷尔顿解释它们给我听,评论它们,带着如此深沉的信念,以致我认为,在人类思想和正义里,没有什么是比这更其不言而喻了。哦!那些友爱而热烈的相聚的黄昏!你们决不会知道,你们阿皮多美恩人,在一个阴暗而寂寞的国度里的,严肃的不满足的深邃的灵魂上面,一本书能够创造出怎样的奇迹呵。

〔荷尔顿和赫仑宁几乎同时地从不同的方向走来;他们被军官和士兵伴随着。

荷尔顿　我到你这里来,很荣幸地认识了你。没有一个想法,我们不是共通的。

赫仑宁　从你底信札,我知道我能够全盘信托你。我们两个都拿性命冒险,我们两个彼此相爱,由于同一的深沉而壮丽的理想;他们喊我们是奸细,又算什么呢?

我们从不曾看见我们底灵魂

更骄傲,更坚定,更是

未来底主人。我们站在这里,

稳固而明朗,面对面地;

我们可不是给两国带来和平吗?

我们可不是用我们底叛逆的双手做善事吗?

良心对我们大喊:干得好!

荷尔顿　真的,我底灵魂比在大战前夜还要安宁!证实我们之间的理解的一切言谈,几世纪以前就已经被说过了的。

赫仑宁　如果我们所要的是奇迹,那么它们就会在每只手上出现。我们所呼吸的空气,我们所看到的天涯,在我底前额上跳动的热症,我们每人在里面只是一朵火焰的那伟大的燃烧,都预言了新的正义。

荷尔顿　我底宣传工作从没有停止。首先,绝对秘密。后来,普通的警觉性松弛到这样,致使我底谨慎成为多余。自从哈顿兹元帅,我们所有的唯一真正的领袖蒙羞下野后,我们底军队就不再存在了。不能辨识明确的事物,我们底士兵们听信着谣传。一道命令！他们都会开进阿皮多美恩，快乐，信实，而且友爱。许多阵亡的将军为队长所顶替，中间有些是我们这边的。只有那很老了的将领们，我觉得不可能说服过来。他们会是一种危险，假使我不立刻行动，准于明天。

海鲁　明天怎么成？准备工夫……。

赫仑宁　我们必须像霹雳一样行动。

海鲁　可是，让阿皮多美恩知道我们所要做的一切，也很紧要呀。

赫仑宁　她会猜得着的。明天，她一定知道。

海鲁　可是，要调动成千万的人，打开一座城底城门，如果没有采好步骤，不能使自己信任每一个成功的机会，那都是不可能的。

赫仑宁　一切步骤都采取了；一切机会都在我手里。只有你一个人在踌躇，在发抖；你没有信心，你不敢相信。

荷尔顿　那么我建议这样：明天，天一黑，七点钟，在这里的人和我们底朋友们，都下命令给他们底士兵，和平向阿皮多美恩前进。那时，和我们一起的将领们将全部集合起来，排酒庆祝他们底最初的胜利。我底兄弟，带领我们底三营人，来监督他们底放荡。军队从东方出发，朝罗马门和巴比伦门的方向前去：一小时之内就可以到达。

赫仑宁　罗马门离宫殿和总督府太近了。先头部队必须打巴比伦门进去，再穿过老百姓底住宅区。呵，你会知道我们底人民怎么样，他们会怎样接待你们，为你们欢呼，给你们吹进一个狂烈而骁勇的灵魂。在路上，你们会经过两座营房，里面的士兵都会加入你们；当你们到了城市中心，总督府还在聋着耳朵睡觉呢。那时你们才抵达罗马门。我们那些头子们和他们底党羽底惊惶，对于你们是有利的。只有五百名大宪府卫队忠实于他们。其余在宫殿驻扎着的军队，都会热烈地接待你们的。假使卫队和我们之间发生了争斗，让我们底人来解决这件事。避免任何的纠纷。你们不必射击一颗子弹。

385

荷尔顿　我们一定细心遵照你所吩咐的去办。

赫仑宁　只有你们征服者，才能实现我们底梦想。革命总是以放弃一种特权来开始：你们放弃了胜利。

一个军官　只是我们底国王需要战争。

海鲁　噢，真的，你们底进攻是不公平的，你们开始战争。

荷尔顿　（插进）让我们最后一次把事情弄清楚。我底兄弟去照守那些将领。八点钟，三千人马打巴比伦门进城。然后罗马门打开，再放进几营人。不吹号，不扯旗，不放一枪，不唱歌。进城要突然，平和，而且轻悄。是的吗？

赫仑宁　完全如此；我们会完成其余的。阿皮多美恩准备好；她等候着你们。一小时以内你们就可以得到全城。那么现在，让我们分开；不要再来什么反对意见吧，它们没有力量，泄气得很。我们唯一的战术是：突然，而且勇敢！那么，到明天，在那边！

〔他们握手，分散。荷尔顿和赫仑宁拥抱。

——第三幕完——

第四幕

景 一

〔赫仑宁底住宅。和第一、二幕相同。孩子在玩耍。克莱尔焦虑地站在窗旁。

孩子 我穿什么衣服呢?
克莱尔 最漂亮的。
孩子 是节日吗?
克莱尔 最好的节日。
孩子 是圣诞节吗?
克莱尔 是复活节,真正的复活节:世界上第一次。
孩子 我可以出去吗,假使是节日?
克莱尔 这是大人底节日;小孩子不懂的节日。
孩子 告诉我是什么吧。
克莱尔 有一天,你会知道的。那时你会说,这节日是你底父亲,你自己底父亲,创造出来的。
孩子 会有很多旗子吗?
克莱尔 很多很多。
孩子 那么为什么你说我不懂呢? 有了旗子,我总明白。
克莱尔 (从窗子)终算!

〔赫仑宁进，衣冠凌乱。克莱尔冲向他。

赫仑宁　（热烈地拥抱着她）你都知道了吧？
克莱尔　我猜的，并不知道。告诉我吧。
赫仑宁　事情决不会如人所想象地那么发生。我先以为，不会有我们的将领在巴比伦门的：他们从没有去过。昨晚，他们那些最老的偏到那里去了。当他们看到敌军已临眼前，他们觉得这是一场绝对疯狂的行动。这并不是一次进攻：军队底秩序，统帅底缺席，组织底缺乏，都证明了这点。也不是来开谈判的：人太多了。

　　当军队还在一百码开外，有的抛掉他们底武器，有的举起他们底枪托。一言不发地，我们这边有几个人跑去把城门打开了。我们底将领们便挣扎着，吼叫，发脾气，搞在一堆：没有人听从他们底呵斥和命令。他们所有的一切预兆，一切倒戈底叛变底恐怖，都是他们所不敢承认的，那时一定刺伤了他们，折磨了他们而且屈服了他们。一瞬间，他们明白了一切。他们被围住了。他们有三个被杀：那是些勇敢的人。他们看到敌军进了阿皮多美恩；他们相信这便意味着失败，最后的辱屈底羞惭。有的还哭起来了。我们底士兵投身到围城者们底手臂里去。于是握手，拥抱。一种突如其来的欢乐闪过了一切人底灵魂。刀剑、背包、子弹带都给抛掉了。敌军们，把酒皮套子注满了，敬着酒。于是潮水，越变越大，朝前流向城市和"国家方场"；我们那些头子站在那儿，苍白无言，狐疑不已。"战争已经结束了"，勒步里大喊着，使一个统帅听得见。"这既不是胜利，也不是失败：这是一个假日。"接着那头野兽开始叫骂，狂怒起来，用他底马刀盲目地乱砍，砍伤了他底马。他身旁的两个家伙趁混乱中逃走了。他们向着总督府去了：他们或许会组织一次类似的反抗，大宪府卫队会跟从他们的。我已经看到他们底绿制服在这附近逛荡。

克莱尔　敌方的将军们呢？
赫仑宁　哦！他们是他们自己军队底阶下囚了。昨天，因为看到队伍人数,由于疾病和逃亡,减少了一半,他们在最后的绝望里便想发动一次大的攻击。士兵们拒绝前进;有几个对着领袖开了枪。这么着,便结束了一切。

克莱尔　我听到了队伍涌进阿皮多美恩;就像海洋底呼啸。我从没像那样又高兴,又发抖的。

赫仑宁　我们中间现在有了两万人。在广场上摆下了桌子。那些围城时把食粮藏在地窖里的人们,现在把它们都拿出来,分散给人民。海鲁说:"阿皮多美恩决不愿下作到接待它底敌人;阿皮多美恩决不愿容许他们在它底街道上和空场上行走;被抑辱的阿皮多美恩底偏见决不会被抹杀掉呵。"一个人在平日是那么推论的:然而今天!固有的观念已是那样的混乱,我们可以来建立新的宗教,宣布新的信仰。瞧呀,那边,高处所,"国会"着火了!他们正在焚毁炮兵营和海军部。今夜以前,一切武器和军火底贮藏都将被分配干净。在围城的时候,正义给它自己设立了银行和交易所。对基本的不义,战争,施行正义的辰刻轮次来了。只有用这,才可以消除:乡村对城市的,贫穷对金钱的,苦难对权力的一切仇恨。作恶的组织已经被击中了心脏。(街上欢叫)听吧:这是普天下的人类的节日,狂野而喧嚣。

　　〔克莱尔和赫仑宁走向窗子,又长久地相抱。忽然赫仑宁严刻地松手。

赫仑宁　给小孩穿好;我是回来找他的,好使他瞧瞧我底工作。

克莱尔　小孩?可是他还不懂呢。

赫仑宁　一样给他穿好:我将当着一个世界底死亡,对他说些他永远不会忘怀的话。穿好他吧,我好带他去。

克莱尔　我呢?

赫仑宁　你底兄弟海鲁会来找你的。

克莱尔　为什么我们不可以一起去呢?

赫仑宁　给小孩穿好吧;我告诉你,快一点。

389

〔克莱尔走出去。赫仑宁望着桌子，拿起一些纸张放在口袋里，然后置身窗外，动情地向人民演说起来。

赫仑宁　呵，辛辣的、闪光的、反抗的生涯
　　　我所曾生活过，忍受过的，而今对我似乎是
　　　怎样一种安息和光采和荣耀呵！
　　　我觉得我自己由于这个被征服的世界是更其伟大了，
　　　被这些人类的手，从深渊提升到光明。
　　　无疑地这是天意，乡野一个农夫
　　　竟先出世给我以生命，我，
　　　雄壮地，以我这些指头和手，
　　　以我这些牙齿，竟扼住了法律底咽喉，
　　　把血淋淋的权力底古老的骄傲扔到地面！
　　　乡村，从田园到田园，从茅舍到茅舍，
　　　死了。在我所从来的城市里
　　　万物底意志
　　　已经沦落到如此一种
　　　道德堕落底深渊：偷窃，和奸淫，和金钱，
　　　彼此呼喝，彼此倾轧，拥挤在
　　　共同的杀机底庞大的阵容里。
　　　在酒店和账房底狭窄的围栏里
　　　一切古旧的本能互相杀害着。
　　　可怕的同谋的政府
　　　为了它底滋养和它底覆亡，从
　　　最恶臭的粪堆里，啜吸过生命底浆汁，
　　　而且充溢着腐败的整体和内容。
　　　我曾是照亮在窗边的电闪，
　　　我不倒地站在那里守望天空底凶兆：
　　　而且，不是由于我底任何技巧或者计划，

而是由于对整个宽阔世界的
某种未知的狂烈的崇高的爱,我自己也不知道的,
我打破了那种
把人类底兄弟情谊
锁闭在狱墙里的铁门。
古老的阿皮多美恩我已经抛掷在脚下——
连同一切宪章,苛政,恩宠,教条,
记忆——
而且看见她升现起来了,人类底未来的城市,
为霹雳所锻炼,整个属于我呵,
它注视着而且看见我底不朽的思想底火光
和我底不屈的愚蠢和实现了的热诚
闪烁着,成为命运底凝固的眼睛中的光亮!
　　　(枪声可闻)

克莱尔　(从她底房子)赫仑宁,总督底兵到街上来了。
赫仑宁　(没有听见,继续说)我又在我自己的意象里创造了世界,
　　　我已经将人民和他们底充沛的力量
　　　从本能底黑夜高举到
　　　我底骄傲底广阔的清明的辉煌的门槛。
克莱尔　(又进)赫仑宁!赫仑宁!带枪的正守着屋子。他们会杀掉你,假使你出去。
赫仑宁　来吧,来吧!给小孩穿好。(枪声复作)
克莱尔　子弹快挨近广场了。
赫仑宁　给小孩穿好。
克莱尔　他们在追踪你;他们在守候你;他们要取你底性命……
赫仑宁　给小孩穿好。
　　　〔她出去把小孩抱来,他在发抖,她把他抱在怀里,保护着他。
克莱尔　我底朋友啊,我请求你,不要冒险出去;等他们走过去再

说吧。

赫仑宁　我没有时间等待了。今天我毫不害怕,不怕旁人,也不怕我自己。我已经升达到人类力量底顶点。

克莱尔　那么你一个人去吧,把小孩留给我。

赫仑宁　(暴烈地)我要小孩。我要他到那儿去,在我身旁。

克莱尔　他马上就来。海鲁会把他带给你。

赫仑宁　他必须和他底父亲一起被人欢呼。把他给我,来吧,把他给我。

克莱尔　我从没有反抗过你。我总是服从你,像一个奴隶,但是今天,我恳求你……

赫仑宁　把他给我,我告诉你。

〔他把小孩从克莱尔的手臂拖过来,又把她推向后面,和他一路冲出去了。

克莱尔　我底朋友呵!我底朋友!哦!那样疯狂!老是他底那种可怜的惊人的疯狂呵!我底儿呵!(即刻一声枪响攫住了她。瞬间有一阵巨痛,她奔向窗口,望出去,大叫)我底儿呵!我底儿呵!(接看她冲到街上去。马匹奔驰的喧噪。骚乱。呼噪。一阵沉默。接着,超越其余一切声响的是)

一个声音　杰克·赫仑宁被刺了。

景　二

〔早晨。人民会场,全部展开在土台上。背景呈现着阿皮多美恩底画面,笼罩在大火底烟雾里。右边是总督府底雕像,整面地,竖在高台上。左面是陆军部在燃烧。城里人在窗口扯饰着旗子;醉汉走过去。狂舞穿过台面;乐队跟着乐队。四方可闻歌声。孩子们对总督府底雕像扔着石头。

一个乞丐　喂,小混蛋们,当心点,你们底耳朵会被人揪住的。
孩子们　——我们在对总督府掷着石头,因为它已经完了。
　　　——(扔出一个石头)这个来扔那皇杖吧。
　　　——这个来扔那王冠。
乐队　(围着雕像,唱着循环曲)
　　　　四个一数,三个一数:
　　　　神气的人们,他们是谁呵?
　　　　他们克扣了士兵底粮饷。
　　　　在有毛病的地方滥用他们底权利,
　　　　而后自由自在地向前逛。

　　　　三个一数,两个一数:
　　　　神气的人们,他们是谁呵?
　　　　他们是些心地轻快的人,
　　　　当黄金和火焰和热力的城市酿出
　　　　上帝底愤怒的酒给你们。

　　　　两个一数,一个一数:
　　　　神气的人们,他们是谁呵?
　　　　他们一只手用榔头捣碎
　　　　那些回避他们底主子底光和太阳底光的
　　　　龌龊的希望和权力。
一个农民　赌个傻咒,我决不曾想到再看见阿皮多美恩!
乞丐群　——我躲在一个洞里,像一头野兽。
　　　——我轮流地为两派服务。阿皮多美恩的人叫我为土拨鼠:我让他们陷进敌人底一切计谋里;而敌人却认为我像烟一样灵巧:我使他们在阿皮多美恩的蠢动里停驻着。
　　　——我们也是那样。我在北边工作。

——我在西边。

——向双方告密，我们终于调停了他们底纠纷。（讥刺地）我们制造了和平。

一个吉普赛　不是常常有一个时候，大家所认为罪恶会变成德行吗？

一个乞丐　赫仑宁死了，是不是真的？

吉普赛　他！他现在是主宰和王了。一旦到那样伟大，人是不会死的。

一个乞丐　他们在他底门口把他杀掉了。

吉普赛　谁杀的？

一个乞丐　大宪们。

吉普赛　不可能的！

一个乞丐　他们作兴会唯愿他生病！从没有人干下如此伟大的一件工作。

吉普赛　干下它来的，不是一个人，而是我们大家。

牧人　终于我们能够找到一个生活了！

吉普赛　我们！听我说吧！人类底土地一定会全然不同地改变过来，
　　如果有光照到我们底洞窟和角落里。无论是战争或者和平，
　　我们仍然是不变的悲惨，
　　没有什么有助于我们，只有哀愁或者欢欣闲杂地来去。
　　虽然以新的法律，阿皮多美恩
　　今天解放了它底被压迫的人民，
　　我们却仍然是，只有天晓得到什么时候为止，
　　被猎食的鸟类，流浪的鸟类，
　　它们，一片一片地，撕起贪婪的泥土，
　　像一些乌鸦，富人们从他们底家里惊走它们，
　　从他们底门槛上和他们底果园里赶走它们，
　　虽然他们在那里却随意欢迎
　　全部自由的鸟族。

牧人　你说得就像总督府依然存在似的。乡村会复活的。城市正在澄清它们自己。

吉普赛　幸运得很！每件事情都只是向另外某件事情发展的一种过程，明天总归是对今天不满意。（一排醉妇人穿过台面，拿着火把。她们喊着："到教堂去！到教堂去！烧死上帝！"吉普赛对乞丐说）瞧瞧那些人吧，那就是你们底盟友！要是你们和你们底朋友们已经决定真正做个人，那么来找我吧，像众人那时去找赫仑宁一样。（他走开）

工人群　（搭起一座台子，上面躺着赫仑宁的尸体。他们带着黑布）

——这真是一件凶事，要是有的话。

——他在那里挨了两枪，在前额上面。

——他的儿子被打死了吗？

——没有。

——没有人知道哪一个卫队是凶手，他们走开了，或许我们永不会知道那个杀死我们护民官的可恶的懦夫底名字。

——在总督府外面，有过一场战斗，花了一小时才搞退那些大宪。赫仑宁那时已经死了。

一个乞丐　他们说是海鲁杀死了他。

一个工人　海鲁？你不知道你在讲些什么！海鲁！怎么他比我们还要为这件事伤心呢。

一个乞丐　他曾是他底敌人呢。

工人　闭嘴；你底每颗牙齿都在撒谎。

乞丐　我不过是把人家告诉我的话说出来。

工人　造谣生事的正是像你这样一些人。

〔敌军和阿皮多美恩底军士手挽手走过，在土台和阶梯上集聚着。

群众　——会有假日吗？

为什么没有？是阿皮多美恩底新领袖们这么命令的。

——赫仑宁从没有像他死时这样伟大。
过客群　他们把他凯旋地从全城抬过。
　　　——我看见他横过"大理石方场"。在他底脸上有一道鲜红的伤痕。
　　　——我呀,我看见他打"港口桥梁"经过；
　　　母亲们举起手
　　　把她们底小东西抱给他,
　　　于是生命所能呈献给一个人的
　　　一切年轻而愉悦的事物
　　　都在这个死者底头上翱翔而倾下。
　　　——他走过去,用奠花扎起采来；
　　　猩红的尸布在一种火焰底光辉里包裹着他；
　　　他底遗体；
　　　一阵爱情底风暴,像海洋底波涛,
　　　把他掀播得高高,把他抬到一切人底头顶上去；
　　　以黄金,以血,以暗杀,以战役,夸耀的
　　　国王在他死时从没有过
　　　如此荣华而又如此高贵的一次葬体。
　　　——在"圆柱"附近,一个青年挤到棺床旁。他把他底手巾在两颊的血液里长久而狂烈地直蘸,仿佛他在接受圣餐一样,他把它放进他底嘴唇里去。
一个工人　(听到他们在讲话)杰克·赫仑宁将在这里装殓,在这个台子上,在这里,在我们中间,在他底全部光荣里。
一个农民　最好让太阳瞧瞧他吧。
过客群　——眼泪,花,歌,血,舞蹈,火:一切交织的热情在空中燃烧着！——这正是创造新世界的气氛。
　　　〔一阵巨大的人群底流动；勒步里,后面跟着士兵和工人,走上一座屋子前面的台阶,打着手势,表示他要讲话。安静。

勒步里　公民们，一会儿以后，在这个交还给人民了的阿皮多美恩底广场上，你们将看到杰克·赫仑宁底遗体。把他当作一个征服者来接待吧。几颗子弹已经足够关闭他底眼睛，僵硬他底手腕，呆板他底面孔，但是却不足以杀死他。杰克·赫仑宁仍然活着，在他底言谈里，在他底行动里，在他底思想里，在他底书籍里；他是现在鼓舞我们的那种力量；他在我们身上发挥意志、思想、希望和行动。这并不是他底葬仪，是他底最后胜利。向后站一点：他来了。

　　〔孩子们爬到人们底肩头。各种人群有着巨大的冲动。人们爬上窗子，爬上圆柱。
土台上各种人群　——好多人呵？广场一定容不下他们。
　　——他们怎样爱过他呵！像这样的人是决不应该死的！
女人群　——他底妻子跟在灵柩后面。
　　——抱着小孩的就是她。
　　——她是一个基督徒！
　　——一个罗马教徒！
　　——不要讲话：尸首来了。

　　〔灵柩向前来，沿着广场抬着走：有的人哭泣，有的欢呼，有的跪下去，有的女人还划着十字。土台上的人群紧挤在一起，想看清楚些。
青年人　（在遗体前面行进。昂扬地唱着祈祷。）
　　——赫仑宁，赫仑宁，你是我们唯一的导师！
　　——我底全部思想里没有一朵火星
不是你用飓风一般的热情煽动起来的。
　　——赫仑宁，赫仑宁，你永存在我们中间！
我们对你发誓并且呈献出
我们底灵魂有一天
用生命底美丽和力量和光辉和纯洁，在我们身上所形成的一切。

——赫仑宁,赫仑宁,你底记忆
将是未来时代底脉搏和心跳!
——赫仑宁,赫仑宁,开导我们吧,
使我们永远如此,这疯狂而激烈的一群,
在过去不幸的时日里,
你底冲击力从我们底微弱的飘荡的方式突出
而成为你底强力的旋涡呵。

〔尸体放在台子上面;女人们用花盖着黑布。

先知 (站在一个高过人群的土台上)
　　快到什么时候了?
　　我听见声音,不是流泪。
　　这实在是毁灭众神的辰刻,
　　暴雷滚动着
　　把疲败而衰老的它们推倒,
　　因为突然的真理照露了,以报复的威力!

　　人底希望现在复具血肉;
　　旧有的欲望,充满了新的花,新的青春,
　　从地面升起:现在眼睛有了光辉,心有了真理,
　　这些磁性的光线把灵魂和肉体重新连接在一起。

　　现在用闪光的棕榈叶掩遮住而且隐藏起
　　这件盖着一个人睡觉的丧纱吧;
　　现在提防你会亵渎
　　如此纯洁,有力,而且神圣的一个名字底
　　崇拜和声誉,
　　否则这个亡人会是枉然地死了。

他曾和谐于世界所期待的

新的诞生,和谐于星群和时间;

他已经从致死的骚动,致死的罪恶里赢得生命:

他把人间一种祸害踩死在他脚下!

〔荷尔顿激动地起立。人群指着他欢呼。人们彼此告诉着他是谁。

群众　　——是他不肯攻打阿皮多美恩呀,

——他赢服了敌军。

——他跟赫仑宁一样伟大。

荷尔顿　（指着尸首）我是他底门徒,他底未知的友人。他底书是我底《圣经》。像这样的人才能产生像我这样的人,卑微而忠实,长久的无闻于世,但是幸运允许了,在一个激动的时刻,终于实现了他底老师底崇高的梦想。如果祖国对于心是美好而甜蜜,对于记忆是亲切,那么在边境武装着的国家便是悲惨而紧张;全世界还倾挤着国家。我们不管它们愿不愿,偏要给它们以我们这种和谐底例证。(欢呼)它们有一天会懂得这里所完成的不朽的事件,在这个出奇的阿皮多美恩,从这里人类一些最高尚的理想飞翔起来,一个跟一个,飞过一切的年代。自从权力底开始,自从脑子计算了时间,这是第一次,两个民族,一个放弃它底胜利,另一个放弃它底被屈辱的骄傲,终于在一次拥抱里成为了一个。整个地球一定战栗了,地球底一切血液,一切浆汁,一定流进了万物底心房。和谐和好意征服了仇恨。(欢呼)人的斗争,以流血的方式,被否决了。新的信号闪耀在未来的暴风雨底边际。它底坚定的光线将眩花一切眼睛,占住一切头脑,发动一切欲望。而我们一定,在这一些考验和忧伤以后,终于到达港湾,那信号正指示着这港湾底进口,在那里它镀亮了安宁的桅杆和船只。(大家底热烈:人民欢呼而拥抱。从前的敌军起来围着荷尔顿。阿皮多美恩底军队向他伸出他们底手臂。他从他们松脱自己,把棕榈叶放在赫仑宁底脚旁。然后转身对着"寡妇")

  以生命和生命底凯旋底名义,我要求你,克莱尔·赫仑宁,对这两个欢天喜地的民族交出他底儿子来,他在我看来就是赫仑宁自己!(他伸出手去抱小孩)

克莱尔　(拉住他)我要让我自己来。(她起立)

在这里,在城市底中心,

在这里,在这个因希望而伟大的时刻,

在这个给世界带来一个新的开始的

新时代底门槛上;

抹干我底眼泪,求助于我底意志,

我敢于信托你们以这个孩子,他底一点血肉,

我敢于把这个小孩供奉给骄傲的,悲剧的责任,

给那头基米拉[5],它眩目而神圣,

他底父亲曾将它拘禁过,驯服过,骑驶过。

我把他呈献给未来,在这个

围着光圈的节宴和起义的地方

在这里,这个快乐和忧伤的地方,甚至

在你们大家面前,在这个被杀者底脚前,

他曾是赫仑宁,现在死了。

  〔克莱尔举起她怀中的孩子好一会儿,在欢呼和手臂底挥动当中;然后把他递给荷尔顿;由于再也不能支持,她倒在尸体上面啜泣。沉默缓慢来临。

勒步里　这个时光是太伟大,太美丽了,它把我们联合得太亲密,使我们不能想到誓词和和平条件。在完全的自由里,在神圣不可侵犯的一切面前,在这个天才面前,他底被杀的尸体和不朽的灵魂使我们发热,而且感应了我们,我们把我们自己永远地交给彼此吧!(欢呼)

荷尔顿　昨天,当我们带着坦白的手和心走进这座城时,我震惊了,

他，比我们大家献出了更多的精力来实现我们底工作，是应该活着出席这场胜利底欢会的。如此伟大的胜利竟需要如此伟大的牺牲。如果你们想想，赫仑宁是在怎样稀奇的情势下，没有护卫，没有武器，将自己送给也许是最后一颗射击出来的子弹，你们会像我一样相信，他底死亡，在伟大而崇高的权力底神秘里，是给注定了。

海鲁　他打倒了旧政权，而它底偶像却仍然笔直站立着。（他指着雕像；喊声大作："拉倒它！拉倒它！"工人们抓着铁挠要把它拉倒，爬上柱基）他击败它底幼虫，它底懦怯的大宪，它底僭越的法律，它底可耻的关卡，它底雇佣的兵队。

群众　拉倒它！拉倒它！

海鲁　他清算了它的发财的银行，它的金库，它的内阁和它的国会；他杀死一切敌对分子。那个偶像却在嘲笑他的行动。（他指着雕像）

群众　——呵老野兽！
　　——晦气的玩偶！
　　——可恶的娼妓！
　　四面八方拉倒它！拉倒它！

群众　——把它丢在阴沟里！
　　——打破它！粉碎它！
　　——拉倒它！拉倒它！

一个乡下人　吞吃我们的就是那个家伙！

一个城里人　挤榨我们的就是那个家伙！

一个乡下人　它就是死亡！

一个城里人　它就是罪恶！
　　四面八方拉倒它！拉倒它！

一个工人　（从柱基上，对周围的人）当心点，它要倒了！它要倒了！

（在仇恨的狂喊当中，巨大的雕像摇晃而倒。立刻就是沉默。接

着海鲁抓起那个头颅,它还是完整的,在它的重压下蹒跚过来,一言不发地把它掷在赫仑宁的脚前,打得粉碎)

先知　现在让黎明起来吧。

——第四幕完——

第四部分注释

〔1〕 作者维尔哈伦(Emile Verhaeren,1855—1916),系比利时诗人、剧作家、文艺评论家。一八八一年开始写诗。一八九一年接近工人运动,开始注意社会题材,转而歌颂劳动人民的力量,成为"现代生活的诗人"。诗作有《幻想的村庄》《触手的城市》等。画家评传有《伦勃朗》《鲁本斯》。著有剧作四部,作于一八九八年的《黎明》描写阿皮多美恩城的护民官杰克·赫仑宁,目睹总督禁止附近农民进城躲避战火,因而引起了农民的暴动。剧中情节起伏跌宕,戏剧效果强烈,具有史诗气魄。本卷中译译于一九四五到一九四八年,由海燕书店一九五〇年出版。

〔2〕 罗马七山之一,容纳难民之处。

〔3〕 渠,指代他。——编注

〔4〕 "民议厅"的原文即一幕注释过的阿梵丁 Aventine,民众聚集处。

〔5〕 狮首羊身蛇尾的怪兽。

403